suhrkamp taschenbuch 3693

Jugendliche suchen nach dem Neuen und Anderen. Als postmoderne Jäger und Sammler lavieren sie durch die Wirren unserer Gesellschaft und bedienen sich dabei der ästhetischen Codes von Mode, Musik, Werbung und Computerwelt. Doch welche Rolle spielen dabei Medien und Markt für die Entstehung ihrer Identität und Persönlichkeit?

Mit welchen Frauen- und Männerträumen sehen sich Jugendliche in Fernsehen und Werbung konfrontiert? Welchen Zugang zur Wirklichkeit ermöglicht ihnen Popmusik? Was erleben sie beim Chatten im Internet? Was kommunizieren sie über Kleidung und Accessoires, Piercings und Tattoos?

Nicht mit exotischen Subkulturen wie Punk, HipHop, Heavy Metal oder Techno beschäftigt sich dieser Band, sondern vielmehr mit den ganz »normalen« Jugendlichen: mit ihrer Suche nach dem eigenen Stil und ihrem Streben, »cool« zu werden in einer Erlebniswelt, die von Konsum, Unterhaltung und Lifestyle geprägt ist.

Coolhunters – Jugendkulturen zwischen Medien und Markt ist der Begleitband zur gleichnamigen Ausstellung, die ab dem 22. April 2005 im ZKM | Zentrum für Kunst und Medientechnologie Karlsruhe zu sehen ist.

Klaus Neumann-Braun ist Professor für Medienwissenschaften an der Universität Basel/Schweiz.

Birgit Richard ist Professorin für Neue Medien im Institut für Kunstpädagogik an der Johann Wolfgang Goethe-Universität Frankfurt/M.

Coolhunters

Jugendkulturen
zwischen Medien und Markt

Herausgegeben von
Klaus Neumann-Braun und
Birgit Richard

Suhrkamp

Die Herausgeber danken der Universität Koblenz-Landau
und der Universität Basel
für die finanzielle Unterstützung des Bandes.

Umschlagfoto:
kostas murkudis spring summer collection 2005/
photographie jork weisman

suhrkamp taschenbuch 3693
Originalausgabe
Erste Auflage 2005

Druck: Ebner & Spiegel, Ulm
Printed in Germany
Umschlag: Göllner, Michels, Zegarzewski
ISBN 3-518-45693-8

1 2 3 4 5 6 – 10 09 08 07 06 05

Inhalt

V. Real Time – Zeit

VI. XY versus XX

Coolhunters von innen

Coolhunters

Klaus Neumann-Braun und
Birgit Richard

Wir sind anders als wir

Einleitung

Kein Zweifel, heutige Jugendliche führen ein anderes Leben als die Generationen vor ihnen. Als Kinder des Pluralismus leben sie im *Crossover* von Moden und Ideologien. Sie lassen sich nicht nach alteingeführten Kriterien beurteilen. »Wir sind anders als ihr!« – aber auch das Wir der Jugendlichen gibt es nicht. Zu verschieden und vielfältig sind die Jugendlichen, zu bunt und facettenreich die *Peergroups* und Jugendszenen. »Wir sind anders als wir!« – weil das Leben der Teens und Twens von der Bewegung lebt: Einmal entsteht ein Wir in der Zugehörigkeit zu einer Freundesclique, das andere Mal in der zu einer Jugendszene wie z. B. HipHop-Fans oder Gothics. Und so wechseln auch die Wirs: Freundschaftsbeziehungen werden abgebrochen, neue eingegangen, Interessengemeinschaften werden gebildet und aufgegeben. Ein einheitliches, schlüssiges Bild der »Jugend« kann es nicht geben, das Jugendalter stellt sich als »labilisiert« dar in ebendem Ausmaß, in dem in unserer Gesellschaft die Individualisierungs- und Biografisierungsprozesse weit vorangeschritten sind.

Das vierte Geschlecht

Das Jugendalter bleibt eine Übergangsphase. Nicht länger Kind und auf dem Weg zum Erwachsenensein, das sind die zentralen Eckdaten von Pubertät und Adoleszenz. 13- bis 18-Jährige leben in intensiver Spannung: Neue Bedürfnisse machen sich bemerkbar, neue Visionen drängen sich auf, und neue Kräfte werden ausprobiert. Diese führen zu Abenteuersuche und *Thrill*, manches Mal zu Unglück und (Selbst-) Zerstörung. Die Gesellschaft steht den Jugendlichen mit Ambivalenz gegenüber, sind sie doch leibhaftiges Symbol für das Strukturprinzip von Wandel und Umgestaltung, das unsere moderne Gesellschaft bestimmt. Evolution oder Revolution, Anpassung oder Revolte – keinen lassen diese Fragen unbeeindruckt. Die Dynamiken, um die es in der

Adoleszenz geht, sind nicht zu überschätzen. Aus Jungen werden Männer, aus Mädchen Frauen und aus folgsamen Kindern experimentierende, oftmals das Extreme suchende Jugendliche und junge Erwachsene. Francesco Bonami erfindet das ausdrucksstarke Bild vom Jugendalter als dem »Vierten Geschlecht/Fourth Sex«: Vor den Selbst-Kategorisierungen in männlich, weiblich, homosexuell explodiert gleichsam die jugendliche Identität im Sinne eines eminent material erfahrbaren Körpererlebens und Sich-selbst-Riskierens. Ein Blick in die Geschichte der Jugend zeigt, dass es ihr – eigensinnig und eigengesetzlich – gelungen ist, der Fremdbestimmung durch Erwachsene eine alternative Selbstbestimmung zur Seite zu stellen. Dieser Befreiungsschlag ereignet sich weder im luftleeren Raum, noch wird er im Alleingang unternommen. Auch hier kann sich die Gesellschaft in ihren Jugendlichen erkennen: Kids und Teens bewältigen die unausweichlichen Herausforderungen und Krisen mehr denn je »mit freundlicher Unterstützung« von Medien und Markt.

Coolhunters in eigener Sache

Wenn es um neue Trends in Mode, Sport, Musik, Design, Fotografie und Kunst geht, stehen Jugendliche und junge Erwachsene ganz zentral im Blickfeld von Gesellschaft und Markt. Coolhunters und Trendscouts spähen die Kids aus auf der Suche nach dem letzten Modeschrei. Die dynamischen Marketingabteilungen der Unterhaltungsindustrie, IT-Konzerne und Mode-Labels weben aus dem Rohstoff Jugendkultur *coole* Verkaufsstrategien. Logokultur und Jugend als Industrieartikel bestimmen Alltag und Erleben (siehe den Beitrag von Peter Weibel). Jugendliche werden unfreiwillig zum Köder einer Mainstream-Gesellschaft, die nicht altern will und einem Jugendlichkeitswahn anhängt (siehe den Beitrag von Oliver Zybok). Doch Kids wissen auch selbst, welche Marken, Slogans oder Produkte angesagt sind, sie müssen nicht unausweichlich zu »Fashion-Victims« der Medien werden, sondern können auch selbst Trends setzen. Dies tun sie mehr denn je: Nicht nur, dass sie den etablierten Printmedien davonlaufen (Indiz: drastische Verkaufsrückgänge bei *Bravo* und verwandten Jugendzeitschriften), auch das Musikfernsehen (VIVA, MTV) hat inzwischen seinen stilbildenden Einfluss eingebüßt (Indiz: das Ende der

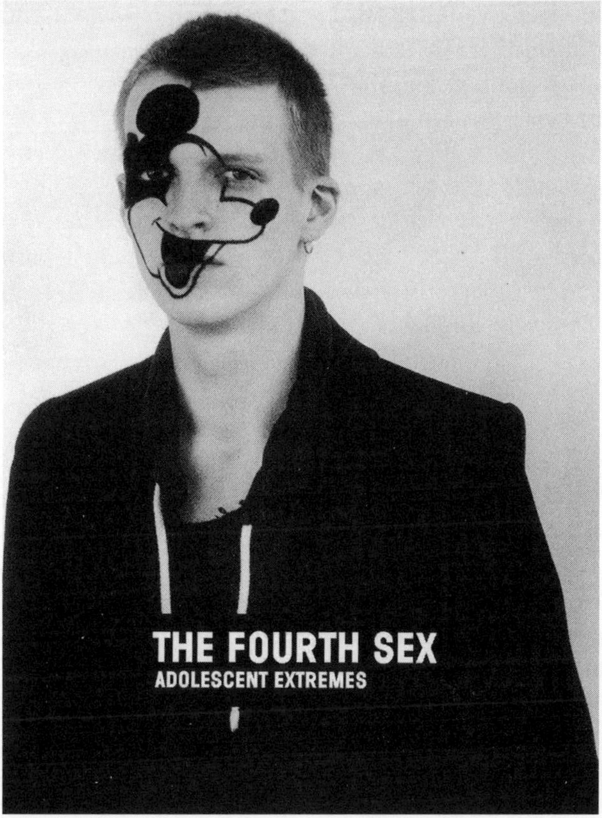

Titelbild des Katalogs »The Fourth Sex. Adolescent Extremes«. Hg. Francesco Bonami und Raf Simons, 2003, Edizioni Charta, Milan

MTV-Style Police). Generation Young steht offensichtlich auf eigenen Füßen. Aus den alltäglichen Umgangsformen und Strategien von Kids, Teens und Twens erwachsen – mehr oder weniger bewusst – Potentiale des Widerstands und neue ästhetische Trends, ohne dass die Heranwachsenden selbst darauf zielen, Marketing-Trendscouts zu sein. Sie wollen vielmehr einen eigenen Stil finden, *cool* und selbstständig sein und »klarkommen« mit dem Leben, ihrem Umfeld und der Welt. So verstanden sind Jugendliche *Coolhunters in eigener Sache*: Sie suchen ihren Weg, lavieren sich durchs Leben, warten auf ihre Gelegenheiten, um zuzugreifen. Sie lieben Handy-Klingeltöne, saugen Musik aus dem Netz, vergöttern ihren rosa I-Pod. Sie suchen Nischen, in die Erwachsene nicht folgen, weil es zu anstrengend (riskante Körper-Thrills) oder zu albern wäre (Rituale jugendlicher »Anmache« und »Verarsche«). Jugendliche leben mit den Medien, schaffen im und durch den Markt ihre eigene Welt, werden aber auch durch diese geprägt. Das Verhältnis ist keines einer Entweder-oder-Alternative, vielmehr verschränken sich Selbst- und Fremdbestimmung auf eigentümliche, vielfältige Weise. Die in diesem Reader versammelten Arbeiten beschreiben einzelne Facetten dieser »Beziehung auf Wechselseitigkeit« und werfen dabei besonders ein Licht auf die aktiven Gestaltungsinitiativen und -aktivitäten der Jugendlichen.

Mode als ästhetisch-medialer Komplex

Bis heute und sicherlich mehr denn je gilt das Motto: Kleider machen Leute. In überfüllten H&M-Läden werden die Wühltische umgekrempelt, und in den obligatorischen »Nur-Drei-Teile«-Schlangen vor den Umkleidekabinen herrscht Jugendhaus-Stimmung zwischen Punk und Party (siehe den Beitrag von Dirk Peitz). Original oder lieber die (billigere H&M-)Kopie – das Dauerdilemma, in dem Jugendliche stecken. Selbstmodellierung in Serienkleidung lautet die Herausforderung (siehe den Beitrag von Heike Jenß). Die Industrie passt sich diesen individuellen Kundenbedürfnissen an: Mainstream-Styles werden kreiert, die durch unzählige Farb- und Formvarianten variiert werden. Eine Umformung der Massenware in entstandardisierte Unikate findet statt um den Preis, dass fortan die fein*st*en Unterschiede bedeutsam werden. »Customizing«, wie dieses doppelseitige Prinzip der Individualisierung bei gleichzeitiger Standardisierung in der Branche genannt wird, lässt sich überzeugend am Bekleidungsstück Jeans aufzeigen (siehe den Beitrag von Immanuel Chi). Dieses Gestaltungsprinzip hat inzwischen auch Konjunktur bei der kundengerechten Fertigung von »schönen« Körpern im Tattoo- und Piercingstudio oder in der Chirurgie (zu sehen in den entsprechenden Reality-TV-Formaten wie z. B. *The Swan – Endlich schön!*). Dem Customizing-Prinzip zugedacht werden muss auch die Rolle des »Prosumers« (Producer plus Consumer), die König Kunde von Marktstrategen zugeschrieben bekommt: Produkte werden halbfertig gekauft, um dann selbst nach eigenen Bedürfnissen »veredelt« zu werden (ein Beispiel ist der Eastpack-Rucksack, der von den Kids und Teens mit diversen Stofftieren und Plastikschnullern geschmückt und dadurch individualisiert wird).

Auch wenn die Kleidung im Zeichen der Herstellung von Individualität und Differenz steht, fungiert sie gleichermaßen als Medium der Verortung in Gleichaltrigengruppen, ist sie Instrument der Re-Integration individualisierter Individuen in die vielen informellen Gruppen der Jugendlichen. Ein genauer Blick zeigt, dass *kein* globaler Einheitslook entsteht, sondern lokale Ausdifferenzierungen und Alterationen von Moden vorherrschen. Dies betrifft das Verschränkungsverhältnis von globalen Stilen und lokalen Adaptionen, aber auch biografische Konstellationen – gut zu verdeutlichen an den individuellen Bedeutungsaufladungen von Kleidungsstücken wie z. B. einem Heavy Metall-T-Shirt.

Referenzrahmen Popkultur

Referenzsystem von Mainstream-Styles und deren alternativen Varianten ist die Popkultur. Popkultur meint mehr als nur Popmusik, handelt es sich doch um einen symbolischen Gesamtzusammenhang von Musik *und* Mode, angesagten Szenetreffs, Jugendlichensprachen, Werten etc. Popkultur ist eine globalisierte Kultur und meint eine bestimmte Lebensweise, eine Kulturpraxis. Einst aus ausweglosen urbanen Erfahrungen entstanden und Sehnsüchte und Träume vermittelnd, ist sie längst industrialisiert worden, und die popkulturellen Waren (Konsumgüter, Werbung, Medien) belagern das Leben aller. Popkulturen sind ästhetische, sinnlich ausgerichtete Kulturen, in denen die Inszenierungen von Körper und Selbst eine zentrale Rolle spielen. Die ewigen Leitwerte sind Authentizität und Anarchie – aber auch der Druck der Distinktion, wie das Beispiel der Electronic Dance Music lehrt (siehe den Beitrag von Franz Liebl). Einen Einblick in die popkulturelle Praxis – die Inszenierungstechniken der Akteure – vermittelt Gabriele Klein in ihrem Beitrag am Fall des HipHop. (Vor-)Entworfene Lebenswelten, aber auch zur Verfügung stehende Medien bieten Jugendlichen Identitätsfolien, die aktiv aufgegriffen Identitätsräume eröffnen und Kreativitätspotentiale vermitteln.

Karnevaleskes Spiel mit der Muttersprache

Ein gutes Beispiel für die Kreativität von Jugendlichen ist deren Gesprächskultur, in der Regel von Erwachsenen gänzlich unverstanden. Der Reiz lexikalischer Exotismen (siehe die vielen so genannten Wörterbücher der Jugendsprache) trügt. Allein der Blick auf die Sprachpraxis, die Peergroup-Kommunikationen, erhellt die Besonderheiten des Sprechens der Jugendlichen: Sie akzeptieren die Anglifizierung des Deutschen in Ökonomie und Popkultur, sperren sich nicht gegen das Gemischtsprechen unserer multikulturellen Gesellschaft (Gastarbeiterdeutsch, Kanaksprak) und lieben das Spiel mit aktuellen Slogans, Filmen und Titeln aus der Welt der Medien. Sprachwahl und -spiel werden für sie zu einem kulturellen Kapital auf dem Markt der Kommunikation, das man zum Prestigegewinn einsetzen kann (siehe den Beitrag von Arnulf Deppermann). Unterhaltungen zwischen Jugendlichen werden interessant als Arena einer kompetitiven Selbstdarstellung, die für Spaß und Unterhaltung sorgt, aber auch der Identitätsprofilierung dient. Stilisierungen erlauben die Lust am Tabubruch durch Karnevalisierung, Kreativität und Schlagkräftigkeit, und das Spiel mit Wörtern, Lauten, Posen gewinnt eine eigene ästhetische Qualität (siehe den Beitrag von Axel Schmidt).

Der braune Pop

Die angesprochene spielerische, erprobende, ironisierende Stereotypisierung des Anderen, des Fremden kann aber auch ins Gegenteil umschlagen und zum Ernst werden. Die jüngsten Wahlerfolge von NPD und DVU in den neuen Bundesländern, aber auch deren lautloses, unspektakuläres Fußfassen in den alten Bundesländern lassen sich nicht allein mit Protest erklären. Die Rechte hat eine Jugendkultur hervorgebracht, die viele anzieht und die tragend über die Popmusik vermittelt wird (siehe den Beitrag von Toralf Staud). Längst gibt es nicht mehr bloß harten Punkrock mit rüden Nazitexten. Mitte der 1990er Jahre rutschten Teile der Gothic-Szene nach rechtsaußen, und im Black Metal gibt es längst rechte Töne zu hören, den so genannten Hatecore. Und auch die HipHop-Szene wird inzwischen von rechts vereinnahmt (siehe den Beitrag von Hannes Loh). Die Texte sind Gewalt verherrlichend, rassistisch und peitschen auf zum Kampf gegen Ausländer. Die Kluft zwischen Arm und Reich, zwischen Deutschen und Ausländern wächst. Feindselige Einstellungen nehmen zu – die Spaltung unserer Gesellschaft vertieft sich. Auch diese Facette gehört zum Bild der Jugend heute.

Cool Places

Jugendliche richten sich ihr Zimmer ein und suchen ihre Nischen im öffentlichen Raum. Waldemar Vogelgesang spannt in seinem Beitrag den Bogen von Jugendlichen, die im dörflichen Raum althergebrachte Paarfindungsrituale als modernisiertes Flirtspiel re-inszenieren, um ihren Platz in dem dörflichen Sozialgefüge zu finden, bis hin zu Jugendlichen, die ihr Glück in LAN-Partys suchen. Sabine Himmelsbach beschreibt in ihrem Beitrag das kreative Potential, das Jugendliche in Computerspielen sehen und aufgreifen, sei es durch die Teilnahme an den erwähnten LAN-Partys, das semiprofessionelle Spielen angesagter Games wie *Half-life 2* oder das Produzieren eigener 3D-Filme (Machinima). Was auch für die Websites gilt, die Jugendliche und junge Erwachsene entwerfen. Am Beispiel der Musiknetzwerke im Kontext des HipHop zeigt Jannis Androutsopoulos in seiner Studie die identitätsrelevanten Aspekte der Selbstdarstellung von Jugendlichen im WWW auf.

Gegenwart und Zukunft

Jugendliche stehen in einer Generationsreihe. Jürgen Zinnecker stellt dieses Generationsverhältnis von Großeltern, Eltern und Jugendlichen ins Zentrum seines Versuchs, »Grundstimmungen« und »Profile« der jungen Generation in Deutschland herauszuarbeiten. Die Jungen sind pragmatische Sucher nach neuen Ordnungen und nach für sich und den eigenen Lebensweg günstigen Gelegenheiten – sie sind *coole* Gelegenheitsjäger. Und zu diesen Jagden nach Gelegenheiten gehört auch die Lust, Widerstand, Eigensinn und Dissidenz – die zentralen Werte der Beat- und Pop-Jugendkultur – auszuleben. Gerd Hurm entzaubert diesen Mythos der Rebellion, der sowohl für heutige Jugendliche wie für die Gründerväter des Beats so zentral erscheint, als Illusion. Was dem deutschsprachigen Popanhänger in der Regel verborgen bleibt, legt die Analyse der einschlägigen Quellentexte der Gründerväter des Beats offen: Der Protest der Beats war keine Negation des Bestehenden, sondern die Affirmation höherer, älterer Werte der amerikanischen Gemeinschaft des imperialen 19. Jahrhunderts, in der bekanntlich die Pioniererlebnisse der *Go west*-Bewegung verarbeitet wurden. Ein komplexes Nebeneinander von Affirmation und Rebellion, imperialem Habitus und antikolonial-emanzipatorischer Geste prägt bis heute die amerikanische Mainstreamkultur. Diese Zusammenhänge erschließen sich hierzulande dem gewöhnlichen Popfan in der Regel nicht. Er hört Beat und Pop, träumt sich seinen Teil und denkt an seine Gegenwart und Zukunft: Zwei Selbstporträts von 13-Jährigen geben einen Einblick in ihre Sicht des Aufbruchs, in dem sie sich befinden. In der Luft liegt die Ahnung, wie das Leben als Erwachsener sein könnte, aber vieles bleibt auch noch unbestimmt, der Weg eines 13-Jährigen ist noch weit.

Die ewige Frage: XX versus XY

Auf ihrem Weg zum Erwachsenwerden werden die Jugendlichen von einem Mediengewitter begleitet. Teenagerhefte wie *Bravo*, *Boys* oder *Girls* beraten in Sachen Körper, Erotik und Sex. Sprache und Bilder sind direkt und explizit. Körperbilder und Verhaltensstereotypen entstehen: »Dünn, schön und Sex mit 12« heißt das Credo (siehe den Beitrag von Cathrin Kahlweit), das nicht wirklich für alle Jugendlichen zu gelten scheint: Jungen/junge Männer und Mädchen/junge Frauen berichten selber immer wieder, wie indirekt und vorsichtig sie an das ewige Thema der Liebe und des Sich-Verliebens herangehen. Aber auch andere Medien machen es Jugendlichen mit Blick auf angebotene Geschlechtsrollenstereotype nicht leicht: Michael Wetzel untersucht aktuelle Frauenrollenmuster und entdeckt einen neuen Infantilismus: Lolle lebt in *Berlin, Berlin* ein unreifes Gefühlschaos, das zwischen Micky-Mausifizierung und romantischer Verklärung eines konservativen Frauenbilds (romantische Liebe) schwankt – jedenfalls die unendliche Verlängerbarkeit der Adoleszenzphase zu demonstrieren scheint. Wird mit Blick auf das Mädchen-/Frauenbild die Erhebung von Unreife zum Ideal medialen Erfolgs, stellt sich die Situation für das Jungen-/Männerbild anders dar: Hier ist es das Kaschieren einer machohaften Männlichkeit im Zuge der Inszenierung einer Ästhetik der homosexuellen Überformung der Heterosexualität – gut zu verdeutlichen an dem englischen Fußballstar David Beckham. Der Metrosexuelle ist weder schwul noch androgyn, vielmehr zählt wie beim Auto-Tuning – so Birgit Richard in ihrem Beitrag – die aufgemotzte, glatt(rasiert)e Oberfläche (des Waschbrettbauchs), die Kraft suggeriert, nicht Weichheit. Schöne neue, alte Welt?

Schließlich – zum Kunstausstellungsprojekt Coolhunters

Die Beiträge dieses Bandes stammen aus der Feder von Journalisten und Wissenschaftlern, Designern und Ausstellungsmachern. Sie haben sich den Jugendlichen im Medium der Schriftlichkeit genähert und betonen die Besonderheit des heutigen Jugendalters, die in dessen radikalisierter Mediatisierung besteht. Viele visuelle Sinneseindrücke sind zu verarbeiten, entgrenzte Bilderflut und schrille Überaufklärung gehen Hand in Hand, die Welt scheint alles andere als leicht fassbar. Im Kontext von Überkomplexität, Unübersichtlichkeit, überbordender Symbol- und Bildmagie scheint ein ergänzender Wechsel des Wahrnehmungsmediums Not zu tun. Es ist unsere Überzeugung, in der *Kunst* einen unverzichtbaren Helfer und Mediator zu haben. In der Ausstellung *Coolhunters* sind Objekte, Installationen, Videos, Filme und Fotografien nicht nur zu sehen, sondern auch zu erleben. Wir hegen die Hoffnung, dass auf diese Weise die Strukturen und Dynamiken von Übergang und Transformation, Diffusion und Identität in besonderer Weise der Reflexion *und* Erfahrung zugänglich werden.

I.

Body Rock

Körper/Objekte/Mode

Heike Jenß

Original-Kopie

Selbstmodellierung in Serienkleidung

Auf dem Rundständer hängt ein Shirt hinter dem anderen, insgesamt gut 100 Stück. Nach Farben sortiert und dicht gedrängt bilden sie einen Kleiderfarbkreis. € 6,90 kostet das Stück. Davon nimmt man gerne ein paar mit, wenn man sonst nichts findet. Schließlich sind es ja so genannte *Basics*, die man immer brauchen kann. Zudem halten sie nur so lange, bis H&M sie in den neuen Farben, Schnittvarianten oder mit neuen *Prints* versehen auf den Markt bringt, wie etwa die *Corporate-Shirts* mit ihren unzähligen Variationen von Retro-Logos wie z.B. »Lenny's Travel Bureau«. Neun unterschiedliche Retro-Shirts sind nebeneinander an der Wand aufgereiht. Von jedem dieser Shirts hängen rund 30 Stück hintereinander. Nimmt man vorne eins weg, rückt sofort das dahinter hängende nach. Sobald der Ständer leer aussieht, wird aus dem Lager aufgestockt. Die Serialität, in der Kleidung hier präsentiert wird, hat ihren Reiz. Es ist eine Ästhetik der Ordnung in der farbigen Vielfalt und Vielzahl standardisierter Kleidungsstücke, in der sich die unendliche Verfügbarkeit modischer Waren vermittelt.

Außerhalb des Kleidergeschäfts jedoch, wenn die Kleidung Bestandteil der via Körper, Make-up und Accessoires hergerichteten Selbstdarstellung ist, gilt es, die Uniformität abzuschütteln: Man will genauso »anders« sein wie die anderen – hat aber jemand das gleiche »coole« Teil an, ist das ein Desaster. Bei den besten Freunden kann man das bis zu einem gewissen Grad tolerieren. Schließlich bestätigt man sich durch gleiche Kleidung im gemeinsamen guten Geschmack. Man kauft den gleichen Gürtel oder ähnliche Turnschuhe, dann aber am besten in einer anderen Farbe – schon ist die Differenz wieder hergestellt.

Mode, heißt es, strebe nicht nach Einheitlichkeit oder Uniformität, sondern nach Differenz, Andersartigkeit und Originalität und stehe damit ganz im Dienste der Inszenierung individueller Besonderheit. Gerade für Jugendliche ist das Experimentieren mit dem derzeit angesagten Formen-, Farb- und Stilrepertoire von enormer Wichtigkeit. Angesichts dessen, dass traditionell Orientierung vermittelnde Institutionen wie Familie, Vereine oder Arbeitsstelle immer mehr an Einfluss verlieren, bietet der Modekonsum die größten Möglichkeiten, um sich sozial verorten zu können. Die Mode ist Mittel und Technik, mit der Körper und Identität zur Darstellung gebracht werden. In ihrer Schnittkonstruktion, Farbe, stofflichen und formalen Gestalt modelliert die Kleidung die körperliche Erscheinung, die Haltung und Bewegungen des Körpers. Sie codiert sein Geschlecht und setzt ihn in Beziehung zu anderen, zu Raum und Zeit. Über die Wahl und das Arrangement der Kleidung als einem kommunikativen Akt werden Abgrenzungen gegenüber anderen ausgehandelt und gleichzeitig gemeinsame Interessen mit Gleichgesinnten kommuniziert. Die Mode kann hier wie ein Passwort den Zugang zu bestimmten Szenen erleichtern. Grenzziehungen zwischen den verschiedenen Gruppen und Szenen verlaufen dabei für Außenstehende immer weniger eindeutig oder fixiert. Die Mehrzahl der Jugendlichen ordnet sich nicht einem bestimmten Stil zu, sondern versteht sich als flexibel und kompetent, sich aus den unzählig erscheinenden modischen Optionen einen *Personal Style* zu samplen, der lässig und individuell aussehen soll.

Uniformität wird hier als etwas eindeutig Negatives bewertet: Sie steht der Inszenierung von Individualität entgegen. Wird Uniformität in der Kleidung traditionellerweise »von oben« über Bekleidungsvorschriften verordnet und damit institutionell fixiert, offeriert die Mode freie Auswahlmöglichkeiten, die jedoch u. a. durch den steten Wandel des Angebots Einschränkungen erfahren. Schließlich ist der Grundstoff der Darstellung individueller Identität – hier: die erhältliche Kleidung – alles andere als einzigartig, basiert doch die massenproduzierte Mode grundsätzlich auf dem Prinzip der Uniformität. Das stellt gerade jugendliche Konsumenten vor ganz bestimmte Schwierigkeiten. Die Leistung, um die es für sie beim Modekonsum geht, ist einerseits die Demonstration von Kompetenz im Wissen um die aktuellen Styles, Labels und das richtige Arrangement von Körper und Kleidung sowie die Ausrichtung an den »angesagten«, von den *Peers* akzeptierten (medialen) Vorbildern und dabei gleichzeitig die Entuniformierung und Personalisierung des uniformen Rohmaterials. Über welche Wege lässt sich dies innerhalb des Gefüges von Markt und Medien erreichen und worauf basiert der uniforme Effekt der Mode?

Die Matrix der Massenmode

Das Material zur Einkleidung des Körpers ist in den Industrieländern im Wesentlichen von der seriell hergestellten Massenmode bestimmt, die von global agierenden Bekleidungsketten und Marken angeboten wird. In dem Begriff »Massenmode« schwingt bereits eine negative Bewertung mit, die die undifferenzierte, einheitliche Wirkung derselben impliziert. Gemeint ist damit Kleidung, die, da sie in großer Stückzahl hergestellt wird, vergleichsweise kostengünstig angeboten werden kann. Sie ist für eine Vielzahl von Konsumenten konzipiert. Und das heißt auch, dass sie potentiell vielen Menschen passen soll. Sie ist also nicht an den individuellen Körpern, sondern an einem vereinheitlichten, normierten Größensystem orientiert, was dazu führen kann, dass sie nicht jedem passt.

Zudem wird Massenmode meist über Geschäfte vertrieben, die zu der assoziativen Verknüpfung von Mode und Uniformität dergestalt ihren Beitrag leisten, dass sie die auf den ersten Blick gleichartig erscheinenden Modelle, durch Farb- und Formvarianten multipliziert, in großen Stückzahlen anbieten. Wenn man sie kauft, läuft man Gefahr, dass jemand das Gleiche trägt – das wird zumindest dann als unangenehm empfunden, wenn es sich nicht um so genannte *Basics* wie einfache T-Shirts oder Pullis handelt. Der Begriff »Massenmode« wird v. a. für die Kleidung von Textildiscountern und großen Ketten verwendet, die billige Kleidung anbieten. Bei der Markenkleidung hingegen schafft der höhere Verkaufspreis einen erheblichen Unterschied in der Wahrnehmung, auch wenn diese unter denselben globalen Produktionsbedingungen massenindustriell hergestellt wird und damit ebenso dem Prinzip der Uniformität unterliegt.

Diese Verbindung von Mode und Uniformität ist in der Entstehung moderner Kleidung angelegt, die auf das Militär als den klassischen Produzenten von Uniformität zurückführt. Der militärische Ursprung moderner Garderobe zeigt sich in zahlreichen Kleidungsstücken, die direkt aus dem militärischen in den zivilen Bereich eingewandert sind und heute als Modeklassiker nicht mehr wegzudenken sind. So wurden etwa Trenchcoats von der britischen Armee im Ersten Weltkrieg im Schützengraben getragen; das T-Shirt wurde aus der Unterbekleidung der US-Soldaten übernommen; Bomberjacken und Cargohosen sind andere Beispiele für die direkte Übernahme militärischer Kleidungsstücke in die Zivilkleidung. V. a. Jugendliche eigneten sich die militärischen Kleidungsstücke nach dem Zweiten Weltkrieg für den Alltagsgebrauch an. Die »Army-Surplus-Stores« waren eine günstige Bezugsquelle für funktionelle Kleidung, die nicht selten zum gruppenspezifischen Symbol und Inszenierungsmittel avanciert, so z. B. der Fishtail-Parka der britischen Mods der 1960er-Jahre, der ursprünglich als Schutz für die schicken, maßangefertigten Anzüge auf dem Motorroller getragen wurde und sich innerhalb kürzester Zeit zum festen Bestandteil der subkulturellen Mod-Uniform entwickelte. Wie die Mods übernahmen die unterschiedlichsten Jugendkulturen Elemente aus dem Repertoire militärischer Uniformen, von den Hippies über die Punks bis hin zur Techno- oder HipHop-Kultur.

Die militärische und die zivilmodische Bekleidung existierten nie in separierten Sphären. Schon immer hatte die militärische Bekleidung einen starken Einfluss auf die Zivilmode. Dies manifestierte sich bereits in der geschlitzten Kleidung der Landsknechte des Dreißigjährigen Krieges, die sich auf die Mode auswirkte oder in der Verbreitung von Ziviluniformen im 19. Jahrhundert. Dabei kann die Verwendung militärischer Kleidung im Kontext der Mode unterschiedlichste Wirkungen und Bedeutungen haben und die »vestimentäre Mobilmachung« ebenso zum Ausdruck bringen wie antimilitärischen Widerstand, Protest oder individuellen Selbstschutz und Camouflage im urbanen Raum. Auffällig an der Verwendung militärisch-uniformer Bekleidungsformen in Jugendkulturen ist häufig der Wunsch nach einer Umkehrung des uniformierenden Effekts der Kleidung, indem diese losgelöst von ihrem ursprünglichen Kontext und ihrer Funktion, nämlich der sichtbaren Markierung und Vereinheitlichung einer Gruppe, als Inszenierungsmittel von individuellem Anderssein eingesetzt wird. Selten wird dabei ein komplettes Ensemble aus Uniformelementen zusammengestellt oder gar eine vollständige Uniform getragen. Vielmehr wird die uniforme Kleidung als Folie für Verzierungen, Applikationen und Beschriftungen benutzt und dadurch in einen Träger individuellen Ausdrucks transformiert. Oder sie wird mit Elementen anderer Kleidungsgattungen kombiniert, wie mit Turnschuhen, Jeans, bunten *High Heels* oder eben mit Anzug oder Hüfthose und Rollkragenpullover wie bei den Mods. In der Mode bilden *Military Styles* inzwischen eine Konstante. Das Repertoire der Uniformen ist reich, und so können unterschiedlichste Elemente die Mode beeinflussen, von der figurbetonten, schneidigen Paradeuniform mit Epauletten bis hin zur lässig weiten Kampfuniform oder dem Parka.

Der militärisch-uniforme Ursprung moderner Kleidung zeigt sich jedoch nicht nur in den einzelnen Bekleidungsformen, die aus dem Bereich der Uniformen in die Zivilmode Eingang gefunden haben. Vielmehr ist Uniformität direkt in der seriellen Produktion von Kleidung angelegt. Die Konfektionierung, mittels der Kleidung standardisiert in großen Stückzahlen und in verschiedenen Größen hergestellt wird, führt unmittelbar auf die militärische Uniformfertigung zurück. Die einheitliche Einkleidung des stehenden Berufsheeres im frühen 18. Jahrhundert unter Friedrich Wilhelm I. von Preußen kann als Grundstein der standardisierten und seriellen Produktion von Kleidung angesehen werden und bildet damit die Vorstufe der Konfektion. Sie basiert auf einer ganz entscheidenden Voraussetzung: der Vermessung der Körper und der Vereinheitlichung und Standardisierung der Kleidergrößen, die sich aus der Zusammenfassung der großen Anzahl von Soldaten in vier unterschiedliche Körper- bzw. Kleidergrößen ergab. Durch die Standardisierung der Bekleidungsformen und Größen wird Uniformität somit jedem modernen, seriell hergestellten Kleidungsstück bereits quasi anatomisch eingebaut.

Mit der Entwicklung der serienmäßigen Herstellung von Kleidung in der Konfektionsindustrie wurde bis heute die Kategorisierung der menschlichen Körpergröße in ein standardisiertes Größensystem stetig weiterentwickelt. Aufgrund der Entwicklungen in der Massenproduktion von Herren- und Damenbekleidung nach dem Zweiten Weltkrieg konnte sich die Mode in den 1960er-Jahren zu einem für nahezu alle erschwinglichen Massenkonsumartikel etablieren. Mit dem Strukturwandel im Textilhandel von kleinen Geschäften hin zu international agierenden Unternehmen wie H&M, die sich in den 1980er-Jahren zunehmend im Handel etabliert haben, hat die Massenproduktion von Mode schließlich eine ganz neue Dimension erlangt. Einerseits führen die heute den Handel dominierenden Bekleidungsketten und Marken, die auf globaler Ebene oft dieselben Produktlinien anbieten, zu einer Vereinheitlichung des Modeangebots. Andererseits kann durch die Ausnutzung globaler Produktionsmöglichkeiten und der technischen Verbesserung von Informationsstrukturen und Logistik die Massenmode gleichzeitig zunehmend differenzierter werden. Diese Ausdifferenzierung entsteht v. a. durch den beschleunigten Wechsel und die

Vielzahl von Kollektionen, die in einem Geschäft wie H&M dann jeweils separiert angeboten werden. Die Unterschiede liegen dabei zwar manchmal nur in geringen Farb- und Formvariationen, aber sie vermitteln durchaus den Effekt der Vielfalt in der Masse.

Singularisierung durch Sampling und Vintage

Mit der Ausdifferenzierung der Angebotspalette versuchen Anbieter, der heterogenen Käuferschicht entgegenzukommen und die breit gefächerten Wünsche und Bedürfnisse unterschiedlicher Lebensstile anzusprechen und abzudecken. In der Realität gab es schließlich noch nie eine homogene Kundenmasse, die durch uniforme Produkte hätte befriedigt werden können. Das zeigt sich heute auch in dem facettenreichen Panorama, das die vielfältigen jugendlichen Stilausdifferenzierungen bieten. H&M nimmt hier nicht etwa eine bestimmte Jugendkultur in den Blick, sondern hat für die unterschiedlichsten Stilrichtungen Kleider und Accessoires im Angebot. Neue Entwicklungen innerhalb jugendkultureller Szenen werden dabei genauso schnell aufgenommen wie die Designerkreationen, die auf den letzten Prêt-à-porter-Schauen vorgestellt wurden. Dabei hat H&M keinesfalls den Status eines der begehrten Modelabels. Die Mehrzahl der Jugendlichen kann sich aber die Kleidung im Original von Dior, Prada oder Dolce & Gabbana nicht leisten. Die Designkopie ermöglicht ihnen, sich zumindest ähnlich wie die Stars und Models der Glamourbranche zu gestalten. Schließlich wird über diese in den Medien eine Vielzahl an Informationen verbreitet, durch die Jugendliche in ihrem Modebewusstsein und in ihren Kenntnissen im Abc der Designer- und Markennamen eine umfangreiche Erziehung erfahren. Sie wissen von der auf MTV interviewten Stylistin von Jennifer Lopez quasi aus erster Hand, welche Labels JLo bevorzugt, welche Designer sie einkleiden wollen, wo sie einkauft und wie viel sie für Schmuck und Unterwäsche ausgibt. Die Style-Formate im Fernsehen ermöglichen ihnen auch, Paris Hilton beim Shoppen zu begleiten, um so virtuell an deren Glamourwarenwelt partizipieren zu können. Ein Geschäft wie H&M, das schon wenige Wochen nach den Präsentationen der Designerkollektionen deren Kopien im Geschäft hat (und damit oft schneller als der Originaldesigner), eröffnet dann den Jugendlichen die Möglichkeit, die gleichen

Styles wie die Stars zu tragen, nur ohne Designeretikett und deutlich preiswerter. Die Designer selbst verharren in der Hoffnung, dass die auf diese Weise an Modelabels gewöhnten Kids, sobald sie über mehr Geld verfügen, zum Kauf des Originals übergehen.

Manche Jugendliche verweigern sich aber auch der billigen Designkopie von H&M oder beziehen ihre Jeans, die schließlich schon ein *Branded Item* sein sollte, von »richtigen« Markenherstellern. Für die Deckung ihres täglichen Bedarfs an Modebasics aber werden sie durchaus ihre regelmäßigen Abstecher zu H&M oder ZARA unternehmen. Denn der Preis überzeugt einfach – ebenso der ständige Wechsel des Angebots als permanente Konsumversuchung. Selbst Angehörige von nischenexklusiven Retro-Szenen, die größten Wert auf Authentizität legen und ihr Kleidungsrepertoire nahezu ausschließlich gebraucht aus der Vergangenheit beziehen, weil sie die Qualität, Rarität und Aura des ›Originals‹ schätzen, nutzen hin und wieder das Angebot der Kette, um die guten alten Kleidungsstücke nicht zu sehr zu verschleißen. H&M durchkämmt schließlich nicht nur aktuelle Jugendszenen nach neuen Trends, sondern lebt auch von dem unendlichen Pool an vergangenen Modestilen. Die immer präsenten Retro-Elemente vergangener Modejahrzehnte reanimieren in Kleidern die unterschiedlichsten Stile von Swing und Rock 'n' Roll über Hippie und Psychodelic bis zu Punkrock, Disco, New Wave, HipHop, Grunge und (sicher bald) House und Techno, die in die aktuelle *Urbanwear* eingespeist und so modifiziert und weiterentwickelt werden können.

Die Geschichte der Mode und jugendkultureller Stile bildet damit wie die Musikgeschichte die Produktionsgrundlage für Re- und Neukompositionen. Über das Samplingverfahren können mit Retro-Kleidungsstücken Assoziationen an alte Modebilder geweckt werden und unterschiedlichste Zeitfragmente im hybriden Mix mit dem aktuellen Körper ihre Vergegenwärtigung erfahren. Sie funktionieren auf der visuellen Ebene wie Sounds, die in der persönlichen Musikbiographie abgespeichert sind. Selbst wenn man die mit der Kleidung zitierte Vergangenheit nicht persönlich erlebt hat – wie das bei Jugendlichen der Fall ist, die um 1990 geboren, aber Klamotten der 1970er- und 1980er-Jahre tragen –, so evozieren sie in jedem Fall Bilderinnerungen an eine medial erlebte Vergangenheit, wie sie über Fernsehen, Kino, Internet, Familienfotos und -videos permanent präsent und abrufbar ist.

Der Retro-Trend lässt sich somit keinesfalls einseitig durch eine nostalgische Sehnsucht erklären. Vielmehr vermittelt sich darin die Verfügbarkeit vergangener Bildwelten in der Gegenwart. Jugendliche nutzen die Zeitmoden der Vergangenheit v. a. deshalb, weil sie für sie neu oder eben irgendwie ›anders‹ sind und weil sie damit oft auch gegen die Grenzen des Geschmacks der Generation ihrer Eltern verstoßen können, die sich u. U. der Mode der 1980er-Jahre mit ihren Röhrenjeans und Frotteeschweißbändern nur mit Schaudern erinnert. Nicht auszuschließen ist jedoch, dass ebendiese Eltern bei den Retro-Moden, die nun in neuen Materialien und neuen Kombinationen daherkommen und damit neu und anders, aber eben doch nicht ganz fremd sind, dem Charme des Vergangenen und doch Vertrauten erliegen.

Hat sich der Gebrauch von Secondhand-Mode und Retro-Styles in den 1960er-Jahren als eine Art Gegenbewegung zur massenproduzierten Kleidung entwickelt, so ist Retro heute längst in die Massenmode integriert. Ähnlich wie *Military Styles* bilden Retro-Styles eine flexible Konstante im Modemarkt. Dass dieser enorm von der Verkäuflichkeit der Erinnerung profitiert, zeigen die inzwischen unzähligen *Relaunches* bekannter, aber kurzzeitig vergessener Markennamen wie Lacoste. Der Aufkauf einer alten Marke, am besten mit Produktarchiv, aus dem dann recycelt werden kann, ist ein relativ sicherer Weg für Erfolg im Modemarkt – ebenso wie die Imagesicherung über Faktoren wie Tradition, Geschichte und Authentizität, über die Sportartikelhersteller wie Adidas mit ihrer Sports-Heritage-Linie zum attraktiven Modelabel werden.

Je nach Saison werden unterschiedliche Jahrzehnte oder unterschiedliche Elemente eines Jahrzehnts thematisiert, vom Neo-Punk-Style zum Neo-Disco-Style – was in den letzten Jahren zu einer gewissen Inflation des Retro-Phänomens geführt hat. Bezeichnete der Begriff ursprünglich einmal das echte, originale Secondhand-Stück, so wird er heute für die Vergangenheit kommerzialisierende TV-Shows verwendet. Angesichts der neuen massenproduzierten Kleider, die das Alte kopieren, erfährt das »echte« Alte als Garant für Einzigartigkeit und Distinktion unter dem Terminus *Vintage* eine Aufwertung und Differenzierung. Wurden früher lang gelagerte Spitzenweine *Vintage* genannt, so heißen heutzutage die von Stars getragenen, alten Luxusdesignerkleider so, aber auch weniger teure, historische Kleidungsstücke. Der Begriff impliziert, dass ein Kleidungsstück, wie ein guter

Wein, einen gewissen zeitlichen »Reifeprozess« durchlaufen haben muss, der garantiert, dass es auf diese Weise zum Einzelstück geworden ist. Die Mode vom Flohmarkt, die erst vor fünf bis zehn Jahren in den ersten Konsumkreislauf eingetreten ist, zählt noch nicht dazu; Mode, die 15 bis 20 Jahre alt ist, hingegen schon. Die Entuniformierung dessen, was vormals zur Massenmode gehörte, erfolgt hier also durch die Zeitdimension.

Im Gegensatz zu dem neuen Retro-Shirt von H&M kann man mit einem echten *Vintage-Shirt* die materiellen Zeitspuren einer realen, fremden Biografie tragen und so in unmittelbaren körperlichen Kontakt zur Vergangenheit treten. Die »Authentizität« und Einzigartigkeit des *Vintage*-Stücks überträgt sich auf das Ich des neuen Trägers, es wird damit zu einem vestimentären Ausweis für Individualität. Sein Besitz lässt auf gewisse Kompetenzen schließen wie das Kennen guter Secondhand-Märkte oder die Beherrschung der »3, 2, 1 ... Meins«-Jagd nach alten Turnschuhen, Taschen und Trainingsjacken bei Ebay. Individuelle Einzigartigkeit wird hier durch die Rarität, Originalität und die persönliche Zusammenstellung oder das Sampling der im Ich-Design eingesetzten Produkte erzeugt.

Lässt sich durch den Secondhand-Konsum so zumindest partiell aus dem schnellen Konsumrhythmus ausscheren, indem dem Wandel des Neuen die Kontinuität des Alten gegenübergestellt wird, so kann sich hier andererseits aber auch eine Form von Mode-Elitismus zuspitzen, der ähnlich funktioniert wie die Jagd nach seltenen Accessoires oder den limitierten Produktlinien kleiner Labels, die oft nur einem exklusiven Kreis von Insidern bekannt sind bzw. sein sollen. Dabei geht es v. a. darum, Sachen *zuerst* zu haben, denn nur wenn man sie als *Erster* hat, haben sie noch die Aura der Einzigartigkeit, über die man als Träger der Trophäe entsprechend definiert wird.

Das Anziehen gebrauchter, historischer Kleidung ist dabei keinesfalls neu, aber es hat eine starke Ausdifferenzierung erfahren. Ein Phänomen wie Retro oder *Vintage* ist schließlich nicht nur eine Konsequenz der Verdichtung von Zeit durch die Bildwelt, sondern auch eine Folge der Massen- und Überproduktion von Kleidung, die eben den notwendigen Stoff dafür liefert.

»Mach ihn zu deinem Schuh, indem du deine Farben auswählst«, lautet einer der Werbeslogans für nikeid. Der Sportartikelhersteller Nike fordert mit dem Programm nikeid seine Kunden zum Mitmachen auf und bietet ihnen die Möglichkeit, seine Produkte nach eigenen Wünschen zu gestalten. Man kann per Internet bei einer bestimmten Anzahl unterschiedlicher Schuhe, Taschen oder Rucksäcke die Farbkombination bestimmen und das so eigens modifizierte Nike-Produkt zur Vollendung seines persönlichen Designs mit seinem Namen signieren lassen.

Mit dieser Form von *Customization* antwortet die Bekleidungsindustrie auf den Bedarf oder Wunsch ihrer Kunden, Individualität durch Produkte darzustellen. Sowohl im englischen als auch im deutschen Sprachgebrauch bedeutet *Customization* (anpassen, nach Kundenwünschen fertigen) die individuelle Veränderung von Standardprodukten, also die vom Konsumenten selbst durchgeführte Entstandardisierung. Seinen Ursprung hat der Begriff des *Customizing* v. a. im Kontext der Individualisierung von Autos, die auf die amerikanische HotRod-Kultur der 1940er-/1950er-Jahre zurückgeht, in der Jugendliche das Tunen und Umgestalten von alten Autos zum Freizeitsport machten.

Bereits seit Beginn der seriellen Massenproduktion gab es Wege, Standardgüter an individuelle Kundenwünsche anzupassen. Die Maßkonfektion etwa bietet innerhalb einer Auswahl von bestimmten Anzugsvarianten die Fertigung nach den individuellen Körpermaßen eines Kunden. In den 1990er-Jahren haben das Internet und die digitale Körpererfassung das Prinzip der *Customization* revolutioniert.
Die *Major Players* arbeiten intensiv daran, diese Möglichkeiten noch zu verbessern, um die individuelle Fertigung profitabel für den Massenmarkt anzubieten, also Individualisierung und Uniformierung in der kundenindividuellen Massenproduktion, der so genannten *Mass Customization*, wirksam und rentabel zu kombinieren und damit zwei eigentlich entgegengesetzte Produktionsprinzipien, das der standardisierten, seriellen Massenproduktion und das der individuellen Maßanfertigung, zu vereinen.

Customizing-Strategien können in der Mode von dem Angebot der simplen Modifizierung der Produkte bis hin zum direkt kundenbezogenen Zuschnitt reichen. Ein frühes Beispiel liefert der Sportartikelhersteller Adidas, der bereits in den frühen 1980er-Jahren Jugendlichen mit dem Modell Adicolor eine, wenn auch noch sehr schlichte Form des *Customizing* anbot. Der Basketball-Schuh Adicolor wurde mit Stiften geliefert, mit denen der Kunde das Markenzeichen, die drei Adidas-Streifen, nach seinen eigenen Wünschen farblich gestalten konnte. Inzwischen sind die Optionen, die Adidas seinen Kunden zur Individualisierung bietet, deutlich verfeinert worden. Unter dem Motto »You can't have my shoes – go build your own« bietet das Unternehmen mit dem *Customization*-Programm mi adidas dem Kunden die Möglichkeit, aus je einem Spezialmodell für die Sportarten Laufen, Fußball und Hallensport einen Schuh auszusuchen, der mit unterschiedlichen Sohlen und in 21 Designvarianten produziert werden kann.

Der Prozess der *Customization* erfolgt in drei Schritten: Zuerst wird der Fuß millimetergenau vermessen; für den Schuh stehen dann drei vorgegebene Weiten zur Verfügung, die Länge wird individuell angepasst. Danach werden über einen Fußscan die Belastungsstellen des Fußes ermittelt und einer von vier zur Wahl stehenden Sohlentypen mit passender Dämpfung empfohlen. Im abschließenden Schritt erfolgt die Farbauswahl: »Du entscheidest dich für ein Design und machst deine mi adidas zu unverwechselbaren Unikaten.«

Wie bei Nike soll das Prinzip den Konsumenten zum *Prosumenten*, zum Konsumenten und Produzenten in einer Person machen. Dabei wird der Konsument in das Konzept der Marke unmittelbar einbezogen. Er wählt nicht mehr nur aus und zahlt, sondern er wird bis zu einem gewissen Grad am Produktionsprozess beteiligt, da er eine differenziertere Auswahl in Bezug auf bestimmte, festgelegte Produktspezifikationen treffen kann. Durch die so vermittelte Einbindung des Konsumenten in den industriellen Gestaltungsprozess und die implizierte Personalisierung des Kaufgeschäfts entsteht eine deutliche Emotionalisierung von Produkt und Konsumpraxis. »Du bist einzigartig. Und deine Schuhe? Mi adidas passen perfekt, sind an deine individuellen Gegebenheiten genau angepasst und mit deinem Wunsch-Design ausgestattet.« Auch Adidas bestickt die Schuhe mit dem Namen des Kunden. Allerdings wird auch hier das Markenzeichen in diesem Prozess nicht eliminiert. Der Schuh bewegt sich an der Schnittstelle zwischen Uniformierung und Individualisierung. Er wird innerhalb uniformer, standardisierter Bedingungen wie ein Massenprodukt gefertigt. Die Individualisierung wird ermöglicht, bleibt aber limitiert, da schließlich nicht wirklich ein neuer Schuh entsteht, sondern eine Variante innerhalb eines vorgegebenen Rahmens.

Die Individualisierung, wie sie in der Aneignung von Dingen und im Umgang mit Dingen erfolgt, tritt hier nicht unabhängig und individuell zutage, sondern bereits im unmittelbaren Dialog mit dem Unternehmen. Der Konsument muss sich nicht allein um die Herstellung seiner Individualität bemühen: Ihm wird durch Adidas oder Nike im Sinne einer Dienstleistung geholfen, was nicht zuletzt auch förderlich für eine stärkere Identifikation mit der Marke ist.

Die Unternehmen erhoffen sich von der *Mass Customization* einen Nutzen in mehrfacher Hinsicht. Sie sparen langfristig hohe Lagerkosten, haben nur selten Retouren oder das Risiko der Überproduktion und gelangen zudem an eine große Menge von Informationen über ihre Kunden, die diese durch die Übermittlung ihrer Wünsche direkt via Internet an das Unternehmen liefern. Diese Kommunikation zwischen Kunden und Hersteller dient dem Aufbau einer möglichst langfristigen Kundenbindung und der Herstellung einer technischen Infrastruktur, die es ermöglicht, den Kunden in Zukunft direkt anzusprechen, um ihm auf seine Geschmackspräferenzen, finanziellen Kapazitäten und Körpermaße zugeschnittene Angebote unterbreiten zu können.

Der Prozess der Individualisierung wird hier primär in seinem ökonomischen Potenzial gesehen. Die *Mass Customization* unterstützt damit produktiv den Ich-Kult und die Idealisierung von Individualität, die sich in der Mode und in der Freizeit genauso zeigt wie, wenn auch in anderer Konsequenz, in der Förderung der Ich-AGs. Von der Idee der Individualität im Sinne der Selbstbestimmung des Individuums entkoppelt, entwirft das Prinzip der *Mass Customization* Individualität als industriell produzierbare Ware oder Wareneigenschaft und macht sie damit zum Standard.

Konsumidentitäten

Seit der Herausbildung des *Teenage-Consumer* in den 1950er-Jahren werden Jugendliche gezielt in das Visier der Ökonomie genommen. Die These einer einseitigen kommerziellen Vereinnahmung der Jugend durch die Konsumkultur, wie sie v. a. in den 1970er-Jahren formuliert wurde, ist dabei inzwischen unhaltbar geworden. Modemarkt und Jugendkulturen haben sich eher stets in einer Synthese entwickelt. Schließlich sind Jugendkulturen immer auch Konsumkulturen, die ihre Kleider und Musik irgendwo erwerben müssen und dafür bestimmte Läden, Clubs oder Bars aufsuchen. Heute hat sich dieser Markt so weit ausdifferenziert, dass die kleinsten Nischenkulturen als *Subcultures of Consumption* selbst autonome Konsumstrukturen ausbilden. Die *Major Players* im Modemarkt dringen nicht nur über Trendscouts in diese Strukturen ein, um dort Ideen und Inspirationen zu ziehen: Meist entstammen die von ihnen beschäftigten Designer selber den anvisierten Szenen oder stehen zumindest im engen Kontakt mit ihnen. Schließlich gab und gibt es innerhalb von Jugendkulturen immer auch Tendenzen zu einer Professionalisierung von Insiderwissen.

Das, was konventionell als anders, auffällig, provokant oder exzentrisch aufgefasst wurde, wie etwa der inzwischen stereotypisierte Stil der Punks, scheint allerdings von der Bildfläche verschwunden zu sein. Vielleicht fällt Anderssein aber auch einfach nicht mehr auf, da sich durch die medial vermittelten Musik- und Bekleidungsstile ein Gewöhnungseffekt eingestellt hat. Als Gegenreaktion üben sich viele Styler im *Low-Profile*-Sinne in Zurückhaltung. Sie verweigern sich dem Zuviel der Drucke, Färbungen und Applikationen und v. a. der auf Kleidungsstücken überprominent aufgedruckten Markennamen, für die sich viele Jugendliche und Junggebliebene freiwillig als »Werbeträger« hergeben. Mit deutlichen Anleihen an die vergleichsweise schlichte Jeans/Band-T-Shirt/Lederjacke-Uniform des Rock und Punkrock grenzt sich der *Low Style* in bewusst inszenierter ›Schlechtheit‹ ab, die z. B. in Form von labelfreien Truckercaps getragen nur denen was sagen soll, die sie decodieren können. Das Aushandeln von Ausgrenzung und Zusammenschluss aufgrund von Modewissen bleibt aber auch hier Teil des Spiels.

Die Mode bildet so ein äußerst komplexes Handlungsfeld, innerhalb dessen sich Jugendliche in ihren Lebenskontexten verorten und sich dabei – je nach Wahrnehmung und Perspektive – zwischen Uniformierung und Entuniformierung bewegen. Der Modekonsum ermöglicht das simultane *Fitting in* und *Sticking out* und verhilft damit nicht nur zur Herstellung personaler Identität, sondern vermittelt auch ein Gefühl der Stabilität und Zugehörigkeit und stiftet so Orientierungsmöglichkeiten und soziale Beziehungen. Schließlich geht es bei der Selbstmodellierung durch Mode immer auch um Versuche der Versicherung von Akzeptanz und Integration.

Was in den 1970er-Jahren konsumkritisch unter dem Begriff *Bricolage* gefasst wurde, also die De- und Rekontextualisierung von Objekten in neue Bedeutungszusammenhänge, kann heute mit dem Begriff *Konsum* beim Namen genannt werden. Der Modekonsum schließt Prozesse der persönlichen Selektion und Aneignung, der Orientierung an Leitbildern und Medien, also den Konsum von Bildern ebenso ein, wie Beschaffungswege und -orte, also räumliche Bezüge und den persönlichen Umgang mit den Dingen, ihre Zusammenstellung und Verbindung mit anderen Dingen, das individuelle Aufladen mit Bedeutung und das Verbrauchen und Entsorgen. Als mit dem Körper permanent getragener Konsumgegenstand vernetzt die Mode seinen Träger unmittelbar mit dem ökonomischen System und bindet ihn in Machtstrukturen ein.

Konsum ist deshalb jedoch nicht einfach gleichbedeutend mit der absoluten Affirmation der Massenkonsumkultur und ihrer Konsequenzen, die sich beispielsweise in der Ausbeutung billiger Arbeitskräfte in Sweatshops niederschlägt. Aufbauend auf den alternativen Strukturen in Modedesign und Handel, die sich aus den anfangs noch amateurartig gegründeten kleinen Firmen und Geschäften der Punkkultur der 1970er-Jahre entwickelten, bilden heute unterschiedlichste jugendkulturelle Interessengemeinschaften alternative Märkte aus: Sie können so eigene Konsumstrukturen schaffen, um gegen profitmaximierende Big-Business-Interessen zu agieren. So hat etwa das sich für ethischen Konsum einsetzende Netzwerk adbusters.org vor dem Hintergrund des auf Arbeitskraftausbeutung und Umweltzerstörung basierenden globalen Logoterrors mit dem 100 Prozent veganen Blackspot Sneaker eine Anti-Brand entwickelt, die sich gezielt gegen große Unternehmen wie Nike richtet. Gemäß ihrer Devise »No more hype. It's time to rethink the cool!« machen sie mit ihrer »Kick-Ass«-Marketingstrategie, der Verwendung organisch angebauter Materialien, handgemaltem *Unswoosher*-Logo, fairem Handel und Produktion deutlich, dass es auch anders gehen kann.

Dirk Peitz

H&M. Da sind all die Mädchen hin

Es ist so einfach, die Mädchen von heute blöd zu finden. Man muss nur an einem Samstagnachmittag in die Fußgängerzone einer deutschen Großstadt gehen. Und gleich rein zu H&M. Der Laden ist proppenvoll, ein einziges Jamba-Monatspaket-Abonnentinnen-Treffen aus Leas, Lauras, Lenas, Leonies, so heißen sie heute ja alle. Vor den Umkleiden hat sich die obligatorische Nur-Drei-Teile-Schlange gebildet; die drei Teile bestehen aus irgendwie engen, irgendwie halbseidenen Tops. Die werden Sonntagmorgen gleich alle im Altkleidersack landen, weil erstens mindestens zehn andere im Club Samstagnacht die gleichen anhatten und zweitens Neunzehn-Euro-Neunzig-Tops deshalb neunzehn Euro neunzig kosten, weil sie nur genau ein Wochenende lang in Mode sind. Nach der Kabinenschlacht geht es dann bei den G-Strings und Push Ups vorbei und ab in die Kassenschlange, die Zeit wird mit SMS-Schreiben und dem Vorspielen des Klingeltons »Bekloppter Frosch« verkürzt.

Wer dabei nicht durchdreht, ist tot oder ein Mädchen. Man hätte sich den H&M-Stress auch sparen und einfach den Nachmittag mit dem Betrachten von Magazinen und Musikfernsehen verbringen können. Das sind Orte, an denen das Bild der Mädchen von heute hauptsächlich konstruiert wird. Okay, auf Viva und MTV laufen eigentlich keine Videos mehr, und in Frauenzeitschriften geht es außer um sexy Klamotten und sexy Schminke auch sonst nur um Sex. Aber zumindest Viva hat ein Mädchengesichtserbe zu verwalten: Nachdem Anfang der 1990er-Jahre historisch verbrieft das Popkulturmagazin *Spex* in bester emanzipatorischer Absicht das Wort *Girlism* erfunden hatte für eine irgendwie neue Generation irgendwie guter böser Mädchen, hat Viva von Mitte der 1990er an aus dem Medienphänomen ein TV-Programm gemacht und es mit Heike Makatsch besetzt. Die floh vor lauter Gram bald nach London und in richtige Schauspielerei, wird aber vermutlich bis ans Ende ihrer Tage den Ehrentitel »Erstes Girlie ever« mit sich herumschleppen.

Eine ihrer Nachfolgerinnen bei Viva heißt Collien Fernandes, und aus der Lektüre des Mädchenfachblatts *Maxim*, in dem weibliche Wesen nur als gerade der Minderjährigkeit entwachsene Bikiniträgerinnen vorkommen und dessen aktuelle Ausgabe man sich nebst dem in Enthüllungsfragen ebenfalls hochkompetenten Herrenmagazin *Matador* zum Fallstudium in Sachen »Mädchen von heute im Auge des Mannes von gestern« am Bahnhofskiosk überreichen lässt (die extragroße Jubiläumsausgabe des *FHM* passte da nicht mehr rein, und der *Playboy* wäre zu sehr alte Schule gewesen), also aus der *Maxim* erfährt man über Collien Fernandes außer der dokumentierten Beschaffenheit ihres halbnackten Körpers im Nasszustand noch Folgendes: »Ich fühl mich auch vor der Kamera besser, wenn ich weniger anhabe, als wenn ich zu viel anhabe.« Bloß billig solle es nicht sein.

Im selben Heft versuchen auch das Ex-No-Angel Sandy und die R&B-Sängerin Ashanti nicht billig zu sein. Auf MTV 2 Pop laufen währenddessen Videos: Britney Spears beim Baden, Sarah Connor beim Bettzerwühlen, Vanilla Ninja beim In-Zeitlupe-die-Brüste-hüpfen-lassen, den Sugacubes beim Wir-sehen-auch-zehn-Jahre-später-immer-noch-wie-15-aus-Spielen, Jeanette Biedermann beim sich selbst, also halbnackt sein. Wenigstens die Sängerinnen von Silbermond und Juli haben so etwas wie Straßenkleidung an, dummerweise kann man sie kaum auseinander halten. Wenn zwischendurch ein männlicher Sänger oder Rapper auftritt, was eher selten geschieht, dann wird es gleich noch unwürdiger, dann nämlich fungieren die Mädchen nur noch als Bikinistaffage.

So ein Nachmittag mit Musikfernsehen ist schon erschütternd. Abgesehen davon, wie einfallslos diese Schlachthausladungen voll Mädchenfleisch auf die Dauer wirken. Wie offensichtlich sie von der Selbstabschaffung verzweifelter Branchen – der Musikindustrie und des Musikfernsehens – künden, deren letzter Glaube der an die alleinige Nochverkaufbarkeit des jungen weiblichen, schönheitschirurgisch wohlverformten oder zumindest fürs Bild digital optimierten Körpers ist, dessen Besitzerinnen durch ihr endloses öffentliches Herzeigen des Allerletzten ja noch immer ununterscheidbarer werden. Okay, es gibt Schlimmeres, sie könnten ihr Geld mit Pornos und Prostitution verdienen. Aber mal abgesehen von all dem kulturpessimistischen Kram, bleibt da noch eine Frage: Wie fühlen sich eigentlich die Betroffenen selbst?

Immanuel Chi

Jeans

Zur Grammatik der Gebrauchsspuren

Arbeiterhose

Der aus dem bayrischen Buttenheim in die Vereinigten Staaten emigrierte Levi Strauss meldete im Jahre 1873 ein Patent auf ein Kleidungsstück an, das er zusammen mit dem Schneider Jakob W. Davis erfunden hatte. Es handelte sich um eine Arbeitshose, die nicht nur durch Nähte, sondern zusätzlich durch Nieten, die sonst für die Verstärkung von Lederzaumzeug und Pferdedecken verwendet wurden, zusammengehalten wurde. Der Ursprungslegende nach soll ein Goldsucher mit dem Namen »Alkali Ike« Davis dazu bewogen haben, eine Lösung zu finden, um die vom Herumtragen eingesteckter Gesteinsproben ständig kaputten Hosentaschen zu verstärken. Die zunächst als *Riveted Pants* (Nietenhosen) bezeichneten Hosen erfreuten sich bei Goldsuchern, Minenarbeitern, Baumwollpflückern und anderen körperlich schwer arbeitenden Menschen bereits am Ende des 19. Jahrhunderts großer Beliebtheit. Da Levi Strauss die Nietenhose patentiert hatte, besaß seine Firma bis 1890 das Herstellungsmonopol für das Kleidungsstück, das auch als *Waistoverall* oder *Jeans* bezeichnet wurde. Der Schnitt der Jeans war für die damalige Mode relativ eng und körperbetont, da sie aber im Schritt U-förmig geschnitten war, bot sie dem Träger, trotz enger Passform, noch viel Bewegungsfreiheit. Deshalb wurden die sehr reißfesten und bequemen Hosen auch bei Cowboys populär, die sich jedoch über die Niete im Schritt beklagten, da diese am Lagerfeuer die Hitze auf empfindliche Körperteile leitete – die Vermutung liegt nah, dass Cowboys unter der Jeans nichts anhatten. Man produzierte daraufhin die Hose ohne die Niete im Schritt. Weitere typische Details der Jeans waren bereits zum ausgehenden 19. Jahrhundert der geknöpfte Verschluss vorn, die aufgenähten Gesäßtaschen mit einer *Batwing*-Ziernaht und der Leder-*Patch*, der als Firmenetikett diente und Angaben zum Modell und zur Größe enthielt. Diese wesentlichen Merkmale sind bis heute bei fast allen Herstellern noch erhalten geblieben wie auch der charakteristische Stoff, aus denen man

Jeans hergestellt, der *Denim*, benannt nach seinem Ursprungsort, der Stadt Nîmes.

Freizeithose

In den 1920er-Jahren entwickelten sich in den USA Hosen, Latzhosen und Jacken aus *Blue Denim* zur populärsten Bekleidung für Arbeiter. Da Arbeitskleidung als reine Funktionskleidung weniger modischen Konventionen unterliegt, gehörten auch Gebrauchsspuren und Flickstellen, die durch das Ausbessern von Löchern und verschlissenen Nähten entstanden, von Beginn an zum Erscheinungsbild einer getragenen Jeans. Ab den 1930er-Jahren wurde die Arbeitshose jedoch zunehmend auch als Freizeitbekleidung getragen.

Ein Indiz dafür ist beispielsweise, dass sich Kunden nun beschwerten, dass die Nietungen an den Gesäßtaschen Möbel verkratzten. Der Transfer aus dem Milieu der Arbeitskleidung hinein in das System der Mode ging einher mit einer historisch orientierten, symbolischen Aufladung des Gegenstandes. Blue Jeans, das waren nun nicht mehr nur die praktischen Arbeitshosen, sondern eine Art von typisch amerikanischer, nationaler und geschlechtsunspezifischer Folklore, die eine Traditionslinie zu den Pionieren amerikanischer Identität bildete. Zwar brachte Levis 1935 ein Modell auf den Markt, das speziell auf die weibliche Anatomie ausgelegt und körperbetont geschnitten war, die ›Lady Levis‹, Jeans waren jedoch die Hosen der männlichen amerikanischen Mythen: Cowboys, Westernhelden und den harten Männern des Rodeo-Sports, der in den 1940er-Jahren populär wurde.

Blue Jeans wurden aber auch von den ersten sich formierenden, jugendlich-subkulturellen *Motorcycle-Gangs* getragen und waren ein Produkt in einem System von Dingen, das die Gruppenzugehörigkeit visuell repräsentierte.

Die typische Tragweise dieser Zeit, man trug die Jeans mit umgeschlagenen Hosenbeinen und einem Gürtel, rekurrierte auf die in den 1920er-Jahren produzierten Westernfilme, die als mediale Vorlagen dienten. Damit gehörten Jeans paradoxerweise sowohl zum Bestand einer mainstreamorientierten, folkloristischen Traditionsmode als auch zum Dresscode einer jugendlichen Subkultur.

Bis zum Ende des Zweiten Weltkriegs blieben Jeans ein auf die Vereinigten Staaten beschränktes Phänomen.

Subkultur-Hose

Erst nach dem Zweiten Weltkrieg kamen mit den GIs die ersten Jeans nach Europa. In Deutschland waren sie nur für US-Streitkräfte in den PX-Läden zu kaufen. Für die deutschen Jugendlichen, die in der Zeit des Nationalsozialismus in Kniebundhosen aufgewachsen waren, waren die Jeans wie Ikonen einer demokratischen, amerikanisch geprägten Kultur. Dass sie nur auf dem Schwarzmarkt zu beschaffen waren, prädestinierte sie wiederum als Dresscode für jugendliche Randgruppen, die mit dem Tragen ihre Verbindungen zu illegalen Kreisen öffentlich zur Schau stellen konnten. In den 1950er-Jahren wurde die Bedeutung der Jeans als Identifikations- und Abgrenzungssymbol einer gewaltbereiten Jugend medial stilisiert durch Filme wie *The Wild One* (*Der Wilde*, USA 1953, mit Marlon Brando), *Rebel without a Cause* (*... denn sie wissen nicht, was sie tun*, USA 1955, mit James Dean) und *Die Halbstarken* (D 1956, mit Horst Buchholz).

Die ersten Stars des Rock 'n' Roll wie Bill Haley und Elvis Presley traten in Jeans auf und detaillierten damit das Bild eines Textils, das emblematisch für die Auflehnung der Jugend gegen die Werte ihrer Eltern stand. Die ehemalige Arbeitshose stand nun für Provokation und Distanzierung vom gesellschaftlich Akzeptierten.

In den 1960er-Jahren entwickelt sich bei Rockergangs und Hippies die Kultur, Jeansjacken und -westen mit Aufnähern und bestickten Applikationen zu versehen oder sogar zu bemalen. Jeanskleidung wird damit gewissermaßen zur Leinwand ästhetischer Selbstinszenierung. Selbst aufgebrachte Totenkopfaufnäher, Peace-Symbole oder einfach nur florale Ornamente verkünden plakativ Gesinnung oder Geschmack des Trägers. Das Textil mutiert zum Medium für Texte, so z. B. in Form der umfangreich bestickten Rockerweste, die über der Lederjacke getragen wird und nur emblematische Funktion hat. Ein anderer sich Ende der 1970er-Jahre in der Punkszene entwickelnder Trend war das teilweise Entfärben der Jeans mit Chlorbleichmittel. Diese ›Domestos-Jeans‹, benannt nach einem populären Chlorreiniger, der zum Entfärben verwendet wurde, waren selbst gestaltete Unikate und damit auffällige Symbole der Abgrenzung vom Massengeschmack. Zum Punk gehörte aber auch schon das Tragen von zerfetzten und löchrigen Jeans, die teilweise nur noch durch Sicherheitsnadeln zusammengehalten wurden. Ein Grund, warum Jeans zum Entfärben genommen wurden, liegt sicherlich in den spezifischen Eigenarten des *Denim*-Stoffes. Denn *Denim* ist ein Baumwollstoff mit schräger Webung, bei der nur die Schussfäden die charakteristische Indigo-Blau-Färbung tragen, während die Kettfäden ungefärbt verwoben werden. Durch seine Webart bekommt der Blue Denim auf der Oberseite eine intensive Blautönung, während die Unterseite weiß-blau gestreift erscheint. Die Schussfäden werden durch eine Mantelfärbung mit Indigo eingefärbt, wodurch die Fasern im Innern der Fäden nahezu ungefärbt bleiben. Das zur Färbung der Schussfäden verwendete Indigo hält nicht besonders fest an den Baumwollfasern. Beim Waschen löst sich immer ein Teil des Farbstoffes von der Faser, wodurch der Stoff seine intensive, dunkle Blaufärbung mit der Zeit verliert. Chlorbleichmittel führen, je nach Einwirkungsdauer und Wirkstoffkonzentration, zum teilweisen bis vollständigen Entfärben des Stoffes.

Spuren-Hose

Ende der 1970er-Jahre werden auch die ersten Jeans kommerziell angeboten, die mit den sonst erst nach mehrmaligem Waschen auftretenden Gewebeaufhellungen bereits werksseitig versehen sind. Die ursprünglich nicht gerade vorteilhaft bewertete Eigenschaft des Ausbleichens durch Waschen und Gebrauch wurde somit, neben dem Zuschnitt, zum Ausdrucksmittel modischer Differenzierung genutzt. Der japanische Jeanshersteller Edwin behauptet, das *Stonewashing* 1975 erfunden zu haben, präsentierte aber erst 1979 erste so behandelte Kollektionen. Im Jahre 1978 meldete die französische Firma Marithé & François Girbaud ein Patent auf das Waschen von Kleidungsstücken mit Steinen an.

Das Waschen der Jeans ist auch heute noch ein technisch aufwendiger Prozeß, bei dem neben verschiedenen Steinsorten auch Bleichmittel und organische Enzyme dem Waschwasser zugesetzt werden.

Die durch Waschen erzeugten Effekte sind inzwischen neben dem Markenlabel zu subtilen Zeichenträgern und Medium der Differenzierung des substantiell Gleichen avanciert. Variationen werden einfach durch unterschiedliche Wasch- und Abnutzungsgrade künstlich erzeugt. Gängige Waschverfahren nennen sich *one-washed*, *stonewashed*, *sand-washed*, *used-washed*, *acid-washed* und *vintage look*.

Jeder Hersteller reklamiert für seine Produkte natürlich, ein eigenes Verfahren entwickelt zu haben, die Differenzen sind jedoch marginal. Nur nach der deutschen Wiedervereinigung konnte man den ostdeutschen Jeansträger vom westdeutschen anhand des typischen Waschbildes der Ostware unterscheiden.

Auf farbigen Jeans wird man inszenierte Gebrauchsspuren vergeblich suchen: Da sie erst nach dem Nähen eingefärbt werden (*overdyed*), sind die Farbpigmente in der gesamten Textilmatrix verteilt und lassen sich nur durch Chlorbleichung relativ unkontrolliert entfernen.

Gebrauchsspuren, die sich durch Tragen in den Stoff einschleifen und zu einer charakteristischen Aufhellung des Stoffes an den belasteten Stellen führen, lassen sich nicht durch Waschen imitieren, sondern sind Merkmale, die sich erst durch längeres Tragen in das Textil hineinprägen. Diese durch individuellen Gebrauch hervorgerufenen Spuren verweisen sogar so charakteristisch auf die Tragegewohnheiten und dem Körperbau des Trägers, dass sie in der Kriminologie als Indizien zur Tätererkennung herangezogen werden können. Die Individualisierung der Massenware durch Gebrauchsspuren wird in der Jeansmode einerseits mit dem Mythos des authentischen Unikats belegt, andererseits werden künstliche Spuren des Gebrauchs an spezifischen Stellen imitiert. Dafür werden unterschiedliche abrasive und destruktive Techniken eingesetzt. Drahtbürsten, Sandstrahlanlagen, Sprüh- oder Druckverfahren für gewebezersetzende Säuren bis hin zu Messern und Schrotkugeln finden Verwendung, um ein spezifisches, angeblich einmaliges Textil großtechnisch zu produzieren. Levi Strauss meldete 1993 ein internationales Patent auf ein »automatisches Ausrüstungssystem für Kleidung an«. Dahinter verbirgt sich eine Produktionsstraße, die automatisiert und in programmierbaren Parametern Gebrauchsspuren auf Jeans aufbringt. Grad und Stellen der inszenierten Gebrauchspuren unterliegen Modeströmungen.

Obwohl nie getragen, werden die so behandelten Kleidungsstücke auch als *used* oder *2nd Hand washed* bezeichnet, einige Hersteller nennen den Prozess der Gebrauchsspurimitation selbst *Authentic*. Mit Anwendung dieser Bezeichnung wird aber das Wesen des Authentischen verschleiert, denn wesentlich für das Authentische ist, folgt man dem griechischen Ursprung des Wortes, das von eigener Hand vollbrachte. Warum aber dieses Verlangen nach in der Substanz authentisch Falschem? Bilden künstliches Alter und nicht vollzogener Gebrauch den

Versuch synthetischer Sinngebung in einer Konsumwelt, in der die Produkte immer kurzlebiger werden und möglichst makellos zu sein haben? Helmut Lang brachte vor einigen Jahren eine Kollektion von Jeans mit Farbspritzern heraus, die aussahen, als habe man darin seine Wohnung renoviert. Ein anderes Modell des gleichen Designers ist weiß und hat aufgedruckte grau-schmutzige Bereiche an Po und Beinen – Spuren eines nicht gelebten Lebens, die den Charakter eines Ornaments besitzen, mit dem der Träger auf eine nichtauthentische Geschichte verweist. Als die Jeans noch eine Arbeitshose war, wurde sie getragen, bis sie verschlissen war. In der Mode wird sie nun künstlich verschlissen, damit sie nach einer Saison aus der Mode kommt und nicht mehr getragen wird, bis sie verschlissen ist.

Bereits in den 1970er-Jahren wird die Jeans in Kontaktanzeigen zur Typisierung des Subjektes durch ein Objekt verwendet: »Jeanstyp sucht …« Aber was ist ein Jeanstyp heute? Was damals noch stellvertretend für eine Lebensanschauung war, ist zu einem Kleidungsstück geworden, das unabhängig von Geschlecht, Alter und sozialer Herkunft getragen wird. Die feinen Unterschiede zwischen *in* und *out*, cool oder konservativ, Luxus- oder Billigware sind nur zu einem Phänomen der Oberflächengestaltung geworden.

Gabriele Klein

Pop leben. Pop inszenieren

Was populär ist, ist noch lange nicht Pop. Aber auch: Was Pop ist, muss nicht unbedingt populär sein. Populär ist, zumindest in Deutschland: Michael Schumacher, Thomas Gottschalk, Joschka Fischer und Heidi Klum, Würstchen grillen und Bier trinken, *Musikantenstadl*, *Tagesschau*, *Sportschau* und *Wetten dass …?*, Fußball spielen, Fahrradausflüge, ins Fitnessstudio oder ins Kino gehen, also jeder, der bekannt und/oder beliebt ist, und alles, was der Großteil der Menschen kennt und gern macht.

Im Unterschied zur populären Kultur, die zumeist Alltagskultur beschreibt und von daher kulturell kontextualisiert und sozial und lokal differenziert ist, ist Popkultur eine globalisierte Kultur und meint eine bestimmte Lebensweise. Als solche ist Pop genau das Gegenteil einer alltäglichen Kulturpraxis eines Großteils der Bevölkerung. Pop ist Mythos und Kult. Wer Pop ist, kann, wie Madonna, bekannt und/oder beliebt sein, oder aber, wie mancher Sänger einer subkulturellen Formation, nur als lokale und szenespezifische Größe existieren. Auch nicht jeder, der Popmusik macht, muss zwangsläufig Pop sein, d. h. Pop leben. Britney Spears, die zentrale Figur des Mainstream-Pop der 1990er-Jahre, ist dafür ein gutes Beispiel.

Pop: Industrie, Kultur und Lebensstil

Popkultur hat sich seit ihren Anfängen in den 1960er-Jahren im Spannungsfeld von Globalisierung und Lokalisierung entfaltet – und das unterscheidet die Popkultur wesentlich von allen anderen kulturellen Feldern, ob der Hochkultur, der Massenkultur oder der populären Kultur. Dieses Spannungsfeld wird von den in der Jugendforschung oder Subkulturforschung zumeist benutzten Begriffen wie Jugendkultur, jugendliche Subkultur oder jugendliche Musikkultur nicht ins Blickfeld gerückt. Popkultur ist auch nicht nur auf Jugendliche beschränkt, sondern mittlerweile ein generationsspezifisch übergreifendes Phänomen geworden. Popkultur ist eine Kulturpraxis, in der die Grenzen zwischen Jugend und Kindheit sowie Jugend und Jugendlichkeit brüchig geworden sind. Man denke nur an die Welttourneen der Rolling Stones, an Cher und Eric Clapton und ihre ebenfalls alternden Fans auf der einen Seite und musikalischen Kinderpop mit Dutzenden von Boygroups aus der Retorte und japanische Kinderpopkultur mit entsprechendem Spielzeug wie Tamagotchis und Pokemons auf der anderen Seite. Mit dem Verlust der Jugend zeigt die Popkultur, dass Jugend selbst ein soziales Konstrukt und als solches historisch kontextualisiert ist.

Anders als populäre Kultur beruht Popkultur auf einer unauflöslichen Verzahnung von Kunst und Kommerz und thematisiert damit eine Verbindung, die seit den 1980er-Jahren auch für die traditionell subventionierte Hochkultur zu einem brisanten Thema geworden ist. Und schließlich ist Pop ein kulturelles Phänomen, das nicht nur durch Männer dominiert und repräsentiert, sondern auch durch einen männlichen Popdiskurs bestimmt wird.

Pop existiert als Industrie, als Kultur und als Denkweise, und diese drei Erscheinungsformen stehen in einem durchaus konfliktgeladenen Verhältnis. Zunächst die *Popindustrie*: Diese formierte sich in den 1960er-Jahren im Verbund mit Filmindustrie, Radio- und Fernsehbetrieb zur Unterhaltungsindustrie. Als Bestandteil der global agierenden populären Musikindustrie lebt die Popindustrie durch die Produktion, weltweite Vermarktung und lokale Ausbeutung von Popmusik und popmusikalischen Images. Durch die Globalisierung der Konsummärkte und die Digitalisierung von Kommunikation und Information ist Pop zu einem wesentlichen Motor der westlichen Konsummaschinerie geworden und verbreitet, wie einst Hollywood in den 1940er-Jahren, die Illusionen der westlichen Scheinwelt und die Werte einer an individuellem Konsum orientierten Gesellschaft v. a. auf den neuen profitablen Konsummärkten Osteuropas, Chinas oder Russlands. In der westlichen Welt hat sich die Popindustrie längst in den Alltag eingeschlichen und belagert ihn in Form von Werbespots oder gängigem Radiopop.

Pop als *Kultur* hat seine Wurzeln im Underground, in subkulturellen Bewegungen schwarzer Jugendlicher, weißer Schwuler oder künstlerischer Avantgardisten. Ob Beatmusik aus Liverpool oder Punk aus London, Techno aus Detroit und House aus Chicago oder HipHop aus

New York und Los Angeles, Pop als Musikkultur ist der Sound der Städte. Wie Punk oder HipHop thematisiert Popmusik nicht selten ausweglose urbane Erfahrungen von Jugendlichen, die sich im Kreislauf von Arbeitslosigkeit, Drogenerfahrung und Kriminalität bewegen oder auch einfach alltägliche Sehnsüchte, Träume, (Liebes-)Erfahrungen und Ängste.

Die Repräsentation des *Real Life* verdeutlicht sich nicht nur in den Liedtexten oder in entsprechenden Kompositionstechniken, die, wie Punk, musikalisches Handwerk ignorieren oder, wie HipHop oder Techno, neue Kompositionstechniken des Mixens und Scratchens entwickeln und somit eine neue, fragmentierte Musik entstehen lassen. Aber Pop als Kultur ist weit mehr als Musik, obwohl diese beiden Begriffe im Popdiskurs häufig synonym verwendet werden. Denn mit Pop als Kultur verband sich in den verschiedenen historischen Etappen zunächst immer ein alternatives Welterleben, das, man denke nur an Andy Warhol und seine Factory, in der Geschichte des Pop von Anfang an nicht nur Jugendlichen eigen war und durch die Ausweitung des Popmarktes auf die Kinder- und Erwachsenenwelt längst nicht mehr nur Jugendlichen zugeschrieben werden kann. Aber weil Pop als kulturelle Praxis immer flüchtig ist und sich immer neu in den veränderten sozialen Kontexten konstituiert, konnte Pop niemals zur Ideologie gerinnen. »Pop«, so Diedrich Diederichsen, »ist immer Transformation, im Sinne einer dynamischen Bewegung, bei der kulturelles Material und seine sozialen Umgebungen sich gegenseitig neu gestalten und bis dahin fixe Grenzen überschreiten.«

Das Kennzeichen von Pop als Kultur ist das Crossover, die permanente Grenzüberschreitung – Beispiele: Andy Warhol oder Christoph Schlingensief –, das Durchkreuzen der so genannten *Low* und *High Culture*, wie es Frank Zappa oder auch Nigel Kennedy vollzogen haben, oder der permanente Ortswechsel innerhalb der Massenkultur, wie Madonna ihn unnachahmlich vorgeführt hat. In den jeweiligen kulturellen Feldern erhält Pop immer eine andere, eine neue Bedeutung. Pop kann subkulturelle Bewegung, aber auch Teil der Massenkultur sein, künstlerische Avantgarde oder belanglose Freizeitgestaltung.

V. a. Pop als *Lebensweise* veranschaulicht den Unterschied zur populären Kultur: Pop als Lebensstil meint eine Art zu denken und zu fühlen, zu leben und auch zu sterben – und so ist nicht zufällig die

Mystifizierung des frühen Todes ein wesentlicher Bestandteil der Popkultur, angefangen bei James Dean über Jim Morrison, Jimi Hendrix und Janis Joplin bis zu Kurt Cobain. Pop ist aber nicht nur eine – nicht selten gefährliche – Lebensweise, sondern als mythisierte Lebensform immer auch das Instrument, das die Popkulturindustrie für ihre Produktionen benötigt. Denn ohne die Produktion von Bildern über die Lebensstile der Popstars ist Pop nur schwer erkennbar. »Pop«, so Ulf Poschardt, »ist immer beides: Versprechen und Verrat.« In diesem Satz steckt schon ein wesentliches Element der Denkweise über Pop: Als ein beliebtes Diskursfeld linksintellektueller Kreise ist Pop immer auch ein Medium ideologischer Kämpfe.

Popkulturen sind ästhetische, sinnenhafte Kulturen, der Körper spielt im Pop eine entscheidende Rolle. Hanif Kureishi betont die Sinnenhaftigkeit des Pop: »Pop is physical, sensual, of the body rather than the mind, and in some ways it is antiintellectual; let yourself go, don't think – feel.« Pop ist demnach eine Kultur, die sich dem Diskurs verweigert, ihre Aussage ist primär das ›Pop leben‹ selbst. Aber dennoch sind Popkulturen spätestens seit Punk politisiert worden, und dieser Vorgang erfolgte keineswegs über die Subkulturen selbst, sondern, angestoßen durch die Birmingham School der 1970er-Jahre, über den Diskurs der Cultural Studies, einem wesentlichen Feld, in dem sich neben zentralen Magazinen des Pop die Denkweisen über Pop als Lebensstil formierten.

Mit ihrer Politisierung wurde die Popkultur zum Feld sozialer Auseinandersetzungen stilisiert. Die Kämpfe spielten sich dabei aber nicht in erster Linie in der *Realworld* ab, sondern auf den intellektuellen Kampffeldern, in den theoretischen Texten. Die ideologischen Gegner waren – und sind bis heute – Overground gegen Underground, Mainstream versus Subkultur, Majors gegen Indies. All das, was zu Underground, Subkultur oder Indies zählte, steht für kulturelle Opposition, für Subversion und Dissidenz. Aus dieser Sicht ist Pop die Sprache der Deklassierten, der ästhetische Ausdruck v. a. sozialer, ethnischer und sexueller Minderheitenkulturen. Von dem Widerstandspotential dieser Subkulturen nährt sich die Kraft des Pop, und diese ist subversiv, genau weil diese Subkulturen flüchtig und schnelllebig sind. Und so liegt ihr politisches Potential insbesondere darin, die Kulturindustrie zu unterwandern und sie von innen auszuhöhlen – so etwa lautet das Diskursmuster, das v. a. von den britischen Subkulturstudien der 1970er-

Jahre geprägt wurde und seitdem den Popdiskurs – im deutschsprachigen Raum nicht selten unter Rückgriff auf Theodor W. Adorno – in Atem hält.

Seit den 1990er-Jahren, als Pop durch die sich etablierende Popliteratur salonfähig zu werden schien, der DJ zum Künstler avancierte und selbst etablierte Magazine wie die *Zeit* begannen, sich an Pop zu gewöhnen und »Helden der Popkultur« kürten, melden sich einige kritische poptheoretische Stimmen zu Wort, die gegen die Politisierung des Popdiskurses argumentierten. Pop als eine emanzipatorische oder gar subversive Erscheinung zu begreifen, ist demnach ebenso ein Mythos, wie die subversive Kraft des Pop in seiner ständigen Wandelbarkeit zu sehen. Die Politisierung des Pop ist, so Simon Frith, nichts anderes als »eine schonungslose Politisierung von Konsum«.Von daher hat sich auch der Mythos von der Popsubkultur als einer Widerstandskultur überlebt, sie ist heute – so Günther Jacob – nichts anderes mehr als ein »Industrieprojekt [...] von der Kulturindustrie als unverzichtbares Angebot gesponsert«. Mit dem Überleben des alten Gegensatzes von Mainstream und Underground hätte sich die Popkultur überall hin verstreut. Indem sie allerorten stattfände, hätte sie ihre Konturen verloren. Popkultur wäre auf diese Weise zum Verschwinden gebracht worden. Sie habe sich pluralisiert und sei längst in die Populärkultur diffundiert. Kurzum: Pop als Industrie habe Pop als Lebensweise und als widerständige Kulturpraxis kolonisiert und den Sieg des neoliberalen Systems einer globalisierten Kulturindustrie über die Lebenswelt Pop davongetragen. Wenn auch mittlerweile der Hype um den Pop, der in den 1990ern ein 1960er-Revival des Pop als Lebensart ausgelöst hatte, wieder abgeflaut ist, ist die Konturenbestimmung dessen, was Pop als Lebensart ausmacht, ein wesentliches Kampffeld der Popakteure geblieben.

Pop: Authentizität und Anarchie

Pop ist eine Frage des Stils. Ob ein Musikstück, ein Kunstobjekt oder ein Roman Pop ist, d. h. in der Szene als Pop akzeptiert ist, misst sich nicht nur am Werk selbst, sondern immer auch am Lebensstil der Akteure. Im Pop bleibt das Werk an den Autor gebunden. Pop lebt über »cultural performances« (Singer), sie ist ein gutes Anschauungsobjekt für eine »Ästhetik des Performativen« (Fischer-Lichte). Angefangen bei Andy Warhol oder John Lennon, über Sid Vicious bis zu Robbie Williams – Pop als Lebensstil meint immer Authentizität und Anarchie, das Echte und das Unkonventionelle, das wirkliche Leben im Chaos. Aus dem Versprechen auf Authentizität und Anarchie speist sich der Mythos des Pop, hier liegt die Faszination begründet, die Popidole für Jugendliche haben.

Anders als das Unkonventionelle ist das Authentische aber nicht mehr so leicht zu haben. Denn wenn Pop v. a. als Stil erkennbar wird und sich zudem der popkulturelle Stil im Zuge der Globalisierung der Popkultur von seinen subkulturellen Wurzeln immer mehr gelöst hat, kann der Glaube an das Authentische subjektiv nicht mehr so ungebrochen hergestellt werden. Das, was als authentisch gilt, ist dem Subjekt nicht mehr essentiell gegeben, sondern muss in Szene gesetzt werden. Authentizität ist auch im Pop zu einer performativen Praxis geworden, die sozial beglaubigt werden muss. Authentizität verlagert sich damit von einer Lebenshaltung zu einer theatralen Inszenierungspraxis.

In Inszenierungsgesellschaften ist der Glaube an das Echte zu einem sozialen Problem geworden, das längst nicht nur Jugendliche betrifft. Aber gerade die popkulturelle Praxis scheint das auf die Spitze zu treiben, was seit den 1980er-Jahren in den Sozial- und Kulturwissenschaften als Indiz und Effekt von Mediengesellschaften beschrieben wird: der zunehmende Inszenierungscharakter des Sozialen. Die Popkultur konstituiert sich durch eine Vielzahl theatraler Aufführungen: vom Popkonzert über den Techno-Rave bis hin zum Videoclip und Internetauftritten, vom Abhängen und Chillen bis zum Breakdance auf der Straße, von der Jam und dem Battle bis zur Party. Von daher ist nicht die Musik selbst relevant für das Verstehen der sozialen und kulturellen Praxis des Pop, sondern wie, wann, wo, mit wem und warum sie gehört wird.

Mit den theatralen Bühnen korrespondieren die Inszenierungstechniken der Akteure. Inszenierung von Authentizität ist das Mittel, die Selbstauslegung in Szene zu setzen. Selbstinszenierung meint also nicht ein Rollenspiel, das vom Eigentlichen, Authentischen abweicht oder ablenken soll und nur das Äußere, die Hülle zur Schau stellt. Inszenierung ist vielmehr ein unhintergehbarer Bestandteil von Identität geworden, deren Suche in und durch die Darstellung stattfindet.

Die Inszenierungspraxis des Pop lässt sich an der so genannten Popliteratur und ihren Autoren aufzeigen. Von dem im Poststrukturalismus beschworenen Tod des Autors kann hier keine Rede sein. Denn was wären die Texte von Benjamin Stuckrad-Barre ohne seine medialen Selbstinszenierungen? Lässt sich Popliteratur allein unter Rückgriff auf eine hermeneutische oder eine semiotische Ästhetik verstehen? Lässt sich der Text auf der Ebene der Repräsentation greifen, oder ist nicht ein Zugang vonnöten, der die Produktionspraxis mit einschließt und damit die Strategien der Verkörperung des Pop thematisiert?

Es gilt nicht nur für den Großteil der so genannten Popliteratur, dass der Lebensstil Pop ein wesentlicher Bestandteil popkultureller Produktion ist. Dass der Text nicht eine authentische Lebensweise repräsentiert, sondern dass er den popkulturellen Lebensstil als Bild in der Darstellung erst produziert, lässt sich auch an Raptexten veranschaulichen. Hier wie dort ist der Text immer ein Versprechen auf Authentizität. Im Unterschied zum literarischen Text ist Rap oft ein ungefiltertes, rhythmisches Erzählen der alltäglichen Lebenserfahrung.
In dem Stück *Kapitel 1* reimt beispielsweise der Heidelberger Rapper Torch:

Ich hab das Freestyle-Reimen eingeführt, und zwar schon vor Jahren
Von Kiel bis Biel bin ich auf jede Jam gefahren
So kam ich durch die ganze Welt, meist ganz ohne Geld
Denn wenn Torch ein Ziel hat, gibt es nichts, was ihn aufhält.

Torch stellt hier die HipHop-Welt als eine sozial gut vernetzte Szene vor und sich selbst als einen ihrer Vorkämpfer. Damit führt er sich als real, originär, als authentisch ein. Später heißt es:

HipHop war meine erste Freundin, sie machte mich zum Mann
Gab mir meinen Stolz und Wissen, das ich lehren kann
Wie am ersten Tag bin ich noch verliebt
Weil es für mich nichts anderes gibt, was mir mehr Kraft gibt
Perfekt wie ein Kreis, dreihundertsechzig Grad
Umschließt mein Leben und begründet jede Tat
Wenn ich sterbe, stirbt zwar auch ein Teil dieser Kultur
Bloß, wenn HipHop stirbt, werden viele obdachlos.

In diesem fiktionalen Text aus dem Jahr 2000 wird HipHop als eine Lebenswelt vorgestellt, als eine Welt, die »man im Herzen hat«, der man Respekt zollt und für die man sich hingibt. HipHop ist eine Lebensform, ein Identitätsversprechen, das sich nur dann erfüllt, wenn man sein Leben dem HipHop verschreibt, so die zentrale Aussage. Der Text erscheint deshalb als glaubwürdig, weil er an die Ursprungserzählung des Pop anknüpft, die Pop als Lebensstil kennzeichnet, und zudem den Sprecher als jemanden charakterisiert, der die Anfänge des HipHop in Deutschland kennt und gelebt hat.

Glaubwürdig aber wird der Text v. a. durch eine gelungene Darbietung, die sich sowohl in einer medialen Performance, dem Videoclip, ereignen kann oder in der Live-Performance. Der Text muss verkörpert und die Verkörperung beglaubigt werden – und dieser performative Vorgang ereignet sich auf den theatralen Bühnen des Pop. Pop leben meint von daher immer auch, die Aura des Ereignisses Pop körperlich erfahrbar in Szene zu setzen.

Franz Liebl

»My Fun Begins When Your Fun Ends«

Szenenanalyse nach dem Ende der Spaßgesellschaft

Szenen: Minenfelder für das Marketing

Seit mehr als einem Jahrzehnt wird das Szenemarketing als effizientes Mittel der Marketingkommunikation gepriesen. Denn dort, wo im Zuge der Individualisierung die Zielgruppen zerfallen, wachsen die Streuverluste der klassischen Werbung. Das gilt natürlich besonders für den konsumfreudigen Jugendbereich, der sich in Gruppen, die von immer spezialisierteren Interessen geprägt werden, aufsplittert und mit konventionellen Werbeformen kaum erreichbar erscheint.

»Zugang zu Szenen« hieß zwar fortan die Zauberformel vieler Konsumgüterhersteller, deren Konzept von Szenemarketing sich in fragwürdigen Schnellschüssen äußerte: Promotionsgeschwader, die durch vermeintliche Szenekneipen zogen, ›szenige‹ Kampagnen für trendige Biersorten oder coole Bausparkassen und die ebenso zahllosen wie unvermeidlichen ›Spaßevents‹, welche v. a. bei Spediteuren und Kleinkünstlern für Beschäftigung sorgten. Aber mit welchem Erfolg? »Zuerst haben wir Trendforscher engagiert, dann fraktale Markenführung gemacht und schließlich auch noch Szenemarketing. Das haben wir alles hinter uns gelassen«, resümiert ein Marketingmanager seinen Leidensweg. Das Szenemarketing hat den Anbietern offenbar wenig Spaß bereitet.

Und warum? Vieles deutet darauf hin, dass das Szenekonzept niemals wirklich durchdrungen worden war. Aus der soziologischen und kulturwissenschaftlichen Forschung zu Sozialen Bewegungen und Subkulturen wissen wir beispielsweise, dass es sich bei diesen Gemeinschaften um *Cognitive Communities* handelt. Das heißt, sie besitzen ein Zusammengehörigkeitsgefühl, grenzen sich gegenüber anderen Gruppen ab und entwickeln eine Art ›Selbstbewusstsein‹ – und damit eine Eigenlogik, die bis hin zur ›Eigensinnigkeit‹ reicht. Das hat wichtige Implikationen: erstens, dass nicht jede beliebige Freizeitbeschäftigung schon als konstituierend für eine ›Szene‹ angesehen werden kann; zweitens, dass herkömmliche Konsumententypologien, wie etwa Lebensstil- oder Milieusegmentierungen, zu kurz greifen; und, drittens, dass eine Beschränkung auf Fremdzuschreibungen, d. h. ein Ausblenden dieses Selbstbewusstseins, wieder nur ›Zielgruppen‹ statt ›Szenen‹ formuliert.

Die Folgen sind dramatisch, da bei (Ziel-)Gruppen ohne Selbstbewusstsein nichts Nachhaltiges als Vergemeinschaftungswert entstehen kann; es drohen massive Streuverluste, wenn eine vermeintliche Szene adressiert wird, deren kommunikativer Zusammenhalt nicht in der erwarteten Form existiert. Umgekehrt merken gerade diejenigen Gruppen mit entsprechend ausgeprägtem Selbstbewusstsein, dass sie nicht ernst genommen werden, wenn dieses Selbstbewusstsein sowie das korrespondierende Wertsystem nicht bzw. unzureichend adressiert wird. Und natürlich kommt hinzu, dass der kommunikative und interessengetriebene Zusammenhalt einer tatsächlich existierenden Szene nicht genutzt werden kann, wenn die Gemeinschaft als solche nicht erkannt ist.

Aber selbst wenn diese Fehler nicht gemacht werden, präsentieren sich Szenen dennoch als vermintes Gebiet, sind sie doch keineswegs kohärente Gebilde. Damit ist nicht primär die ganz organische, hierarchische Trennung in einen elitären Szenekern (der *Inner Circle* bestehend aus professioneller ›Organisationselite‹, den streckenweise Omnipräsenz entfaltenden *Heavy Usern* sowie den nicht- bzw. semiprofessionellen Experten, den so genannten *Lead Usern*) und eine sich in den Mainstream hinein erstreckende Grauzone aus Mitläufern und Gelegenheitskonsumenten gemeint. Worum es vielmehr geht, ist die horizontale Binnendifferenzierung und deren Fortentwicklung über die Zeit – d. h. die Segmentierung des Marktes sowie ihre Dynamik.

Die Leistungsfähigkeit der Kultursoziologie und der Cultural Studies in Bezug auf eine solche Analyse wird von vielen Seiten kritisch gesehen, und zwar weil sie den primär auf ästhetische Überformungen gerichteten Blick (eines aus der Szene stammenden Experten) zugunsten des Blicks auf soziale Zusammenhänge hintanstellen. Szenen jedoch zeichnen sich ebengerade dadurch aus, dass sie ästhetisch motivierte Gemeinschaften verkörpern. Und je feiner verästelt die Genres und je umkämpfter die Genregrenzen – d. h., je notwendiger die Segmentierungsanalyse –, desto mehr Verständnis von den ästhetischen Zusammenhängen, Querverweisen und Distinktionen braucht eine solche Untersuchung. Dass naives Trendscouting des Typs »dies und jenes ist jetzt angesagt« die innere Dynamik und Logik der Entwicklungen ohnehin völlig verfehlt, bedarf da keiner gesonderten Erwähnung mehr.

Wie eine *ästhetische Analyse von Szenen* aussehen kann, soll im Folgenden im Kontext zeitgenössischer elektronischer Tanzmusik beispielhaft skizziert werden.

Culture on Speed: The Dark Side of Electronic Dance Music

Alexei Monroe zeigt in seiner interessanten Studie aus dem Electronica-Feld, wie eine Szene mit ästhetischen Mitteln von Geschwindigkeit und Sound Abgrenzungskämpfe austrägt und gleichzeitig ihr Stilrepertoire quasi dialektisch weiterentwickelt. Es herrscht demnach keineswegs eine fröhliche Koexistenz von Genres, sondern eine Form von *Sonic Conflict* bzw. *Audio Warfare*. Ein (radikal neues) Genre entsteht zunächst als Reflex auf den herrschenden Mainstream: Nischenbildung mit anschließender Genrebildung und Ausdifferenzierung. Aus Hardcore bzw. Techno entstand etwa das Sub-Genre Gabber, die *harder-darker-faster*-Intensivierung von Hardcore/Techno. Im danach entstehenden Sub-Subgenre Happy Gabber wurde zwar das Tempo beibehalten, aber die Harschheit wurde aufgegeben zugunsten von Melodie und Spaß. Als Reaktion hierauf bildete sich das (Gegen-)Subgenre Speedcore, bei dem Geschwindigkeit (d. h. die *beats per minute*) und *Darkness* des Gabber auf die Spitze getrieben wurden, um die eingetretene bzw. drohende Verwässerung überzukompensieren. Szenen verkörpern in diesem Lichte eine Art *Speed Tribe*, deren Grenzen durch bpm markiert werden. Und gleichzeitig kristallisiert sich ebenjene typische Avantgardehaltung heraus, die Slavoj Zizek wie folgt formuliert: »A genuine avant-gardist does not let himself to a trend, wondering where this new wave will take him; this is simply a liberal conformist. The genuine avant-gardist tries to reflect upon how to preserve the very heart of the old even purer than it was before.«

Solche Formen von *Sonic Conflict*, die das *Hardcore Continuum* neu vermessen, sind beileibe kein Einzelfall, sondern sind auch bei Jungle/Drum 'n' Bass zu beobachten, dessen *harder-darker-faster*-Entwicklung ausgehend vom Tech-Step/Darkcore im links-anarchistischen (Gegen-)Subgenre des Breakcore kulminierte. So sind die Berührungspunkte von Breakcore und Speedcore ebenso wenig zufällig wie beider Referenzen auf Traditionen der Industrial Culture der späten 1970er- und frühen 1980er-Jahre.

Das aktuellste Beispiel dafür, wie die Variablen Geschwindigkeit und Darkness Segmentgrenzen zwischen verschiedenen *Speed Tribes* markieren, liefert Steve Goodman für den Bereich des 2-Step bzw. UK Garage. Jener treibt die ästhetische Analyse allerdings einen entscheidenden Schritt weiter. Laut Goodman muss nämlich – insbesondere bei polyrhythmischen Genres wie Jungle/Drum 'n' Bass und UK Garage – die *harder-darker-faster*-Entwicklung differenzierter beschrieben werden als durch die bloße Geschwindigkeit des rhythmischen Basisgerüsts (in bpm): »While jungle/drum 'n' bass for example registered on the bpm metric between 160 and 180 bpm, this meter was simultaneously supported by half-speed (80-90 bpm) bass refrains, and tearing double time (320-360 bpm) percussive treble. The bpm metric therefore grids and measures movement, while it is constantly under attack by polyrhythmic swarms in continuous variation.«

Für das an der oberen Grenze des für UK Garage charakteristischen Geschwindigkeitsclusters angesiedelte und sich durch seine Harschheit bzw. Darkness der Sounds auszeichnende (Gegen-)Subgenre hat sich nunmehr das Etikett Grime durchgesetzt: »The style can be summed up as electro bashment in the proliferation of ultra minimal rhythms, made on lo-fi equipment ...«, so Goodman. Nicht nur das Etikett, sondern auch die konkrete Umsetzung bedeuten also erneut einen Rückverweis auf Industrial-Traditionen – was die Verwandtschaft der jeweiligen (Gegen-)Subgenres in Bezug auf ihren ästhetischen Zugriff sowie ihre Wirkungsweise auf die dahinter stehenden Mikroszenen unterstreicht. Offenbar handelt es sich hierbei um affektive Resonanzen, die mit ökonomischen Krisenerscheinungen korrespondieren und Konflikt artikulieren: Die Körper auf den Tanzflächen werden sowohl getrieben von Furcht als auch von rhythmischer Mobilisierung.

Es existiert also eine direkte Verbindungslinie vom *Entertainment Through Pain* der Throbbing Gristle und der einstmaligen Industrial-

Szene seit den späten 1970ern hin zu den *Shock and Awe*-Electronica des beginnenden 21. Jahrhunderts mit ihren Speed Tribes. Das hat mit Spaß nicht viel zu tun, wie gesagt.

Peter Weibel

Logokultur und Jugendindustrie

Heute geht es nicht mehr darum, die Dinge beim Namen zu nennen, sondern darum, die Waren beim Logo. Wer mit der Vorstellung eines Dinges im Kopf in ein Geschäft geht und dieses Ding beim Namen nennt, wird kein Glück haben. Wenn er Mineralwasser sagt, wird er gefragt werden, wie ein Außerirdischer oder Buschmann, der zum ersten Mal in die menschliche Zivilisation tritt: »Welches bitte?« Und er wird die Ware bei ihrem Logo nennen und brav antworten: »Vöslauer« oder »Römerquelle« oder »Perrier«, wenn er ein Mineralwasser nach Hause tragen will. Das Mineralwasser gibt es nicht mehr als Ding, sondern nur mehr als Ware, und die Kommunikation funktioniert nicht mehr über die Namen der Dinge, sondern über die Warenzeichen (Logos) der Waren. In diesem Sinne gibt es auch keine Autos mehr, sondern nur mehr Fords, Fiats, Volkswagen etc. Das Firmenzeichen und das Warenzeichen haben die Symbole und Namen ersetzt. Sie sind die neuen Zeichen des Realen, natürlich eines Realen, das uns sehr fremd vorkommt. Denn mit den Dingen und ihren Symbolen ist auch das Reale verschwunden, wie wir es gewohnt waren. Die Welt der Gegenstände ist einer Industrie der Warenzeichen und Markenartikel gewichen.

Die klassischen Markenartikel wie Odol (1893), Shell (1897), Persil (1907) haben mehr oder minder immer das gleiche Logo und entwickeln sich dadurch zu einem Standardfirmenzeichen, getreu dem Versprechen »Persil bleibt Persil«. Ein Standardfirmenzeichen steigert nicht nur den Wiedererkennungswert, sondern sein eigentlicher Zweck ist, die anderen Firmenzeichen auszulöschen und ein Monopol zu errichten. Coca-Cola will ein globales Monopol auf Erfrischungsgetränke, Nike auf Sportschuhe etc.

Der Markenname, etwa das Logo UHU (1932), hat den Namen des Gebrauchsgegenstandes Klebstoff vollkommen ersetzt. Die Gattungsbezeichnung ist identisch mit dem Warenzeichen geworden. Das Ding existiert nicht mehr unter seinem Namen, sondern, da mir sein Markenzeichen (Logo, Warenzeichen) bekannt ist, existiert es nur mehr als

Ware. Wenn ich im Geschäft »UHU« sage, weiß die Verkäuferin, ich meine »Klebstoff«, denn wir beide wissen gar keinen anderen Namen mehr für Klebstoff. UHU meint und heißt Klebstoff. Wir sagen sogar oft im alltäglichen Gebrauch »Gib mir den UHU«, auch wenn wir ein anderes Markenprodukt zur Hand haben. Denn wir kennen keine anderen Markenzeichen mehr.

In der Konzern- und Konsumwelt führen die Gegenstände, ihr Gebrauchswert und ihre Begriffe ein Schattendasein. Der gesetzlich geschützte Warenname ist an ihre Stelle getreten. Der Markenartikel und -name ist per se monopolistisch strukturiert. So wie der Markenname (UHU) den Gebrauchsgegenstandsnamen (Klebstoff) ersetzt hat, kann das Bild der Ware die Ware ersetzen. Es wird unersetzbar, einzigartig, unvergleichlich. Kein anderes Produkt kann es ersetzen, so wie »Butter durch nichts ersetzt werden kann«. Der höchste Markenartikel ist jener, der gar keinen Vergleich mehr mit anderen Marken benötigt, weil seine Qualität sich selbst garantiert. Deswegen bleibt »Persil einfach Persil«.

Willi Bongard beschreibt in seinem Buch *Fetische des Konsums* (1964) die Vereinheitlichung von Symbol, Marke, Logo und deren Austauschbarkeit in der Corporate Society: »[...] die Propaganda braucht ein Symbol, eine Fahne, einen Kristallisationspunkt, um den sich alles gruppiert. Für die islamische Religion heißt er Mohammed, für die sozialdemokratische Partei Freiheit, Gleichheit, Brüderlichkeit, für die kaufmännischen Geschäfte ist es die Marke – und für das deutsche Reich ist es der Kaiser«. Ob Kaiser, Mohammed, ob Sichel, ob Adler, ob Hammer oder Coca-Cola, ob Freiheit oder Wollsiegel – Hauptsache ist, »it sells«, und das kann es nur als Marke, als Logo. Ideologie und Ware werden gleichermaßen zu Konsumartikeln.

Logokultur

Um das Wesen des Logos zu erkennen, ist es notwendig, die Klasse der Zeichen zu erweitern. Charles S. Peirce hat um 1900 das Zeichen in seiner Beziehung zum Objekt in drei Klassen eingeteilt: Ikon, Index und Symbol. Seine Definition des Zeichens selbst lautet: »A sign, or representamen, is something which stands to somebody for something in some respect or capacity.« Das Ikon steht zu seinem bezeichneten Objekt in einer Beziehung der Ähnlichkeit wie die Zeichnung eines Blattes, eines Hundes, eines Autos oder wie eine Landkarte. Das Ikon ist eine dem Objekt gegenüber treue graphische Repräsentation. Der Index steht zum bezeichneten Objekt in einem physikalischen Verhältnis. Der Index ist Teil des bezeichneten Objekts, pars pro toto. Er kann visuell sein, wie der Rauch ein Index für Feuer ist, oder eine Autotür (pars pro toto) Index für ein Auto sein kann. Der Index kann auch akustisch sein wie das Bellen den Hund, die Hupe das Auto und das Summen die Klingel bedeuten kann. Das Symbol steht zum bezeichneten Objekt ursprünglich in einem willkürlichen Verhältnis, erhält aber aufgrund von Gewöhnung und Wiederholung seine Bedeutung durch die soziale Konvention. Um 1910 hat Ferdinand de Saussure die Natur des Zeichens um eine Teilung bereichert. Er hat das Zeichen als Januskopf definiert, als etwas im Geist tatsächlich Vorhandenes, das zwei Seiten hat.

Das Wort Zeichen meint also das Ganze. Die Vorstellung wird durch das Wort Bezeichnetes (Signifikat) und das Lautbild durch Bezeichnendes (Signifikant) ersetzt. »Das Band, welches das Bezeichnete mit der Bezeichnung verknüpft, ist beliebig«, sagt Saussure in seinem Werk *Grundfragen der allgemeinen Sprachwissenschaft* (1967). »Das sprachliche Zeichen ist beliebig.« Für die Vorstellung (Signifikat) »Hund« kann ich beliebige Signifikanten (Lautbilder) verwenden: Hund, dog, chien. Die Vorstellung »Schwester« ist, wie er sagt, »durch keinerlei innere Beziehung mit der Lautfolge Schwester verbunden«. Daraus erschließt sich die für unsere logothetische Methode wichtige Einsicht der »Differenzierung«: »In der Sprache wird, wie in jedem semiologischen System, ein Zeichen nur durch das gebildet, was es Unterscheidendes an sich hat. Bei den sprachlichen Zeichen, die aus Bezeichnetem und Bezeichnung bestehen, kommt es auf ihre gegenseitige Sonderung und Abgrenzung an. Nicht, daß eines anders ist als das andere, ist wesentlich, sondern, daß es neben allen andern und ihnen gegenübersteht. Und der ganze Mechanismus der Sprache [...] beruht auf Gegenüberstellungen dieser Art.« Saussure setzt bereits diese Natur des Zeichens mit dem allgemeinen Wertgesetz in Beziehung. »Auch außerhalb der Sprache werden alle Werte immer gebildet: 1. durch etwas Unähnliches, das ausgewechselt werden kann gegen dasjenige, dessen Wert zu bestimmen ist. 2. durch ähnliche Dinge, die man vergleichen kann mit demjenigen, dessen Wert in Rede steht. So muß man zur Feststellung des Wertes von einem Fünfmarkstück wissen: 1. daß man es auswechseln kann gegen eine bestimmte Menge einer anderen Sache, z. B. Brot, 2. daß man es vergleichen kann mit einem ähnlichen Wert des gleichen Systems. Ebenso kann ein Wort ausgewechselt werden gegen etwas Unähnliches: eine Vorstellung, außerdem kann verglichen werden mit einer Sache gleicher Natur: einem anderen Wort.« Diese bedeutsame Passage – denn aus ihr hat sich in der Folge eine Affinität zum Marx'schen Wertgesetz ergeben – hat zusammen mit Saussures Vergleich des Geldes mit der Sprache es späteren Denkern erlaubt, das Warengesetz auf die Zeichen auszudehnen. 1972 veröffentlichte Jean Baudrillard *Pour une critique de l'économie politique du signe*, eine Replik auf Marx' *Kritik der Politischen Ökonomie* (1859). In diesem wie in den späteren Werken *Le Miroir de la Production* (1973) und *L'échange symbolique et la mort* (1976, dt. *Der symbolische Tausch und der Tod*, 1982) hat Baudrillard versucht, mit einer »politischen Ökonomie des Zeichens« eine Ausdehnung des Wertgesetzes der Ware auf die Stufe des Zeichens nachzuweisen. Diese strukturelle Revolution beruht im Prinzip darauf, zu zeigen, wie die Marx'sche Spaltung der Ware in Gebrauchs- und Tauschwert 50 Jahre später von der Saussure'schen Spaltung des Zeichens in Signifikat und Signifikant wiederholt wurde. Der Austausch der sprachlichen Zeichen in der Zirkulation des Sinns folgt dem Austausch der Waren im Kreislauf des Geldkapitals. Die klassische Gestalt des linguistischen Zeichens ist dem Wertgesetz der Ware unterstellt. Der Austauschbarkeit aller Waren entspricht die Austauschbarkeit aller Zeichen. Unter funktionaler Dimension der Sprache versteht man die Beziehung des Ausdrucks auf das, was er bezeichnet, die Beziehung des Signifikanten auf sein Signifikat, so wie sich ein Geldstück auf das bezieht, was man im Austausch dafür erhalten kann. Doch die Beziehung des Signifikanten auf sein Signifikat ist unterbrochen, gebrochen, wie der Aufstand der Abstrakten seit 1910 bezeugt, als Folge der fortschreitenden Technologisierung unserer Lebenswelt. So wird die strukturelle Dimension der Sprache mehr und mehr zum Begriff des Wertes, womit die Beziehbarkeit aller Ausdrücke aufeinander gemeint ist, die dem Gesamtsystem innewohnt und sich aus distinktiven Oppositionen herleitet. Man könnte sagen: »Der Referenzwert wird abgeschafft, und übrig bleibt allein der strukturale Wertzusammenhang« (Baudrillard). In dieser totalen Beziehbarkeit und allgemeinen Austauschbarkeit, Kombinatorik und Simulation – man erinnere sich an die zitierte Passage aus Marx' *Grundrissen*, wo er über den symbolischen Tauschwert spricht – werden die Signifikanten zu Tauschwerten und das Signifikat erhält die Rolle des Gebrauchswertes. Der abstrahierten, symbolisierten, totalen Austauschbarkeit der Waren im Kapitalismus entsprechen derart die frei flottierenden Signifikanten. Aber flottieren die Signifikanten wirklich so frei wie die Währungen? Was bedeutet das Primat des Tauschwertes und der Signifikanten über den Gebrauchswert und die Signifikate?

Der Binarismus

Uns hilft die Theorie der distinktiven Opposition von Roman Jakobson, die auf Charles S. Peirce zurückgeht: »A thing without oppositions ipso facto does not exist« (*Collected Papers* 1.457). Dem entspricht Saussures – ebenfalls im oben erwähnten Werk getroffene – Feststellung, dass »ein Zeichen nur durch das gebildet wird, was es Unterscheidendes an sich hat. Bei den sprachlichen Zeichen, die aus Bezeichnetem und Bezeichnung bestehen, kommt es auf ihre gegenseitige Sonderung und Abgrenzung an. Nicht, daß eines anders ist als das andere ist wesentlich, sondern, daß es neben allen andern und ihnen gegenübersteht. Und der ganze Mechanismus der Sprache beruht auf Gegenüberstellungen dieser Art.« Jakobson hat diese Einsicht zum so genannten Binarismus verschärft, wonach alle distinktiven Merkmale nur zwei Werte – plus oder minus – annehmen können. Auf der Suche nach den Grundbestandteilen der Sprache hat Jakobson das System der distinktiven Merkmale entwickelt. Dies beginnt mit den Phonemen als bedeutungsunterscheidende Sprachlaute. Doch nicht die Phoneme, sondern die distinktiven Merkmale sind die letzten oppositiven Grundbestandteile der Sprache.

In *Die Lautgestalt der Sprache*, dem gemeinsam mit Linda R. Waugh 1986 publizierten zusammenfassenden Meisterwerk seiner Sprachtheorie, schreibt Jakobson: »Der Begriff der Opposition liegt sowohl dem phonologischen als auch dem grammatischen System der Sprache zugrunde. Im Gegensatz zu jedem Paar von rein zufälligen Elementen, die keine prädikative Auskunft übereinander geben, ist die Opposition eine intuitive logische Operation, wo das gleichzeitige Vorhandensein des einen Elements notwendigerweise das andere, ihm entgegengesetzte Element hervorbringt: so sind bei solchen Paaren von abstrakten Begriffen wie beweglich – unbeweglich, fern – nahe, teuer – billig die Glieder jedes Paares in unserem Geist untrennbar miteinander verbunden.« Der Begriff der Opposition als einer Relation der gegenseitigen Implikation zwischen zwei gegensätzlichen Elementen, die notwendigerweise im Bewusstsein miteinander verbunden sind, wie z. B. kalt – heiß, ist also für Jakobsons Sprachtheorie von zentraler Bedeutung. Für uns heißt das, dass die doppelte Gestalt, in der das Zeichen auftritt, sich dem oppositiven Binarismus unterwirft, wo alle distinktiven Merkmale nur zwei Werte haben können. Der frei flottierende Signifikant bewegt sich innerhalb dieser distinktiven Oppositionen, wie z. B. in einem aus Oppositionen und Dichotomien gebauten Würfel.

So wie ein Phonem, das in diesen Würfel fiele, sich nur innerhalb dieser Dichotomien, Oppositionen, Gegensätze bewegen könnte, so ist auch der Signifikant Gefangener der distinktiven Opposition in seiner Bewegung. Die Vakanz des Symbols wird im Logo zum Binarismus. Denn all das, was wir bisher über das Zeichen unter dem Wertgesetz der Ware gehört haben, muss ja insbesondere für jene Zeichenklasse gelten, die sich direkt auf Waren bezieht. Die klassischen Zeichen (Index, Ikon, Symbol) beziehen sich ja auf Objekte. Unsere gegenwärtige Welt besteht aber fast ausschließlich aus Waren. Es ist daher notwendig, die Klasse der Zeichen zu erweitern um ein Zeichen, das sich auf Waren bezieht. So ein Warenzeichen wird allgemein Logo genannt. Beim Symbol kann sich der Signifikant vom Signifikat abkoppeln, so wie der Lohn von der Arbeit und wie die monetären Zeichen vom Produkt. Denn »das Geld ist die erste Ware, die Zeichenstatus erlangt und dem Gebrauchswert entkommt« – so Jean Baudrillard in *Der symbolische Tausch und der Tod*. Das Logo entkommt sogar dem Tauschwert. Der Gebrauchswert der Uhr steigert sich durch das Symbol des Goldes. Doch eine vergoldete Uhr hat heute nur mehr wenig symbolischen Wert. Das Symbol des Goldes wird ersetzt durch das Markenzeichen (Logo) der Uhr und des Goldes. Rolex-Gold ist besser als Gold. Jedes Zeichen lebt vom Anderssein. Das Logo bestätigt das Anderssein, den Klassenunterschied. Im Logo wird das Zeichen selbst zur Ware. Das ist die andere Bedeutung des Wortes »Warenzeichen«. Sowie die Ware in eine doppelte Gestalt gespalten ist, so das Logo in ein doppeltes Objekt. Daher sind Werbeslogans, welche die Vakanz des Symbols betonen und benützen und mit (vom Realen, vom Signifikat) abgekoppelten Signifikanten arbeiten, so erfolgreich: »Mercedes Benz – engineered like no other car in the world«. Der Mercedes-Slogan operiert offensichtlich mit der Kraft des Zeichens, die durch seine Distinktion, durch seine Unterscheidung entsteht, die aber ein leerer Code ist, absolut ohne Bedeutung, nur darauf gebaut, wie Saussure sagte, dass »es neben allen andern und ihnen gegenübersteht«. Denn im Slogan wird nicht gesagt, das Auto ist besser »engineered«, oder wie besser oder anders »engineered« es ist. Rein syntaktisch könnte der Slogan auch bedeuten, »so schlecht wie kein anderes«. Auch der Coke-Slogan »coke is it« besagt nichts. »It« ist übrigens die beste Formel für (x). Was ist es? Coke ist es! Was »es« bedeutet, wird ebenfalls nicht gesagt. »Es« ist die Leerstelle, die Vakanz. Coke ist (x), »anything which stands for anybody for anything«. So allumfassend ist die Werbeaussage gerade wegen ihrer Leere. Die umgekehrte Möglichkeit besteht darin, die Abkoppelung der Signifikanten vom Realen und vom Signifikat zu leugnen und gerade das Gegenteil zu behaupten. Eben weil wir wissen, dass das Reale und die Dinge verloren sind, wird nostalgisch darauf beharrt, »Coke is the real thing!«. Um die Unterscheidung der Logos aufrechtzuerhalten, gibt es staatlichen Schutz und regelrechte Kriege. Siehe den *Cola War* zwischen Pepsi und Coke. In beiden Fällen geht es um die gleiche Ware. Der Krieg flammt nur um das Logo, welches Logo der Signifikant für Coke sein wird, so wie UHU die Schlacht um den Klebstoff bereits gewonnen hat. Um zu betonen, dass es wirklich Oliven sind, sagt man heute »Oliven-Olivenöl« und morgen »Real-Olivenöl«. In der semiokratischen Corporate Culture, wo abgekoppelte Signifikanten herumschwirren und wo Geklingel Futter bedeutet und Parfum Glamour, wo Auto Sex signifiziert und Unterwäsche Leidenschaft, hilft die aus der Theorie der distinktiven Oppositionen gewonnene logothetische Methode, die den Flug der Signifikanten stutzt. Wie im Vokalwürfel können auch wir bei den Logos eine Topologie der Signifikanten entwerfen, wo der Signifikant zwar auch das Band zu seinem Signifikat gekappt hat, wo er aber innerhalb der binären Struktur der distinktiven Merkmale nicht entfliehen kann, sondern höchstens beim oppositiven Nachbarn ankommt, so dass der Signifikant zwar nicht bei seinem, dafür aber beim nachbarlichen Signifikat läutet. Deswegen gibt es eine Platte, die *Art of Noise* heißt und sanfte Discomusik ist.

Wie in der Corporate Culture und Corporate World sich der Signifikant auf das oppositive, konträre Signifikat setzt, veranschaulicht besonders gut das Musikvideo »Love for Sale« von den Talking Heads (1986). Auch im Musikvideo »Adventures of Success« von Lynn Goldsmith alias Will Powers wird die Kommodifizierung der menschlichen Werte und Gefühle sichtbar, genauso wie durch einen Cola-Spot über eine von Coca-Cola gesponserte Olympiade der Behinderten: Ein Behinderter wird zur Umrisslinie, daneben erscheint das Cola-Logo »Enjoy Coca-Cola«. Man sieht, die Behinderten-Olympiade, das Mitleid, die Freude sind zu Adressen für Werbestrategien verkommen, zu kommodifizierbaren Warenzeichen. Menschliche Gefühle und Werte dienen einzig als Zielscheiben für die Verführungsstrategien der Werbung und des Konsumerismus. Die Kommodifizierung schreitet absolut, wahnwitzig und paranoid voran. Es wird nur mehr existieren, was zur Schau gestellt wird. Wo nicht nur Zeichen, sondern buchstäblich alles unter das Wertgesetz der Ware gestellt wird, wird der Körper bei den ubiquitären Tätowierungen zum Kriegsschauplatz der Logokulturen. Wo wirklich alles kommodifiziert wird, nämlich auch die Wirklichkeit selbst, gibt es keine Realität mehr, sondern lediglich Reality-TV, eine Realität, die verkaufbar ist. Wo die Warenzeichen zu Personenzeichen und neuen infamen sozialen Klassenzeichen werden, gibt es statt Effekten der Sozialisation Spezialeffekte des Sozialen, wie das Live-Aid-Konzert für Afrika der Popstars. In der Logokultur wird musikalischer Protest zu einem käuflichen Konsumartikel, wird Jugend zu einem Industrieartikel.

II.

Codes

Sprache

Arnulf Deppermann

Was sprichst du?

Sprachen und Identitäten in Zeiten von Migration und globaler Popkultur

Es gab einmal eine Zeit, in der für alle mehr oder weniger klar war, was »gutes und richtiges Deutsch« war. Die Lutherbibel, die Grimm'schen Märchen und die Sprache der Klassiker waren Wegmarken für die Ausbildung einer deutschen Standardsprache. Wie in anderen Ländern Europas im 19. Jahrhundert (und in den postkolonialen Gesellschaften seit dem 20. Jahrhundert) gingen auch in Deutschland die Entstehung des Nationalstaats, das Erwachen des Bewusstseins einer nationalen Identität und die Standardisierung einer ›Hochsprache‹ Hand in Hand. Natürlich gab es Dialekte, kolloquiale Umgangssprache und auch Sondersprachen gesellschaftlicher Gruppen wie die Studentensprache, die Seemannssprache oder Rotwelsch. Die kanonisierte schriftliche ›Hochsprache‹ wurde aber als quasi-natürlicher Endpunkt der Entwicklung der deutschen Sprache, als ihre Vollendung verstanden. Ihr gegenüber seien alle anderen Varietäten des Deutschen, ob regionale (Dialekte), soziale (Soziolekte, Gruppensprachen) oder situationale (Mündlichkeit), ›Substandard‹, also nur von fragwürdiger Legitimität und grundsätzlich defizitär. Die Hochsprache selbst aber schien ein für allemal bestimmt – jeder Wandel der Sprache, jede Neuerung wurde prinzipiell nicht als Fortschritt, sondern als Verfallserscheinung, vergängliche Mode oder Verhunzung des richtigen Deutsch begriffen. Die jüngsten Diskussionen um die Rechtschreibreform zeigen, wie sehr diese sprachpuristische und sprachpflegerische Position auch heute noch in Schule, Medien und den Institutionen der Sprachnormierung (Duden, Kultusministerkonferenz, DIN-Normierung, Gesellschaft für deutsche Sprache) lebendig ist.

Die sprachliche Wirklichkeit Deutschlands sieht aber lange schon ganz anders aus. Wir haben die »innere Mehrsprachigkeit« des Deutschen mit seinen unterschiedlichen Varietäten bereits angesprochen. ›Deutsch‹ war nie eine homogene Einheit, nie ein für alle in jeder Situation gleichermaßen gültiges Regelwerk. In den letzten drei Jahrzehnten hat sich die sprachliche Landschaft in Deutschland aber in dramatischer Weise weiter dynamisiert. Die großen gesellschaftlichen Veränderungen der Globalisierung, der Ökonomisierung, der Mediatisierung und der Migration haben nicht nur die soziale Ordnung, sondern auch die sprachliche Kultur in Deutschland tief greifend verändert.

Globalisierung und Mediatisierung: Anglifizierung des Deutschen in Ökonomie und Popkultur

Die Entstehung transnationaler Märkte und der globalen Popkultur hat zu einer Dominanz des Englischen über alle anderen Einzelsprachen geführt. Englisch ist auf dem Weg zu einer internationalen *lingua franca*. Das Englische ist auch die Sprache, aus der mit Abstand die meisten neuen Lehnwörter im Deutschen stammen. Anglizismen verdrängen angestammte deutsche Entsprechungen (z. B. *User* für *Nutzer*, *Counseling* für *Beratung*, aber auch syntaktische Interferenzen aus dem Englischen wie *Kommentar über* statt *Kommentar zu*). Entlehnungen reflektieren teilweise neue oder neu konzeptualisierte Sachverhalte und Produkte, v. a. aus Ökonomie (*Shareholder Value*, *Benchmarking*, *Controlling*, *Bachelor*), Sport (*Skateboard*, *Bungee Jumping*, *grinden*) und Musik (*HipHop*, *Gig*, *Compact Disc*). Solche Anglizismen sind fachsprachliches Vokabular – auch und gerade in jugendkulturellen Kontexten. Dies zeigt der folgende Ausschnitt aus einem Bericht von einem Skater-Contest (Skateboard-Wettbewerb):

> Cut auf 24
>
> Der Cut auf 24 hatte 4 Heats mit je 2 Runs à ca. 60 Sekunden, je nachdem, will sagen, war Glückssache. Schön Fahren = schön viel Zeit; nicht schön Fahren = ›15 Sekunden letzter Trick Danke Tschö.‹ Alles klar? In der Physik heißt es doch immer, heiße Luft steigt nach oben?? Thermik, nein? Hat in Frankfurt nicht funktioniert, jedenfalls war es unten auf der Streetfläche noch sehr viel drückender als in den Zuschauerrängen, aber das liegt ja sowieso in Skateboardings Natur – die Physik zum Witz zu machen. Für einen kleinen Überblick zwischendurch, ein paar Names 'n' Highlights:
>
> Holger Krosigk – Crooked Grind am Curbrail ... Marco Maiwald – Lien Transfer Quarter a.d. große Bank, 50/50 Pyracurb, FS 50/50 Hand-

rail … Jan Kliewer – BS 50/50 Curbrail, Bs Nosegrind Bs 180° Curb, 360° Flip Fakie Bank, Fs 180° Nollie Switch Crooked Grind Curb.

(*Monster Skateboard Magazine 138/1997*)

Leser, die in der Skater-Szene nicht bewandert sind, werden hier nicht allzu viel verstehen. Und ein großer Teil dessen, was unverständlich ist, wird durch Anglizismen ausgedrückt, mit denen spezielle Figuren (*360° Flip Fakie Bank*), Techniken (*Crooked Grind*) oder Regeln und Prozeduren des Wettbewerbs (*Cut*, *Heat*, *Run*) bezeichnet werden. Vielfach hat die Übernahme des Englischen aber eine andere, eine sozialstilistische Funktion: Mit dem Englischen nimmt man für sich selbst die Zugehörigkeit zu einer bestimmten kulturellen Gruppe und damit eine besondere soziale Identität in Anspruch. Der Bezug auf eine globale (Jugend-)Kultur hat dann im lokalen Kontext vor Ort die Aufgabe, sich von anderen abzuheben und sich einer bestimmten exklusiven Gemeinschaft zuzuordnen. Das dazu verwendete Englisch ist oft kein Schulenglisch, sondern es ist der Varietät der Gruppe, mit der man sich identifizieren will, nachgebildet. Im folgenden Brief wendet sich ein Leser an das *Monster Skateboard Magazine*. Er präsentiert sich als Insider, indem er sein Deutsch an den Slang der US-amerikanischen Skater-Szene zu adaptieren versucht. Die Redaktion ironisiert seinen Zugehörigkeitsanspruch schon in der Überschrift und karikiert in ihrer Antwort seine Anglizismenbildungen:

Mish-mash-Gewäsch

Hey MSM,

First of all ein Super Lob an Euch. Das Mag ist echt 1. Klasse, wohl das beste in whole Germany. […] Vor kurzem entschied ich mich, nach einjähriger Testphase, das MSM zu abonnieren. Alles lief glatt und schon bald konnte ich die Ausgabe #134 in den Händen halten. Doch was mussten meine sooooo von Euch verwöhnten Augen im zweiten per Postway zugestellten Mag entdecken? Eine ›Hey Suckaz, wenn Ihr jetzt abot bekommt Ihr ein T-Shirt für umme‹ Anzeige. Tja, da habe ich wohl Pech gehabt. […]

Anm. d. Red.: Hey Daniel, wir finden das fuckin' supeerklassegood, that Du uns einen sooooooo ehrlichen Slimerletter geschrieben hast! Wer kommt too late, den beißen die dogs, dude! Eins of our Staffmitglieders hat himself just ein Handy zugelegt – three Wochen zu früh es war nothing mit 30 Deutschmarks Startkapital, aber such is Leben. Warum soll es you better gehen wie us, fool!?!

(*Monster Skateboard Magazine* 137/1998)

Im Unterschied zur fachsprachlichen Verwendung wird hier nichts ausgedrückt, für das keine eingeführten deutschen Wörter bereitstünden. Entsprechend bereiten die Anglizismen auch keine Verstehensprobleme. Es geht lediglich um den sozialstilistischen Mehrwert des Englischen (Slangs) gegenüber dem Deutschen.

Globale (Jugend-)Kulturen sind Medienkulturen. Die Medien sind die Voraussetzung für ihre Transmission, und gerade jugendkulturelle Produkte sind fast immer mediale Produkte (Musik, Filme, Medientechnologien). Die Medienentwicklung beeinflusst die Sprache in verschiedenen Hinsichten. Neue Technologien haben meist dem Englischen entlehnte Bezeichnungen (*Handy*, *Homepage*, *SMS*), für diese Technologien entstehen neue Konventionen der Textgestaltung (z. B. Emotikons, Smilies, graphemische Markierungen und Verschriftung dialektaler Lautungen in E-Mails, Abkürzungen wie *lol*, *hdl*, *re*, *mfg*), kommunikative Gattungen einer Ursprungskultur werden medial popularisiert und dann von anderen Kulturen angeeignet (z. B. das ›Dissen‹ der afroamerikanischen Rapkultur von deutschen Rappern). Es entwickeln sich neue mediale Formate (wie Doku-Soaps, Ethno-Comedies, Daily Talks) mit einer Tendenz zur Informalisierung, Emotionalisierung und Vermündlichung des Sprechens im öffentlichen Raum. Die medial vermittelten Formen werden von den Mediennutzern aufgegriffen und in ihre kommunikative Alltagspraxis eingebaut. Fangemeinschaften erkennen einander an der Verwendung geteilter kommunikativer Routinen, die den Medienvorbildern entliehen sind, in Schrift (»*eye dialect*«: *CU I2I*, *XTC*, orthographische Veränderungen: *nu stylz*), sprachlichen Ausdrücken (*scratchen*, *Warmduscher*), Formeln (*hasta la vista baby*, *sag mal »Bescheid«*) oder kommunikativen Genres (verbale Duelle, Bragging). Die Adaptation, Abwandlung und Ironisierung medialer sprachlicher Vorbilder, insbesondere englischer Sprache, werden zu einem rhetorischen Spielfeld. Die jugendlichen Akteure stellen exklusive soziale Zugehörigkeiten und Insiderwissen unter Beweis und suchen zugleich ihre Individualität zu profilieren, indem sie neue, witzige kreative Varianten entwickeln.

Jugendkultur, Medien und Ökonomie operieren in der öffentlichen

Sphäre. Der Wandel des Deutschen durch den Kontakt mit dem Englischen ist deshalb ein Dauerbrenner des Diskurses über Sprache. Er ruft regelmäßig die Sprachbewahrer auf den Plan. Sie fordern öffentliche und auch gesetzliche Maßnahmen gegen die Auswüchse des ›Denglisch‹ (wie etwa den *Citycall* – statt *Ortsgespräch* – der Telekom oder den *Servicepoint* der Deutschen Bahn), vergleichbar den (allerdings beeindruckend erfolglosen) Initiativen gegen das *franglais* im romanischen Nachbarland. Der sprachpflegerische Diskurs vergisst dabei, dass zu allen Zeiten Sprachwandel durch Sprachkontakt stattfand: Seit der römischen Zeit haben das Griechische (*Apotheke*, *Logik*, *Demokratie*) und das Lateinische (*Kustos*, *Institution*, *Patent*) das Deutsche kontinuierlich bereichert, im 18. und 19. Jahrhundert erfolgten v. a. Entlehnungen aus dem Französischen (*Kommode*, *Portemonnaie*, *distinguiert*). Was woher entlehnt wurde, reflektiert gesellschaftliche Entwicklungen, Wertsetzungen und kulturelle Hegemonien. Die sprachliche Entlehnung infolge sprachlichen Kontakts ist die vielleicht wichtigste Triebfeder für den Sprachwandel. Entlehnungen sind aber nicht bloße Übernahmen. Sie werden in die Grammatik des Deutschen integriert. Das geschieht auch und gerade in der Jugendsprache, wo durch die Anwendung der grammatischen Regeln des Deutschen neue Formen und Bedeutungen geschaffen werden (z. B. ausgehend vom englischen *to lose*: *ablosen*, *gelost*, *Loserin*, *losermäßig*...).

Migration: Gastarbeiterdeutsch, Kanaksprak und Gemischt-Sprechen

Die Veränderung der sprachlichen Situation in Deutschland durch die Migration hat dagegen erst in jüngerer Zeit öffentliche Präsenz erlangt. Seit Ende der 1950er-Jahre Gastarbeiter nach Deutschland kamen, entstehen neue Varietäten des Deutschen, und es werden zunehmend nichtdeutsche Sprachen in Deutschland gesprochen. Früh Beachtung fand das so genannte Gastarbeiterdeutsch (»Pidgin-Deutsch«), das von den Migranten der ersten Generation zumeist ungesteuert, abseits formaler Bildungsinstitutionen erworben wurde. Es zeichnet sich durch die Übertragung der Lautbildung und der Intonation aus der Herkunftssprache, ein beschränktes, vielfach stereotypes Vokabular und sehr vereinfachte Syntax aus (z. B. meist infinitivische

Verbform, generalisierter Negationsoperator *nix*, teilweise Aufgabe der deutschen Verbklammer, Tilgung von Modal- und Funktionswörtern: *du nix kaufen Aldi heute*). Umstritten blieb, inwieweit dieses Gastarbeiterdeutsch selbst durch die sprachlichen Stereotype der Aufnahmegesellschaft und ihr entsprechendes Kommunikationsverhalten (so genannter *foreigner-talk*) gefördert wurde. War es damals das Deutsch des (zumeist männlichen) Arbeitsmigranten, der als Erwachsener nach Deutschland gekommen war, idealtypisch verkörpert von Günther Wallraff in *Ganz unten* als Türke »Ali«, so hat in den letzten Jahren ein ganz anderer sozialer und sprachlicher Typus die Bühne der öffentlichen Diskussion betreten. Es ist der jugendliche Nachkomme der ersten Migrantengeneration, der in Deutschland aufgewachsen ist, zumeist männlich und türkischer Herkunft. Stereotypgemäß stammt er aus dem ›Ghetto‹, d. h. den multikulturell oder ethnisch geprägten sozialen Brennpunkten deutscher Großstädte. Er steht im Gegensatz zur Elterngeneration, deren traditionale Werte, religiöse Orientierung, Rückständigkeit und devote Unterordnung unter die deutsche Mehrheitsgesellschaft er ablehnt. Genauso verachtet er die Deutschen, die er als diskriminierend, unmännlich und unehrenhaft empfindet. Sein Habitus ist gekennzeichnet durch Gewaltbereitschaft, Kleinkriminalität, die Orientierung an machistischen Idealen von Ehre, Mut und physischer Stärke und durch das Streben nach Statussymbolen plakativer Männlichkeit (BMW, Pitbull, Handy, Goldketten). Er lebt bildungsfern und im Widerspruch zu pädagogischen und staatlichen Institutionen sowie durch formale Qualifikationen geregelten Bildungswegen. Statt dessen verlässt er sich auf die lokalen, ethnischen Netzwerke des Ghettos und auf die ›Straßenschläue‹, die er im täglichen Überlebenskampf im Großstadtdschungel erworben hat. Der Schriftsteller Feridun Zaimoglu bezeichnet in provokativer Übernahme des deutschen Schimpfworts diesen Typus als ›Kanaken‹. Er will diese abwertende Fremdbezeichnung als angeeignete und positiv umgedeutete Selbstbezeichnung etablieren, in Analogie zum Gebrauch von *nigga* unter *black Americans*. Das ist sicher (bisher) nicht gelungen – kein Mitglied der entsprechenden sozialen Gruppe wird sich selbst affirmativ als ›Kanake‹ bezeichnen. Aber der Ausdruck macht doch darauf aufmerksam, dass wir es nicht mit einer national oder ethnisch homogenen Gruppe zu tun haben. ›Kanaken‹ können genauso Türken wie auch Araber, Perser oder Ägypter sein. Es ist ein südländisches Aussehen und der beschriebene Habitus, der die Zugehörigkeit zu dieser Gruppe definiert. (Interessanterweise werden Frauen und Mädchen oder Kleinkinder nicht als ›Kanaken‹ bezeichnet.) Der Frankfurter Kulturanthropologe Hermann Tertilt hat in seiner ethnographischen Studie der *Turkish Power Boys* die Alltagspraktiken einer Bande von Jugendlichen untersucht. In seiner Studie wie in der öffentlichen Wahrnehmung spielt die Sprache eine zentrale Rolle für das, was den ›Kanaken‹ ausmacht – die von Zaimoglu so genannte ›Kanaksprak‹. Kanaksprak ist eine ethnolektale Varietät des Deutschen mit einigen türkischen Einsprengseln. Auffällig sind v. a. ihre hörbaren Merkmale: das gerollte /r/, die Koronalisierung von /ch/ (*isch hab disch*), eine hohe Sprechspannung, die durchgehende, ›gestoßen‹ und ›polternd‹ wirkende rhythmische Betonung auch von kurzen und Nebensilben. Die Grammatik zeichnet sich durch die Tilgung vieler Präpositionen (*gehn wir Disko?*), Artikel (*hab isch Jacke genommen*) und Pronomina (*isch leih ø dir nisch*) aus sowie durch die Verwendung der Spitzenstellung des Verbs in sonst unüblichen Kontexten (*geh isch jetzt Schule*). Besonders exzessiv werden bestimmte Anreden (*lan*, *Alder*), Bekräftigungs- (*isch schwör*) und Rückversicherungsformeln (*weißt du, oder was?*) verwendet. Ebenfalls auffällig ist die Häufigkeit von bestimmten Bewertungs- (*korrekt*, *krass*) und Beschimpfungsausdrücken (*schwul*, *ficken*), die teilweise einen erweiterten Verwendungsrahmen (*korrekte Tuss*) und eine vagere Bedeutung (*isch fick dein Opel*) erhalten. Besondere Kommunikationsformen sind expressive Begrüßungs- und Verabschiedungsrituale, Anmache und provokative Drohformeln (*Hast du Problem oder was? Was guckst du, Lan?*) sowie rituelle Beschimpfungsduelle (innerhalb der eigenen Gruppe), in denen der Gegner als Opfer einer homosexuellen Vergewaltigung dargestellt wird. Der ethnolektale Kanaksprak-Sprecher hat Deutsch erst im Kindergarten oder in der Schule erworben, während er zu Hause mit seinen Eltern Türkisch oder eine andere Migrantensprache spricht. Kanaksprak ist die Sprache der Freizeit und der Peer-Group. Mit ihr begegnen sich Kinder und Jugendliche unterschiedlicher ethnischer Herkunft in einem gemeinsamen Ghettoslang. In der Schule ist Kanaksprak stigmatisiert. Ihre Sprecher gelten als sprachliche Problemgruppe, die an Semilingualismus (»doppelter Halbsprachigkeit«) leidet: Sie können weder richtig Deutsch noch Türkisch (bzw. eine andere Migrantensprache). Dies ist oft (aber nicht immer) richtig, wenn es um die schriftsprachliche Kompetenz geht. Diese Einschätzung verkennt allerdings, dass die Kinder und Jugendlichen durchaus über ein für ihre lebensweltlichen Kommunikationskontexte funktionales und ausreichendes sprachliches Repertoire verfügen. Problematisch wird es erst, wenn sie formale Abschlüsse erreichen und eine berufliche Karriere in der deutschen Gesellschaft jenseits der ethnischen Netzwerke des Ghettos machen wollen.

Sprecher der Kanaksprak verfügen über ein für sie hinreichendes Ausdrucksrepertoire v. a. auch deshalb, weil dies nie ihre einzige Sprache ist. Werner Kallmeyer und Inken Keim vom Institut für Deutsche Sprache stellten bei von ihnen untersuchten Gruppen junger türkischer Frauen in Mannheim fest, dass diese neben Kanaksprak unterschiedliche Varietäten des Türkischen (»bäurisches Türkisch«, »Mannheimer Türkisch«, Hochtürkisch), Gastarbeiterdeutsch, Mannheimerisch und Standarddeutsch gebrauchen und (allerdings in unterschiedlichem Ausmaß) beherrschten. Dies macht also *zusammen* das expressive Repertoire der Sprecher aus. Die Multilingualität der Sprecher wird praktiziert als gemischtes Sprechen: Die Jugendlichen *switchen* zwanglos zwischen den unterschiedlichen Sprachen und Varietäten. Ein Beispiel aus einer Kommentarseite auf epoxweb.de zu deutsch-türkischem Rap:

> Ey yo sista, mach das ya ... bende yapiyorum iki senedir ... turkish undaground rap ... iyi, iyi türkce rape daha fazla kiz MC lazim ... Turkish Rap comes phat ... v.a. Sirhot's album wird den türkischen Rap einen großen schritt nach vorne bringen, wenns rauskommt ... das video ist der hamma ... also ma people: her zaman heryerde Türkce Rap ... yeah ... Keep it Turkish Style ... maximum respectzz 4 all Turkish rappers ... Peazze ...

Die verschiedenen Sprachen werden gezielt eingesetzt: Während manche Code-Switches an bestimmte Gesprächspartner (Türkisch für die Eltern, Standarddeutsch für die Schule) gebunden sind, richtet sich in der Kommunikation in der Peergroup die Sprachenwahl danach, um Dinge durch den Kontrast der Sprachen hervorzuheben, Zusammenhänge zu verdeutlichen, weil die Sprachen für bestimmte Themenbereiche und Handlungen reserviert oder einfach weil eine Formulierung in einer Sprache eindrücklicher oder routinierter ist als in einer anderen. So kommt es in Freizeitkontexten zur Entstehung von Mischsprachen, die von den Jugendlichen selbst als ›Mischmasch‹ bezeichnet werden.

Ein großer Teil der sprachlichen Entwicklung der Jugendlichen in den Ghettos vollzieht sich also abseits der Pfade pädagogischer Institutionen. Dazu gehört auch der selbst bestimmte, ungesteuerte Erwerb des Türkischen durch Kinder und Jugendliche, die nicht türkischer Herkunft sind. Die Linguisten İnci Dirim und Peter Auer fanden heraus, dass in multiethnischen Stadtteilen Hamburgs deutsche, kroatische, bosnische, tunesische u. a. Jugendliche Türkisch in Freizeitinteraktionen mit anderen Kindern und Jugendlichen lernten. Ihre Kompetenz reichte von einigen wenigen Brocken bis zur fast akzentfreien Beherrschung des Türkischen mit einem beträchtlichen Ausdrucksrepertoire. Türkisch wird hier von Jugendlichen unterschiedlichster ethnischer Herkunft ganz selbstverständlich neben Deutsch und deutschtürkischen Sprachmischungen in der Peergroup-Kommunikation benutzt.

Sprachenwahl: Identitätsakt und Kapital auf dem Markt sozialen Prestiges

Warum wählen (und lernen) Jugendliche eine bestimmte Varietät oder Sprache, wenn sie sich genauso gut mit einer anderen verständlich machen könnten? Mit der Wahl einer Sprache wird eine bestimmte soziale Identität in Anspruch genommen, nämlich die der sozialen Gruppe, die als legitimer Inhaber dieser Sprache gilt. Die Wahl einer Sprache ist also ein Identitätsakt, mit dem soziale Zugehörigkeiten oder zumindest Affinitäten erklärt werden. Dies betrifft nicht nur die bloße Zurechnung zu einer Gruppe von Menschen, denen man sich (wie z. B. durch Dialekt) als Vertrauter oder (durch ideologisch gefärbte Ausdrücke) als Gleichgesinnter zuordnet. Mindestens ebenso wichtig sind oft die Eigenschaften, die typischerweise mit den Identitätskategorien verbunden werden, die als Inhaber der Sprachen gelten. So kann der Kanaksprak-Benutzer die oben genannten stereotypen Zuschreibungen des orientalischen Machismo für sich in Anspruch nehmen, der Schreiber des HipHop-Slang symbolisiert dagegen die jugendkulturellen Werte der *black Americans* als Teile seiner Identität. Die Sprachenwahl ist dabei stets nur eine, allerdings sehr wichtige Komponente eines umfassenden sozialen Stils, der sich neben ihr aus Kommunikationsgepflogenheiten, körperlichem Habitus, Kleidung, Haarschnitt, Musikvorlieben, Freizeitbetätigungen usw. zusammensetzt. Der soziale Stil bildet ein symbolisches Ganzes, das vielfach durch durchgängige stilspezifische Gestaltungscharakteristika wie Härte, Verfeinerung oder Expressivität gekennzeichnet ist. Sie prägen oft auch die sprachliche Praxis. Doch selbst wenn sie dies nicht tun, werden die Bewertungen und Eigenschaften (wie ›modern‹, ›bäurisch‹ oder ›gefährlich‹), die einem Stil bzw. seinen Inhabern zugeschrieben werden, auch mit der Sprache verbunden.

Die Verfügung über unterschiedliche sprachliche Varianten wird damit zu einem Kapital auf dem sprachlichen Markt, das man zum Prestigegewinn einsetzen kann. Der Prestigewert des einzelnen sprachlichen Codes ist aber fast immer umstritten und mehrdeutig. Die Codes (wie Deutsch vs. Nichtdeutsch, Standarddeutsch) und Stiloptionen (wie präzises, sachlich-argumentatives, abstraktionsreiches, höfliches Sprechen), die in offiziellen, Bildungs- und Berufskontexten anerkannt sind, sind dies in subkulturellen Kontexten nicht. Dort gilt vielfach eine invertierte Wertigkeit, die offiziell verpönten Varianten werden, oft gerade, weil sie sonst verpönt sind, zu prestigereichen Symbolen von Subversion, Widerstand und Insiderstatus. Die gleiche Kontextabhängigkeit der Wertigkeit gilt auch horizontal, zwischen verschiedenen sozialen oder subkulturellen Milieus, die zueinander in lebensstilistischer, territorialer, regionaler etc. Konkurrenz stehen (z. B. Kanak-sprak vs. Jugendsprache der Skater, Metalfans etc., verschiedene Dialekte). Nicht nur die Wertung, auch die Bedeutung der Wahl einer Sprache oder eines Stils hängt vom Kontext ab: Wenn etwa nichttürkische Jugendliche Türkisch sprechen, so können sie damit alternativ eine Affinität zur türkischen Kultur (Familienzusammenhalt, Islam), zu einer Ghetto-Identität oder eine Abgrenzung von der Elterngeneration und die Zuordnung zu einer Gemeinschaft der Jugendlichen symbolisieren. Genauso können sich deutsche Jugendliche mit Anglizismen amerikanophil zeigen, einer bestimmten lebensstilistischen Gemeinschaft zuordnen oder als medienkulturelle Experten darstellen. Was im konkreten Fall gilt, ist oft nicht auf den ersten Blick zu erkennen und wird von Außenstehenden leicht stereotyp missdeutet. Die Bedeutung der Wahl hängt maßgeblich von den relevanten Alternativen ab, die zur Verfügung stehen und in der Kommunikationssituation zu erwarten sind. So ist die Wahl einer standardsprachlichen, expliziten Ausdrucksweise mit dem Verzicht auf extreme Bewertungen und fäkalsprachliche Elemente in der Schule unmarkiert, weil gefordert. Im Kontext der Peergroup kann sie dagegen eine gezielte Distanzierung vom üblichen Kommunikationsstil darstellen und damit als Medium der Kritik und einer punktuellen sozialen Abgrenzung dienen. Oft ist also die sprachliche Variante, die nicht gewählt wird, mindestens so aufschlussreich wie die gewählte, und die Bedeutung der Letzteren kann manchmal fast gänzlich in ihrer Abgrenzung von einer erwarteten, geforderten oder vom Gesprächspartner praktizierten Option liegen.

Für den sozialen Erfolg der Sprecher ist es also entscheidend, über verschiedene sprachliche Varianten zu verfügen und diese je nach Kontext passend einzusetzen. Er ist aber nicht einfach frei, sich seine (sprachliche) Identität von Situation zu Situation nach eigenem Gusto neu zusammenzubasteln. Sprachen und Stile haben legitime Inhaber, sie können nicht beliebig als eigene beansprucht werden. Die Legitimität ihres Gebrauchs ist oft umstritten: Wer gehört zu einer Szene oder Gruppe, wer bestimmt, wer dazugehört? Selbstzuschreibung und Fremdzuschreibung divergieren vielfach. Ansprüche auf Authentizität (ein echtes und verlässliches Mitglied einer sozialen Gruppe zu sein) und Kompetenz (ein maßgeblicher Experte einer Kultur zu sein) stecken in vielen Subkulturen die Koordinaten eines diskursiven Kampfplatzes ab, auf dem erbittert um Lizenzen, Vorrechte und Prestige gefochten wird. Die HipHop-Kultur hat für solche Auseinandersetzungen ein eigenes kunstvolles Genre, die *battles* entwickelt. In einem *battle* boasten und dissen die Konkurrenten in metrischen Reimen. Dabei sind die Grenzen zwischen spielerisch-poetischem Wettbewerb, dem Kampf um Prestige und Respekt und dem Versuch, den Konkurrenten auszugrenzen und den Insiderstatus abzusprechen, oft fließend und zumindest für Außenstehende kaum zu erkennen. Dies ist ein Auszug aus dem *battleboard* von HiPHop-LYRiCZ.DE:

> Du nennst dich einen gangsta doch bei dir hör ich nur SCHWACHSINN / F.g will mich battlen doch bleibt nicht einmal im TAKT DRIN / Ich break dir dein FUCK KINN und mach dich zu einen ARMEN STREICHER / Durch deinen front fällt mir auf dem weg zum ruhm das WARTEN LEICHTER/

Du denkst du bist besser? doch für mich bist du der LETZTE SCHROTT / Ich warte auf ein label auf dem ich für geld meine TEXTE DROPP / Dein flow lässt hunde jaulen und du bist des KOTZENS NAH / Das ist einfach denn meine punches bringen dich zum KOtZEN JAA /

Das ist mein erstes Battle hier in der RBA / Und soweit ich das sagen kann bin ich auch hier ein SUPERSTAR / Ich MACH ALLES KLAR von geilen bitches über DOUBLETIMES / Du denkst du bist gee doch ich hau dir jetzt die DOUBLES REIN /

Ich kann dich nicht leiden so wenig dein TOY GESCHWÄTZ / Und jeden FREUT ES JETZT wenn ich dich wie einen BAUM VERSETZ / Lass dich nicht täuschen denn du weist nichtmal was BATTLEN IST / Ich bring dir das jetzt bei mit meinem freshen neuen BATTLE SHIT.

(*GeForce, 5.11.2004*)

Also lass bitte endlich deinen Kinderstimmen-BATTLERAP / Stehst gegen mich da wie ein behinderter METALHEAD / Einem EDEL-HEAD wie mir machst du keinen NARBENSCHWANZ / Gegen mich überlebt nicht mal dein Ego den ABEND GANZ / Als hättst du VeitzTANZ stehst du auf der Bühne NEBEN MIR / Und verkleckerst deinen Whisky, ich chill mit DOSENBIER / Machst Rap wien ROSENKAVALIER beim MUSIKANTENSTADL / Ich dagegen gehör' längst zum MUSIKALISCHEN ADEL / Trägst von deinen TANTEN selbst GESTRICKTEN SCHEISS / Läufst wien Volldepp rum und denkst du bist WICKED und HEISS / Selbst ein DICKHEAD wie du WEISS, du BEHINDERST MICH / Doch mit deiner schweren Kindheit ist das klar, ERINNER DICH / Oder ist der KINDERSTRICH auch jetzt noch dein ZUHAUSE / Verstehst von meiner Rapkunst nichts, bist halt EIN BANAUSE / Denn die Raps aus MEINER KLAUSE sind Kunst wie PICASSO / Dagegen kommt dein Style doch nur dilettantisch BIS ASSO//

Also, dann hatet mal schön ...
Pace

(*Don Felice, 4.11.2004*)

Die sprachliche Stilisierung des Anderen: Performance, Stereotyp und Ironisierung

Spätestens jetzt müssen wir die oben aufgestellte Behauptung, die Wahl eines sprachlichen Codes oder Stils bedeute, dass der Sprecher die mit ihm assoziierte soziale Identität in Anspruch nimmt, einschränken. Anders verhält es sich, wenn ein Sprecher eine Sprache oder einen Dialekt stilisiert. Fast immer haben wir es dann mit einem Phänomen zu tun, das der englische Kulturanthropologe Ben Rampton als *crossing* bezeichnet: Ein Sprecher benutzt einen Code, der einer sozialen Gruppe gehört, als deren Mitglied der Sprecher klarerweise nicht gelten kann und auch nicht will. Wenn also ein deutscher Gymnasiast Kanaksprak spricht, ein Friese sächselt oder ein *metalhead* einige Brocken HipHop-Slang produziert, dann sind dies Fälle von *crossing*. *Crossing* ist eine fast immer übertriebene Stilisierung der Stimme des anderen. Es benutzt einige wenige, besonders prägnante Merkmale des stilisierten Codes, die diesen sofort als solchen erkennbar machen und die fest mit stereotypen Bildern der Sprechergruppe verbunden sind und sie augenblicklich zu evozieren vermögen. So sagt der stilisierte Bayer stets *jo mei* und diphtongiert unablässig (*Hoast a Göid*, *Oashockei spuita a guat*), die Reden des stilisierten Kanaksprak-Sprechers bestehen fast ausschließlich aus den Bewertungsausdrücken *krass*, *konkret* und *korrekt*, Anreden (*hey lan*) und Rückversicherungsfloskeln (*verstehst du?*). *Crossing* erfordert in Stimme und körperlichem Habitus darstellerisches Talent und Übung. Es zielt aber nicht (wie beim Fremdsprachenlernen) darauf ab, die andere Sprache möglichst vollständig und korrekt zu erlernen, sondern es sucht die treffsichere Karikatur. Deshalb wird es auch nicht gegenüber den authentischen Sprechern des stilisierten Codes benutzt, da sie die Stilisierung als Provokation begreifen würden. *Crossing* ist eine strategische, absichtliche Inauthentizität mit einem ästhetischen Eigenwert. Es ist immer auch eine *performance*, die der Unterhaltung dient und mit der sich der Sprecher selbst als Entertainer präsentiert.

So ist es kein Wunder, dass solche Stilisierungen in den Medien schon seit langem und verstärkt im Kontext des *comedy*-Booms der letzten Jahre überaus populär und mittlerweile Legion sind. Komödianten wie Stefan und Erkan (der gleichnamige Film und *headnut-tv*: Ghetto-Slang), Kaya Yanar (*Was guckst du?*: verschiedene Ethnolekte des Deutschen), Bully Herbig (u.a. Sächsisch, ›Schwulensprache‹) und SWR3-Radio-*comedies* wie *Radio Sharia* (Gastarbeiterdeutsch), *Horrortrip bei Feinkost Zipp* (Schwäbisch) oder *Nix verstehn in Athen* (Griechendeutsch) karikieren Codes, soziale Stile und deren Sprecher. Vorreiter der medialen Stilisierung des Kanaksprak-Sprechers waren Mundstuhls »Dragan« und »Alder«. Sie versuchen einander mit absurden Angebereien zu beeindrucken und produzieren dabei Dialoge voller ritualisierter, formelhafter Wiederholungen:

Alder: Hey Dragan!
Dragan: Was los Alder?
Alder: Dragan isch bin jetzt auch konkret gefährde disch.
Dragan: Was geht ab Alder?
Alder: Isch hab mir ganz krassen Bullmastiff geholt, weißt du? Dem is so konkret krass drauf.
Dragan: Krass!
Alder: Dem is ultrakrass drauf weißt du? Hab isch mir nicht selber geholt aber weißt du hat mir jemand besorgt.
Dragan: Konkret von Laster gefallen?
Alder: Konkret von Laster gefallen.

(*Mundstuhl: »Kampfhund«*)

Die Stilisierung der Sprache ist hier das zentrale Verfahren der Porträtierung stereotyper Vertreter sozialer Kategorien. Zitate solcher medial konstruierten stilisierten Dialekte und Ethnolekte werden dann von Rezipienten und Fangemeinschaften in ihre kommunikative Alltagspraxis übernommen und von anderen medialen Quellen (Werbung, Freidanks *Kanakisch-Wörterbücher*) weiter kultiviert. Der zumeist jugendliche Alltagssprecher kann mit ihnen seine Rede polyphon anreichern: Die fremde Stimme wird eingesetzt, um Sprechhandlungen mit ironischer Distanz zu vollziehen, auf den Kontrast zwischen der eigenen sozialen Gruppe und anderen anzuspielen, die stilisierte Identität zu kritisieren oder lächerlich zu machen und humoristische Effekte zu erzielen. Die Kenntnis und, mehr noch, die Fähigkeit zur Produktion von Stilisierungen ist ein bedeutsames jugendkulturelles Kapital, mit dem Medienkompetenz und Insiderstatus unter Beweis gestellt werden. Stilisierungen können zum Gegenstand von Peergroup-Routinen werden, in denen unterhaltsame *performances* durch die Imitation von Stimmen, den Abtausch von Formeln oder die gemeinsame Ausgestaltung einer Karikatur geschaffen werden. Im folgenden Ausschnitt unterhalten sich zwei deutsche Jugendliche zunächst über Mädchen, die sie gerade gesehen haben. Sie setzen ihre Meinungsverschiedenheit als spielerischen Wettbewerb fort, indem sie einander mit sprachlichen Codes *toppen*:

Frank: Hey die Blond, Knut, des war en Traum, oder?
Denis: ((lachend)) Die andere, die ziemlisch Braune, die war geil, ey.
Frank: Och komm, die blond war e Brett war des, e Gerät.
Denis: Alder konkret oberkrass.
Bernd: Is ultrakrass.
Frank: Dem is ultrageil, Alder, den hab isch schon gesehn letzte Jahr, hey Alder.
Denis: Tam, ey, total tam.
Frank: Tam tschucki, Alder.

Von konventioneller Jugendsprache (*geil*) über neue jugendsprachliche Ausdrücke (*Brett*, *Gerät*) und stilisierte Kanaksprak (*Alder konkret oberkrass* etc.) reicht dieser Code-Wettbewerb schließlich bis zum stilisierten Türkisch (*tam* von Türkisch *tamam*, ›genau‹; *tschucki* von *çok iyi*, ›toll, super‹). Sprachliche Codes sind hier eine Ressource für einen kommunikativen Wettbewerb, der auf Medienkenntnis, soziale Stereotype, komödiantisch-poetische Fähigkeiten und geteiltes Gruppenwissen zurückgreift.

Crossing und Stilisierung sind also meistens sehr vieldeutig. Die unterschiedlichen Aspekte hängen teilweise systematisch zusammen. So sind es häufig stereotype negative Eigenschaften der sozialen Kategorie (wie ›der geizige Schwabe‹, ›der dümmlich-gewalttätige Kanake‹, ›der affige Schwule‹), die in der Stilisierung verspottet werden. Ihnen können sich Rezipient und Produzent überlegen fühlen, der Humor besteht v. a. in Auslachen und Schadenfreude. Die Stilisierung stabilisiert damit soziale Stereotype, nicht zuletzt weil viele Medienkonsumenten die betreffenden sozialen Gruppen gar nicht aus eigener Alltagserfahrung kennen, sondern ihnen nur medienvermittelt, als humoristischer Konstruktion begegnen. Andererseits vermögen die Stilisierungen es manchmal, wie verzerrt auch immer, die Rezipienten mit kulturellen Eigenheiten vertraut zu machen und ihnen Aspekte neuer

Lebenswelten zu erschließen, die ihnen sonst verschlossen blieben. Dies liegt allein schon daran, dass eine gelungene Stilisierung einen gewissen Realitätsgehalt besitzen muss, um als Pointierung einer charakteristischen Erfahrung und als treffende Entlarvung zu wirken und so auch zur Bewältigung eigener Erfahrungen beizutragen. Schließlich können die wechselseitigen Stilisierungen aller sozialen Gruppen (wie z. B. bei Kaya Yanar) dazu beitragen, dass der Spott verteilt und damit eine selbstreflexive Distanz auch zur eigenen sozialen Identität hergestellt wird. Stilisierungen pendeln also im Spannungsfeld von Vorurteilen und Erlebnisverarbeitung, von reflexiv-ironischer Brechung und Abwertung des Fremden, von Spiel und alltäglicher Machtpolitik.

Weil sie erkennbar unecht und manieriert sind, weil der Sprecher hier also nicht mit seiner eigenen, ihn selbst unverkennbar repräsentierenden Stimme spricht, kann er jederzeit Schlussfolgerungen über seine Absichten (etwa: sich über jemanden lustig zu machen oder anzugeben) und Einstellungen (Vorurteile oder Arroganz) zurückweisen. Gleichzeitig schafft die stilisierte Stimme einen Freiraum für Identitätswechsel und -experimente: Unter der Narrenkappe der fremden Stimme können Meinungen (z. B. radikale, frauen-, fremdenfeindliche), Präferenzen, Habitus (z. B. aggressive, unverschämte, herablassende) oder Handlungen (wie Flüche, Selbstlob, Beleidigungen) praktiziert werden, die als gültiger Ausdruck der eigenen Identität nicht zu verantworten wären. Stilisierungen erlauben die Lust am Tabubruch durch Karnevalisierung. Kreativität, Schlagfertigkeit und das Spiel mit Wörtern, Lauten und Posen haben eine eigene ästhetische Qualität und schaffen soziales Prestige. Deshalb erschöpfen sich Stilisierungen nicht in einer einfachen Abwertung fremder sozialer Gruppen – im Gegenteil, sie können sich zu einer Lust am Zitat und an der Mimesis des Fremden verselbständigen. Stilisierungen sind ein postmodernes Moment in der Alltagskommunikation, da sie den Prinzipien der *Bricolage*, der Ästhetisierung und der Ambiguisierung folgen. Damit passen sie ganz vorzüglich in die Kommunikation Jugendlicher, für die es wesentlich ist, sich nicht unvorsichtig festzulegen, den eigenen Status und das individuelle Profil darstellerisch zu gestalten und dies mit einer unterhaltsamen Performance zu tun, die stilsicher ist und Überraschungseffekte bereithält.

Axel Schmidt

Oberaffengeil ist peinlich!

Von der Jugendsprache zur *Peergroup*-Kommunikation

Obwohl ›die Jugendsprache‹ in akademischen Zusammenhängen bereits vielfach als ›Mythos‹ dekonstruiert wurde (vgl. Schlobinski/Kohl/Ludewigt 1993, Androutsopoulos 1998), erscheint sie in öffentlichen Diskursen noch immer als wohlumschriebenes, problemlos identifizierbares Phänomen, repräsentiert in so genannten ›Lexika der Jugendsprache‹. Um abzubilden, wie Jugendliche reden, wird dann in der Regel eine lose Sammlung für jugendsprachlich gehaltener Ausdrücke de-kontextualisert (aus ihrem ursprünglichen, tatsächlichen Sinnzusammenhang resp. Äußerungskontext herausgerissen) und mit Hilfe eines gedankenexperimentell erzeugten Arrangements re-kontextualisiert (in einen neuen, möglichen Sinnzusammenhang resp. Äußerungskontext gestellt). Jugendsprache im Stil einer solchen Technik der Re-De-Kontextualisierung in den Blick zu nehmen, bedeutet Sprache bzw. Kommunikation und Interaktion auf die an einzelne Ausdrücke gebundene Wortbedeutung zu reduzieren. Jugendsprache erscheint aus dieser Perspektive als lexikalischer Baukasten und kann auf der Grundlage allgemeiner Erzeugungsregeln (Sprachregeln – wie grammatische – oder soziale Regeln, wie z. B. Angemessenheitsstandards) von jedermann ›nachgebaut‹ werden. Das klingt dann so:

> Wooky! Ej, Blitzbirne, voll fundi, die fetten Vordertitten von deinem neuen Schlampenschlepper – echt steil zum Rumschüsseln! Total krass, wenn man von den endgeilen Ötzis abstammt, die prompt zackig mit den Monnis rüberwedeln, weil sie direkt in der Kieskneipe Kohle abscheffeln. Schwing dich doch mal wieder ganz mellow für 'n paar Minunnis zum Gripsräven zu mir rum! (*Ehmann 2001, S. 7*)

Quelle des Zitats ist das »neueste Lexikon der Jugendsprache« mit dem Titel *Voll konkret* (Ehmann 2001). Wie man leicht sehen kann, handelt es sich hierbei natürlich nicht um ein authentisches Zitat, sondern um ein gedankenexperimentell erzeugtes, d. h. ein ›mögliches‹ Zitat, das dem Konstruktionsprinzip »verwende möglichst viele Jargonausdrücke auf engstem Raum« folgt. Dass diese Äußerung möglich erscheint, ergibt sich aus dem oben erwähnten Umstand, dass Jugendsprache als Phänomen konzipiert wird, welches sich in andersartigen, vom hochsprachlichen Standard abweichenden Exotismen erschöpft. Wer das *Lexikon der Jugendsprache* aufmerksam studiert – so der nahe gelegte Schluss –, ist nicht nur in der Lage, Jugendliche zu verstehen, sondern auch, wie ein Jugendlicher zu sprechen. Bemerkenswert ist, dass mit Hilfe solcher konstruierten Äußerungen jugendliche Werthaltungen, Einstellungen und Orientierungen (etwa Imponiergehabe, Orientierung an insgesamt materiellen und hedonistischen Werten, Beeindruckung des anderen Geschlechts durch materiellen Besitz, Instrumentalisierung der Eltern etc.) suggeriert werden, welche nicht dem sprachlichen Material als solchem zu entnehmen sind, sondern als Ableitungen aus Generations- und Altersstereotypen zu begreifen sind. Nicht die Jugendlichen selbst kommen hier zu Wort, sondern ein Stereotypendiskurs unter dem Deckmantel jugendsprachlicher Lexik. Die offensichtliche Künstlichkeit und Inauthentizität solcher konstruierten Zitate (sie dienen eher der Erheiterung oder Dramatisierung) ist auf zwei miteinander zusammenhängende Aspekte zurückzuführen: erstens die reduzierte empirische Basis (die Selektion für jugendsprachlich gehaltener Ausdrücke – Exotismen) sowie zweitens das künstliche Neuarrangement von Sprechhandlungen auf dieser Basis. Um solche (unfreiwillig) parodistischen Effekte zu vermeiden, ist es notwendig, sowohl den Gegenstand ›Jugendsprache‹ als auch die methodische Herangehensweise zu verbreitern. Was bei oben erwähnten Sammlungen jugendsprachlicher Ausdrücke aus dem Blick gerät, ist all das, was Kommunikation außer den lexikalischen Einheiten noch auszeichnet:

Grammatik und Syntax: Wie sind die Äußerungen aufgebaut? Welche typischen Strukturen zeichnen sie aus? Werden eher längere oder kürzere, einfache oder komplexe Sätze gebildet?
Pragmatik: Was tun die Jugendlichen miteinander? Welche Zwecke verfolgen sie in welcher Art und Weise? In welcher Weise nehmen sie Bezug aufeinander?

Thema und Kohärenz: Über was sprechen die Jugendlichen? Welche Themen sind zentral, welche eher randständig? Wie verlaufen Themenwechsel? In welcher Weise werden neue Themen etabliert bzw. alte beendet? Was macht ein Thema interessant?
Gesprächsorganisation: Wer kommt wann zu Wort? Lassen sich die Jugendlichen ausreden oder fallen sie sich gegenseitig ins Wort? Wie werden Missverständnisse behandelt?
Inszenierungscharakteristika, Sprechweisen und -stile: Wie wird gesprochen (laut/leise, schnell/langsam, expressiv/monoton, hyperbolisch/präzise etc.)? Welche rhetorischen Mittel werden eingesetzt (Zitate, Metaphern etc.)? Welcher Sozialsymbolik folgt die Kommunikation bzw. welche sozialen Stile sind identifizierbar?
Beziehung und Höflichkeit: Welche Art von Beziehungen bauen die Jugendlichen kommunikativ auf? Herrscht eher Konkurrenz oder Solidarität, eher Formalität oder Informalität? Sind die Jugendlichen an einer gegenseitigen Gesichtswahrung interessiert oder eher am Gegenteil?
Kontext: Welchen Interaktionsrahmen konstituieren die Jugendlichen durch ihre Äußerungen und welche Rückschlüsse lässt dies wiederum auf die Kommunikation zu?
Kommunikative Routinen: Lassen sich verdichtetere kommunikative Muster identifizieren? Welche Funktionen erfüllen diese für die Vergemeinschaftung der Jugendlichen?

Was durch eine solche Erweiterung wieder in den Blick genommen werden kann, sind die kommunikativen Funktionen von Gruppensprachen für die Gruppen selbst, sprich deren immanente Funktionalitäten im Rahmen einer lebensweltlich situierten Kommunikationskultur. Kurz: Es kann rekonstruiert werden, *wie* jugendliche Gleichaltrigengruppen sich durch einen spezifischen kommunikativen Vergemeinschaftungsprozess bilden und aufrechterhalten (*Doing Peergroup*; vgl. Schmidt 2004). Aus dieser Konzipierung des Gegenstands ›Jugendsprache‹, welche eine Erweiterung des Gegenstandsbereiches von Jugendsprache zu *Peer-Group-Kommunikation* impliziert, ergibt sich eine andere methodische Herangehensweise sowohl auf der Ebene der Datenerhebung als auch auf der der Datenauswertung: Jugendliche Kommunikation wird so erhoben, wie sie im Alltag in der *Peergroup* vorkommt, d. h., sie wird ohne Eingriffe der Forschenden auditiv aufgezeichnet. Es handelt sich dann um Gespräche, die auch ohne forscherische Intentionen zustande gekommen wären (so genannte ›natürliche Gesprächsaufnahmen‹; vgl. Neumann-Braun/Deppermann 1998). Das so entstandene Material wird in der Folge nicht einer theoriegeleiteten Selektion unterworfen (das hieße etwa, alle Phänomene herauszufiltern, die vor dem Hintergrund einschlägiger Adoleszenztheorien für jugendsprachlich gehalten werden können), sondern einer sinnrekonstruierenden Betrachtung. Die Kommunikation bleibt also auch in der Auswertungsphase genau so erhalten, wie sie abgelaufen ist (hierzu wird eine Abschrift erstellt). Dies ermöglicht dem Forscher/der Forscherin detailliert nachzuzeichnen, in welcher Weise die Jugendlichen kommunikativ aufeinander Bezug nehmen, welche Zwecke sie jeweils verfolgen und wie sie auf diese Weise alltägliche Interaktionssituationen bestreiten.

Auf der Basis eines solchen, verbreiterten Zugangs zum Phänomen ›Jugendsprache‹ verschiebt sich der Fokus von rein sprachstrukturellen zu kommunikativen Aspekten. Lexikalische Besonderheiten treten in den Hintergrund und der Blick wird frei für Sprache als gesprochene Sprache bzw. als aneinander orientiertes Sprechhandeln. Im Vordergrund steht dann nicht, welche mehr oder weniger abweichenden ›Ausdrücke‹ Jugendliche verwenden, wenn sie sprechen, sondern vielmehr, was die Jugendlichen mittels und durch ihr Sprechen miteinander tun, d. h., welche sozialen Beziehungen sie wie miteinander eingehen und aufrechterhalten. Nicht der Jargon, sondern die *Kommunikationskultur Jugendlicher* (vgl. Neumann-Braun/Deppermann 1998), zugänglich über das Repertoire kommunikativer Routinen und Muster konkreter *Gleichaltrigengruppen*, steht dann im Zentrum der Betrachtung. Erst auf der Grundlage einer solchen Perspektivenerweiterung, nämlich von der Semantik isolierter Ausdrücke zur Pragmatik kommunikativer Routinen, wird es möglich, Jugendsprache hinsichtlich ihrer Funktionen zu befragen, die sie für diejenigen hat, die sie sprechen. Das hat den entscheidenden Vorteil, dass jugendsprachliche Phäno-

Transkriptionskonventionen GAT
(nach Selting et al. 1998)

[ ]	Parallel gesprochene Passagen mehrerer Sprecher
(1,0)	Pause in Sekunden
un=äh	Kontraktion innerhalb/zwischen Einheiten, schneller Anschluss
↑	Intonationssprung nach oben
↓	Intonationssprung nach unten
?	hoch steigende Intonation am Einheitenende
(lachend)	Kommentar zu einer Redepassage
((lacht))	Beschreibung nonverbaler Aktivitäten

mene (bzw. was dafür gehalten wird) nicht von außen anhand ausgewählter Exotismen als Indizien für Sprachverfall, Wertverlust, Verrohung, Verlust der Gemeinschaft und Selbstbezogenheit (um nur einige prominente Stichworte zu nennen) diskreditiert werden, sondern anhand ihres Stellenwerts für die Kommunikationskultur einer jugendlichen Gruppe von innen bestimmt werden: Welche Rolle spielen bestimmte Arten und Weisen des Umgangs für die Aufrechterhaltung von Beziehungen, für die Abgrenzung der Gruppe nach außen oder für die interne Differenzierung der Gruppe? Und: Was lässt sich anhand solcher Erkenntnisse über die Art und Weise des Gruppenzusammenhalts aussagen, über den Ton, den Stil oder die Art und Weise des Umgangs miteinander? Ansatzpunkt ist dann nicht der Vergleich jugendlichen Sprechens mit Normalformerwartungen an eine »bürgerliche Gesprächskultur« (wozu etwa gehören würde, hochsprachlich und thematisch gebunden zu sprechen, sich differenziert auszudrücken und den Gesprächspartner zu respektieren, d. h. ihm zuzuhören, ihm nicht ins Wort zu fallen und auf seine Äußerungen einzugehen), sondern der Versuch, die innere Systematik bzw. jene kommunikativen Prinzipien und Regeln jugendlicher Kommunikation, an denen sich die Jugendlichen selbst orientieren, zu rekonstruieren. Den Erkenntnisgewinn eines solchen Perspektivenwechsels möchte ich nun im Folgenden anhand ausgewählter Gesprächspassagen demonstrieren (die Daten stammen aus dem Forschungsprojekt »Kommunikationskultur Jugendlicher«; vgl. hierzu Schmidt 2004).

Sechs 14- bis 17-jährige Jugendliche, die in einer Kleinstadt leben und sich als Clique begreifen, sitzen in ihrer Freizeit in einem alten Wohnwagen zusammen, den die örtliche Jugendpflege ihnen als Treffpunkt zur Verfügung gestellt hat. Otto hantiert während der Interaktion mit einer Spielzeugkuh, die er bearbeitet und mit einem Feuerzeug anzuzünden versucht. (Die Interaktion wurde von den Jugendlichen aus eigener Initiative aufgenommen; im Anhang finden sich die Konventionen, nach denen die Äußerungen verschriftet, d. h. transkribiert wurden.)

01 Otto:	ku=ma die kuh
02 Michi:	(sehr hoch, stöhnend) hahh ahh
03 Denis:	(sehr hoch) ku=ma
04	was was für ne verdorbene kindheit

05 der gehabt hat
06 Viele: ((lachen))
07 Denis is ja schrecklich
08 Viele: he he he
09 Markus: was hat=n der noch alles angebabbt?
10 Bernd: [nur die kuh und die flasche]
11 Denis: [der hat barbie und der hat]
12 (laut) barbiepuppen gespielt
13 un=de ken hat die barbie immer vergewaltigt
14 Otto: öh
15 (1,0)
16 Otto: hhh
17 Michi: der hat sich von de angela die barbies geklaut
18 un hat se dann kaputt gemacht
19 ((Krach im Hintergrund))
20 Bernd: (laut) ku=ma die kuh perschinsky (= Ottos Nachnahme)
21 Viele: hä hä hä
22 Denis: ey perschinsky stehst du auf ↑tie↓re?
23 oder was?
24 Otto: (meckernd) jahaha ((lacht))
25 Denis: kuckst [du da zu]
26 Markus: [(singend) sex with animals]
27 wie de=heim [würd ich sagn]
28 Denis: [ich hab mal]
29 lady chatterley oder so gekuckt
30 da ham=se zukuckt wie ((lacht))
31 Bernd: (leise) wer is=n lady chatterley?
32 Denis: (lachend) wie=s en pferd ((lacht))
33 wie=s en pferd mi=em andern pferd
34 getrieben hat ((lacht))
35 Bernd: (leise) was=n lady chatterley?
36 Denis: (lachend) oder wie als wer
37 in holland warn einma

Würde man die Jugendlichen fragen, was sie hier tun, würden sie dies selbst als »einfach nur rumhängen« bezeichnen. Dieses ›Rumhängen‹ zeichnet sich durch sehr vieles aus, was von zivilisationsgeschichtlich gewachsenen Idealen eines ›guten Gesprächs‹ ebenso abweicht wie von den Regeln und Maximen, die die empirische Gesprächsforschung in den vergangenen 30 Jahren als zentral für das Kommunizieren im Alltag erwiesen hat:

Fokussierte Interaktion: Die verbale Kommunikation ist nur ein Strang eines umfassenden kommunikativen Geschehens. Im Gegensatz zur Maßgabe, dass man sich auf das Gespräch konzentrieren und ihm die volle Aufmerksamkeit schenken soll resp. Störungen von außen ignoriert, sind die Jugendlichen fast immer zugleich noch mit etwas anderem beschäftigt: Zigaretten drehen, mit Objekten spielen, in Zeitschriften blättern etc. Damit verbunden ist, dass man keine ›ordentliche‹ Haltung einnimmt: Man legt sich quer über die Sitzmöbel, kratzt sich am Körper, bohrt in der Nase, trommelt mit den Fingern einen Rhythmus etc. Im transkribierten Ausschnitt malträtiert Otto beispielsweise eine Stoffkuh und fordert zum Zuschauen auf (Zeile 01: »ku=ma die kuh«). Weil die Anwesenden oft vom Gesprochenen durch anderes abgelenkt sind, kommt es leicht dazu, dass Einzelne einiges nicht mitbekommen haben oder dass sich Parallelgespräche bilden, die von einem konkurrierenden Aufmerksamkeitsfokus ausgehen. Dies ist in Z. 09f. der Fall, wo Bernd sich auf Objekte bezieht, die Otto im Wohnwagen angeklebt hat.

Sprecherwechsel und konditionelle Relevanzen: Zu den grundlegenden Regeln der sprachlichen Interaktion gehört es, den anderen ausreden zu lassen, und denjenigen als nächsten Sprecher zu akzeptieren, dem vom Vorredner das Wort erteilt worden ist. Eng verbunden mit diesen Regeln ist das Prinzip der so genannten »konditionellen Relevanz«: Bestimmte Äußerungen von Gesprächsteilnehmern (wie Gruß-Gegengruß oder Frage-Antwort) folgen paarweise aufeinander, und wenn ein erster Teil eines Paares (z. B. eine Frage) produziert wurde, dann besteht eine normativ stabile Erwartung, dass der Angesprochene den zweiten Teil (z. B. eine Antwort) produziert. Jugendliche folgen diesen Regeln häufig nicht: Sie reden durcheinander, beantworten Fragen, Bitten oder Aufforderungen nicht, ignorieren Behauptungen und Meinungskundgaben, und selbst scheinbar schwere Beleidigungen erfahren häufig keine Reaktion. In Z. 11 insistiert Denis beispielweise auf der Fortsetzung seiner Geschichte über Ottos »verdorbene kindheit« ungeachtet der Tatsache, dass Markus an Bernd eine Frage gestellt hatte, die dieser gerade zu beantworten beginnt. Otto reagiert nicht auf die diskreditierenden Geschichten, die Denis und Michi über seine »verdorbene kindheit« zum Besten geben (Z. 04-18). In Z. 26 fängt Markus mitten in eine von Denis formulierte Frage hinein zu singen an. In Z. 35 möchte Bernd wissen, was »lady chatterley« ist. Er fragt dies noch zwei weitere Male, bekommt aber nie eine Antwort. Abgesehen davon, dass in einigen Fällen auf unbeantwortet gebliebener Aktivität insistiert wird, werden aus dem Ausbleiben der Reaktion keine besonderen Schlussfolgerungen gezogen, und es wird genauso wenig wie Unterbrechungen kritisiert.

Themenkohärenz: Beim Thema zu bleiben und themenrelevante Beiträge zu liefern ist sicherlich etwas, das für Erwachsene Grundlage eines jeden Gesprächs ist. Für Jugendliche ist dies kein wesentliches Anliegen. Die inhaltliche Kohärenz der Beiträge in den Zeilen 1-3 mit Denis' folgenden Ausführungen über Ottos »verdorbene kindheit« sind nur verständlich, wenn man sie auf den nonverbalen Handlungskontext bezieht: Das Hantieren mit der Kuh in einer Weise, die als spielerische Demonstration von Perversion verstanden werden kann. Der Übergang von einem Thema zum nächsten erfolgt in der Regel kaum in einer argumentativen Weise oder mit Hilfe von expliziten Themenbeendigungen und -eröffnungen, sondern zumeist in Form assoziativer Verknüpfungen, die nicht als Themenwechsel markiert werden und somit auch keiner expliziten Ratifikation bedürfen. So schließt im Gesprächsausschnitt Denis die Themen *Lady Chatterley*-Filme (Z. 32-34) und ›Urlaubserlebnisse in Holland‹ (Z. 36 ff.) assoziativ an das Thema ›Sex mit Tieren‹ an, weil sie gewisse Aspekte mit dem vorangegangenen Thema gemeinsam haben (die Urlaubserlebnisse beziehen sich auf Sex unter Tieren).

Qualitätsmaxime: Grundlegend für effektiven Informationsaustausch ist es, die Qualitätsmaxime zu befolgen, d. h. nur Dinge zu sagen, die man für wahr hält. Dies umfasst auch die Auflage nicht zu übertreiben. Jugendkommunikation zeichnet sich nun aber ganz im Gegenteil durch Hyperbolik und das häufige Aufstellen von Behauptungen, die keinen oder höchst fraglichen Wahrheitsgehalt haben, aus. So können wir unsere Zweifel haben, ob Denis tatsächlich meint, dass Otto in seiner Kindheit mit Barbie-Puppen Vergewaltigungsszenarien gespielt hat (Z. 13). Sicher aber wird er dies nicht »immer« (Z. 13) getan haben, und es wird wohl kaum der Wahrheit entsprechen, dass Otto »auf tiere steht« (Z. 24), und dass das sexualisiert-perverse Spiel mit der Stoffkuh die Verhältnisse bei Otto »deheim« (Z. 27) wiedergibt.

Höflichkeit und Schicklichkeit: Höflichkeit umfasst zum einen Takt, d. h. nicht in die Privatsphäre des anderen einzudringen und ihm keine Zwänge aufzuerlegen, zum anderen Respekt, d. h. die Bestätigung eines positiven Selbstbilds des Gesprächspartners. Damit verbindet sich, Tabuthemen zu vermeiden, v. a. dann, wenn sie Kompromittierendes über einen Gesprächsteilnehmer zutage fördern könnten. Beide Prinzipien werden von Jugendlichen häufig gezielt missachtet. So nimmt Denis ab Z. 03 Ottos Hantieren mit der Kuh zum Anlass, ihn als Perversen zu diskreditieren: Er habe bereits als Kind Vergewaltigungen gespielt (Z. 13); er stellt ihm die indiskrete Frage, ob er eine sexuelle Vorliebe für Tiere hege (Z. 22, was Markus in Z. 27 bestätigt), und erzählt von Sexfilmen, die er gesehen hat. Ebenso unhöflich ist es nach landläufigen Maßstäben, über einen Anwesenden in dritter Person zu sprechen und dabei auf ihn mit dem Demonstrativpronomen »der« zu verweisen (Z. 03), ihn mit bloßer Nennung des Nachnamens anzureden (Z. 20) oder sein Handeln pathologisierend aus Kindheitserfahrungen (»verdorbene kindheit«, Z. 04) zu erklären und damit auf Motive zu verweisen, die dem Handelnden selbst unbewusst sind. Dies käme allenfalls einem Therapeuten zu oder – allgemeiner gesprochen – einer Person, die beanspruchen darf, die Interpretationsautorität über eine ihr anvertraute unmündige, ihrer selbst nicht gewisse Person zu besitzen (wie in einer Eltern-Kind-Beziehung). Diese Verletzungen von Höflichkeitsregeln sind umso eklatanter, als es sich um eine halböffentliche Situation handelt: Intimes, potenziell peinliches Wissen über die Privatsphäre einer Person wird an Dritte weitergegeben, Grenzen der Privatheit werden in bloßstellender Weise überschritten.

Sprachrichtigkeit: Phonologisch und grammatisch zutreffender Ausdruck, vollständiger und korrekter Satzbau und hochsprachliche Lexik gehören unzweifelhaft zu den Ingredienzien einer gepflegten Gesprächskultur, die sich an schriftsprachlichen Idealen orientiert. Jugendliche weichen davon regelmäßig ab. Für diesen kurzen Abschnitt sei auf folgende Phänomene hingewiesen: Kontraktionen (etwa in Z. 01 »kum=ma« u.v.m.), nichtlexikalisierte Interjektionen (Z. 02, 14), betont umgangssprachliche Lexik (Z. 17 »geklaut«, Z. 18 »kaputt gemacht«, Z. 34) und Präpositionalgefüge (Z. 33/34: »mi=em andern pferd getrieben«), jugendsprachliche Lexik (Z. 22: »ey« und »stehst du auf«), Dialekt (Z. 09: »angebabbt«), elliptische, unvollständige Syntax (in Z. 07, 10, 27 und 36), syntaktische Rechtsverschiebung (»einma« in Z. 36), Frageformeln (Z. 23: »oder was«) und Kompletivformeln (Z. 29 »oder so«). Viele sonst verpönte, nichtsprachliche Laute werden von Jugendlichen nicht unterdrückt und häufig regelrecht demonstrativ inszeniert. Dazu gehören Stöhnen (Z. 02), Rülpsen, Kreischen, Husten oder exzessives Lachen, aber beispielsweise auch, dass ein Kommentar nicht gesprochen, sondern gesungen wird (Z. 26).

Ein weiterer Ausschnitt aus der gleichen Aufnahme vertieft diese Befunde:

01 Leif:	geb mer ma bitte m=maier (= Nachname von Dennis) sei [wasserflasch]
02 MX1:	[((lachen))]
03 Otto:	da muss ä batterie rein
04 Viele:	((lachen))
05 Denis:	=erst ema [bitte]
06 Viele:	[(lachend) hohohoho]
07 Denis:	ey ihr (laut) fotzen
08 Viele:	((lachen))

Auch hier ist offenbar, dass sich die Jugendlichen neben der verbalen Kommunikation noch mit weiterem befassen (Z. 03), wodurch der verbale Strang inkohärent wird, und dass in einer Weise gesprochen wird, die deutlich von Schriftstandards abweicht. Höflichkeitsregeln werden auch hier massiv verletzt. Statt den anderen zu schonen, wird systematisch eine Situation hergestellt, die dazu dient, einen Beteiligten zu ärgern und bloßzustellen. Denis' Wasserflasche wurde angeklebt (sein Besitz wurde also entwertet), und Leif versucht, Denis mit der scheinbar höflichen Bitte, man möchte ihm die Flasche »bitte« reichen (Z. 01), zu ›verarschen‹. Denis zahlt dies heim mit einer derben, vulgärsprachlichen Beleidigung (Z. 07), die aber von den anderen nicht ernst genommen und mit Lachen beantwortet wird.

In diesen beiden, für unseren Korpus repräsentativen Ausschnitten scheint die Kommunikation unter Jugendlichen gegen so ziemlich alles zu verstoßen, was sowohl als ontogenetische wie auch als kulturgeschichtliche Errungenschaft von ›Gesprächskultur‹ gelten kann. Insbesondere fällt ins Auge, dass hauptsächlich dasjenige, was im abendländischen ›Prozess der Zivilisation‹ zu unterdrücken und zu kontrollieren gelernt wurde, ganz unbefangen, ja teils sogar demonstrativ zur Schau gestellt und gezielt angesteuert wird: Der Ausdruck von Körperfunktionen, die Veröffentlichung des Privaten, die Überschreitung der Grenzen von Tabu und Scham und die Missachtung der Identität und des Besitzes des anderen.

Was wir bis jetzt zusammengetragen haben, bestätigt die schlimmsten Befürchtungen, wie es um die Gesprächskultur unter Jugendlichen bestellt sei. Und genau solche sprachlich-kommunikativen Verhaltensweisen von Jugendlichen sind es auch, die in pädagogischen Situationen regelmäßig als Störung und Sabotage wirken: Sie stehen in diametralem Gegensatz zu den Erfordernissen aufgabenorientierter Kommunikation, da dort Nebenkommunikationen, dauernde Fokuswechsel und Unernst zu Diffusion, Hyperkomplexität und Ergebnislosigkeit führen (vgl. Schwitalla/Streeck 1989).

Doch hier hat man es mit Freizeitinteraktionen zu tun, in denen keine Aufgaben zu lösen sind und kein Wissen zu vermitteln ist. Bisher wurde aber das Handeln Jugendlicher ausschließlich an Maßstäben, die andernorts geschöpft wurden, bemessen. Daraus ergab sich eine reine Defizitsicht. Was aber sind nun die Prinzipien, nach denen sich für die Jugendlichen selbst ihre Gesprächskultur strukturiert? Ist sie tatsächlich bloß defizitär, oder gibt es eine andere, eigenständige Systematik, nach der die Jugendlichen ihre Gespräche organisieren?

Die oben ausgeführten Befunde sollen nun nicht ›weggeredet‹ werden, um etwa zu behaupten, die Kommunikation unter Jugendlichen sei in erster Linie nur witzig, bunt und kreativ (wie das manche Literatur nahe zu legen scheint). Im Gegenteil, wir gehen von diesen Befunden aus und zeigen, dass sie in einem anderen Licht zu sehen sind, wenn man sie als Elemente einer Kultur der kommunikativen Selbst-Unterhaltung begreift, die in erster Linie den Maximen des Spaßes und des Wettbewerbs folgt. Maximen wie ›Wahrheit‹ und ›Höflichkeit‹ oder die geordnete Organisation der Rede- und Beteiligungsrechte sind demgegenüber nicht nur untergeordnet: Ihre systematische Verletzung ist gerade eine ergiebige Quelle, aus der kompetitive Unterhaltsamkeit zu schöpfen ist.

Versuchen wir also eine Relektüre der Gesprächsausschnitte mit der Frage, nach welchen Prinzipien die Jugendlichen ihre Interaktion strukturieren:

Situationsgebundenheit und offene Beteiligungsstruktur: Wenn Jugendliche beisammen sind, wechseln sie häufig zwischen mehreren potenziellen Aufmerksamkeitsfoki. Nicht nur der momentane Gesprächsbeitrag, sondern parallel dazu stattfindende Gespräche, nonverbales Handeln, Geschehnisse in der Umgebung etc. können in gleicher Weise umstandslos zum Gegenstand der Aufmerksamkeit und des Gesprächs werden: Was wahrnehmbar ist, ist auch potenzieller Redegegenstand, und zwar prinzipiell jederzeit. Die Interaktion wirkt daher häufig überaus inkohärent, Brüche werden aber kaum angemahnt. So thematisieren die Beteiligten im Ausschnitt »verdorbene kindheit« abwechselnd Ottos Hantieren mit der Kuh, Geschichten aus seiner Kindheit und die Objekte, die im Wohnwagen angeklebt sind, ohne den Fokuswechsel jeweils sprachlich zu verdeutlichen oder zu kritisieren. Generell fällt auf, dass *Peergroup*-Kommunikation unter Jugendlichen hochgradig situationsgebunden ist: Unmittelbar sinnlich Wahrnehmbares bietet den primären Anlass für Thematisierungen, Kommentare und Bewertungen und stellt den Ausgangspunkt für Erzählungen und oft absurde Phantasien dar. Nur selten werden Themen initiiert, die nicht in direktem Zusammenhang mit sinnlich hier und jetzt Wahrnehmbarem stehen. Mit der Offenheit und Inkohärenz der Themenentwicklung korrespondiert die Offenheit der Beteiligungsstruktur: Wer überhaupt (wie intensiv) am Gespräch beteiligt ist, wechselt, ohne angezeigt zu werden. So wird der Ein- und Austritt aus der Interaktion oft ohne Begrüßungen und Verabschiedungen und ohne die für andere Interaktionssituationen so charakteristischen Vorbeendigungen, in denen Gründe für den Gesprächsaustritt gegeben, zukünftige Treffen in Aussicht gestellt werden etc., vollzogen.

Performance und Expressivität: Indem er mit der Stoffkuh hantiert und die anderen darauf hinweist, stellt Otto ein Bühne-Publikum-Verhältnis her (Z. 1: »ku=ma die kuh«). Er führt nicht eine besondere Fähigkeit vor, sondern eine abstruse Idee, die nicht einem vorgefertigten Repertoire entstammt, sondern aus der Situation entwickelt wird. Die Vorführung dient der Unterhaltung und der Selbstdarstellung des Vorführers als kreativ, witzig und abweichend (s. u.). Denis' Kommentar in der dritten Person (Z. 03-05) kann als Ausfüllung der Publikumsrolle verstanden werden: Er adressiert das übrige Publikum in Bezug auf die Vorführung, aber nicht den Vorführer selbst. Vorführung und Kommentare schaukeln sich wechselseitig auf: Die kommentierenden

Geschichten (Z. 04-18), die Ermahnungen (Z. 20) und die diskreditierende Frage (Z. 22) werden von Otto als Anfeuerung und Bestätigung aufgefasst. Der Ereignischarakter der Performance ist nicht geplant, sondern wird im Verein mit den honorierenden Aktivitäten des Publikums erst emergent gemeinsam hergestellt. Sowohl die Performance selbst als auch die Publikumsreaktionen zeugen von Expressivität. Diese zeigt sich besonders in stimmlicher Gestaltung: Emotionen wie Verwunderung, Freude und Belustigung werden durch nichtlexikalisierte Laute zum Ausdruck gebracht, es wird laut gerufen (Z. 20), der Ausdruck »↑TIE↓RE?« wird in einer sehr auffälligen Auf-Ab-Auf-Bewegung intoniert (Z. 22), und ein Kommentar wird in englischer Sprache gesungen (Z. 26).

Unernst und Stilisierung von Abweichung: Ottos Vorführung wird vom Publikum spielerisch als Ausdruck von Perversion interpretiert. Erzählungen über Ottos Vergangenheit und Fragen und Ermahnungen werden als unernster Tadel und Diskreditierung vorgebracht. Die Perspektive der Norm wird von Denis zunächst karikierend als Erwachsenenstimme ins Gespräch gebracht: »verdorbene kindheit« (Z. 04) und »schrecklich« (Z. 07) gehören einem Register an, das die Jugendlichen zumindest in ihren Freizeitinteraktionen nicht benutzen und das für sie als Stimme des oberlehrerhaften Erwachsenen erkennbar ist. Diese stereotype Außenperspektive wirkt lächerlich und trägt zur Belustigung bei. Sie wertet zudem die spielerische Perversion als subversive Abweichung und von Autonomie und Furchtlosigkeit zeugenden Tabubruch auf. Otto versteht entsprechend die Publikumsäußerungen nicht als Diskreditierung und Achtungsentzug, sondern als Anerkennung für seine Selbstpräsentation. Die positive Wertung des Tabubruchs ist aber an den Kontext des Unernsts gebunden: Tatsächliche Tabubrecher werden von den Jugendlichen mit tiefster Verachtung und Interaktionsverweigerung behandelt. Wenn die spielerische Normabweichung zur Unterhaltung benutzt wird, ist dies also keineswegs so zu verstehen, dass die ironisierten Normen für die Jugendlichen nicht gültig seien. Im Gegenteil, ihre Verbindlichkeit wird durch die spielerische Verletzung bestätigt: Die Abweichung wird nicht gleichgültig hingenommen, sondern die Norm bildet eine Quelle für immer neue nicht zu realisierende Phantasien, deren Unterhaltungspotenzial konstitutiv auf ihrer Ungehörigkeit beruht. Dadurch werden die Abweichungsfiktionen zu einer bloßen Identitätspräsentationsstrategie: Sie sind Ressourcen für eine provokative Selbstdarstellung als Person, die sich der Erwachsenenwelt mutig entgegenstellt, furchtlos, autonom und extrem ist und dadurch ihre Männlichkeit beweist.

Angebotskommunikation und Wettbewerb: In der *Peergroup*-Kommunikation herrscht ein raues Klima. In anderen Kommunikationssituationen kann man auf den Schutz eines von allen respektierten Regelwerks des Gesprächs hoffen, das darauf angelegt ist, den Einzelnen zu schützen und seine Beteiligungsrechte zu sichern. Diesen Effekt haben etwa die Regeln des Sprecherwechsels, der konditionellen Relevanz oder der Höflichkeit. In der Interaktion unter Jugendlichen entfällt der Zwang, den diese Etikette ausübt, ebenso aber auch die Sicherheit, die sie gewährt. Stets muss man damit rechnen, attackiert zu werden oder unbeachtet zu bleiben. An die Stelle der Koordination durch Regeln treten die Prinzipien von Angebot und Wettbewerb: Rederecht und erwartete Reaktionen sind nicht garantiert oder einzufordern, sondern dasjenige kommunikative Angebot setzt sich durch, welches für die Beteiligten die größte Attraktivität hat. Deshalb ist es folgerichtig, dass Verständnisfragen unbeantwortet bleiben (im Beispiel »verdorbene kindheit« Z. 35), da sie nicht unterhaltsam sind und eine amüsante Erzählung zu unterbrechen drohen. Ebenso wenig verwundert, dass Michis Ergänzung zu Denis' Geschichte in Z. 17f. keine Reaktion erfährt, da sie weniger drastisch und weniger kreativ als dasjenige ist, was Denis zuvor schon über Ottos angebliche kindliche Perversionen zum Besten gegeben hatte. Umgekehrt sind viele in der Jugendkommunikation gehäuft auftretende Phänomene wie namentliche Adressierung (Z. 22), *attention-getter* (»ey« in Z. 22), *question-tags* (»oder was« in Z. 23), lauter sprechen und insistente Wiederholungen darauf zurückzuführen, dass der Gewinn von Rederecht und Aufmerksamkeit in erheblich geringerem Maße durch ein Regelwerk des Gesprächs gesichert ist und stattdessen durch solche Handlungen immer wieder neu erkämpft werden muss. Die schon oft festgestellte Knappheit der Äußerungen Jugendlicher, die sich von verkürzten Erzählformen (meist beschränkt auf Handlungsdarstellungen und Bewertungen) über syntaktische Reduktionen bis hin zur Kontraktion und Tilgung von Silben (»ku=ma« statt ›kuck mal‹) verfolgen lässt, lässt sich im Kontext der *Peergroup*-Kommunikation auch darauf zurückführen, dass lange Beiträge kaum eine Chance haben, ununterbrochen vollendet werden zu können. Ein längeres monologisches Rederecht wird kaum einmal eingeräumt, und es fällt auf, dass die Beiträge der Jugendlichen meist von ähnlicher Länge sind, die maximal zwei (Teil-)Sätze beträgt. Sich kurz zu fassen, ist also nicht nur ›cool‹, sondern ein Erfordernis, das der Tatsache geschuldet ist, dass die Absicherung des Rederechts durch ein vom Sprecher zuverlässig zu kontrollierendes Sprecherwechselsystem fehlt. In *Peergroups* herrscht also gewissermaßen nicht das Prinzip der sozialen Gerechtigkeit, sondern das der Marktwirtschaft: Die kommunikative Position der Beteiligten ist nicht durch Regeln gesichert, sondern sie muss im Wettbewerb um die Anerkennung des Publikums durchgesetzt werden. Da einerseits Unterhaltsamkeit oberstes Gebot ist und v. a. durch spielerische Normverstöße zu erzielen ist, und da zum anderen die eigene Identität v. a. auf Kosten der Identität des Partners zu erhöhen ist, sind der Angriff auf die Identität des Gesprächspartners und der Identitätswettbewerb als solcher besonders unterhaltsam. Dies schlägt sich darin nieder, dass diskreditierende Geschichten, Verarschungen und Beleidigungen, wie wir sie in den beiden Gesprächsausschnitten sehen konnten, einen großen Teil der Kommunikation unter Jugendlichen ausmachen. Wiewohl sie in unernster Form stattfinden, sind sie doch mit ausschlaggebend für den Status, den ein Jugendlicher in seiner *Peergroup* gewinnt: Schlagfertigkeit und verbale Kreativität, Unterhaltsamkeit und Coolness sind nicht nur die wesentlichen kommunikativen Werte unter Jugendlichen in der *Peergroup* – sie sind konsequenterweise auch die Bestimmungsgründe für die Identität, die der Einzelne durch sein sprachliches Handeln in der Gruppe gewinnt (Neumann-Braun/Deppermann/Schmidt 2002). Die Wettbewerbsorientierung führt dazu, dass sich in der Kommunikation Jugendlicher Gesprächssequenzen entwickeln, in denen die Sprecher einander systematisch zu übertreffen (›toppen‹) versuchen. Im folgenden Ausschnitt unterhalten sich Jörg und Denis darüber, wie viele *shots* Markus von der Zigarette, die sie beide gerade rauchen, abbekommen soll. (*shots* sind eine bestimmte Rauchtechnik, bei der der Rauch einem Partner in den Mund geblasen wird.) Schritt für Schritt werden sie immer lauter und übertreffen sich gegenseitig darin festzustellen, wie wenig für Markus noch übrig bleiben soll:

01 Jörg:	markus kriegt am end auch noch ana
02 Denis:	ah markus [kriegt]

03 Jörg: [n ganz kleiner]
04 Denis: kriegt einen kleinen mini shot
05 Jörg: (lauter werdend) der kriegt den karton
06 Denis: (laut) markus kriegt so einen normalen zug reingeshottet so (bläst) hfff

Markus' Anteil wird in fünf Schritten verkleinert:

1. »noch Ana« (= ein *Shot*)
2. »ein ganz kleiner«
3. »einen kleinen mini *Shot*«
4. »den Karton« (= das Mundstück, das nur aus Papier besteht)
5. »einen normalen Zug reinge*shottet*« (= eine andere Technik, die weniger effektiv ist).

Die Dynamik des Übertreffens macht es nahe liegend, dass sprachliche Kreativität und Hyperbolik schon häufig als Eigenschaften von Jugendsprache festgestellt wurden. Die beiden grundlegenden Funktionen der Jugendkommunikation, Unterhaltung und kompetitive Selbstdarstellung, sorgen systematisch dafür, dass im Versuch, etwas Neues, nicht schon Abgedroschenes zu erzeugen und einander zu übertreffen, Hyperbolik und ein Innovationsdruck entstehen, aus dem heraus immer neue Formen geschaffen werden.

Vertrautheit: Das Gegengewicht zum Wettbewerb bildet die Vertrautheit innerhalb der Gruppe. Zwar hat der Wettbewerb Konsequenzen für den Status des Einzelnen in der Gruppe (s. o.), doch werden die Angriffe auf die Identität des Gesprächspartners nicht als schwer wiegende Akte des Achtungsentzugs verstanden. Dass man einander in unernster Modalität beleidigen und verarschen oder kompromittierende Informationen weitergeben kann und dass man sich locker, ohne höfliche Rücksichtnahmen bewegen kann, stellt einen Vertrauensbeweis dar, der die Stabilität und Intimität der Beziehung demonstriert. Darüber hinaus zeigt man einander, dass man die spezifischen Interaktions- und Interpretationsregeln kennt, die von denen, die in vielen anderen Bereichen der Gesellschaft gelten, abweichen, dass man also zur gleichen sprachlichen Gemeinschaft gehört. Die stilistische Gemeinsamkeit wird auch durch die auffällig häufige Aufnahme von Konstruktionsformaten, die vorangegangene Sprecher benutzt hatten, verdeutlicht. So wird im Ausschnitt »verdorbene kindheit« beispielsweise die Aufmerksamkeitsformel »ku=ma« in Z. 01, 03 und 20 verwendet, aufeinander folgende Beiträge sind meist ähnlich lang und syntaktische Formate werden wiederholt. Beispielsweise benutzt Michi für ihre an Denis anschließende Erzählung in Z. 17f. das Format »der hat X un hat Y« wie Denis zuvor in Z. 11-13. Das Konstruktionsformat des Vorredners wird als Blaupause für den eigenen Beitrag übernommen. Dies signalisiert Kohäsion, stilistische Übereinstimmung und verringert den Planungsaufwand.

Wie steht es also um die Gesprächskultur Jugendlicher? Aus der Erwachsenenperspektive einer zivilisierten Gesprächskultur erscheint die Kommunikation in jugendlichen *Peer-Groups* als eine defizitäre Form des Sprechens und Kommunizierens, insbesondere, wenn sich die Betrachtung jugendlichen Sprechens in der Aufzählung lexikalischer Exotismen erschöpft. Erweitert man jedoch die Perspektive und berücksichtigt die verschiedenen kommunikationskonstitutiven Ebenen, die alltägliches Sprechen ausmachen, lassen sich jene Prinzipien rekonstruieren, nach denen Jugendliche ihre Kommunikation immanent strukturieren. Die Abweichungen stellen sich in einem neuen Licht dar: Sie erscheinen dann als systematische Resultate einer Orientierung an Unterhaltung und Wettbewerb, die ihre eigenen Gesetze hat. Unter dieser Perspektive wird nun vieles kohärent und folgerichtig, was zuvor nur als Inkohärenz und Abweichung erschien – so etwa auch sprachliche Eigenschaften wie expressive Phonologie, Hyperbolik, Neologismen und Kürze. Die Modalität ›Spaß‹ und die zumeist kompetitive Selbstdarstellung sind die Kriterien, die bestimmen, ob ein Beitrag angemessen ist und ob er im kommunikativen Spiel von Angebot und Nachfrage bestehen kann. Zwischen den beiden Größen ›Spaß‹ und ›kompetitive Selbstdarstellung‹ besteht dabei eine natürliche Solidarität: Normverstoß und Aggression sind Grundingredienzien fast jeder Form von Spaß, und Identitätswettbewerbe sind als solche unterhaltsam, da sie die aggressive Komponente mit der Spannung hinsichtlich Prozess und Ergebnis des Wettbewerbs und dem im Jugendalter besonders ausgeprägten Interesse am ›eigentlichen Charakter‹ der Person verbinden (vgl. Neumann-Braun/Deppermann/Schmidt 2002, Schmidt 2004).

Die Orientierung an Spaß und Identitätsprofilierung bleibt allerdings janusköpfig. Einerseits schafft sie Freiräume für Ungezwungenheit, Tabubruch und das Austesten von Identitäten und befreit von lästigen Zwängen zivilisatorischer Etikette. Erkauft wird dies aber durch den Verlust von Schutz und Schonung, die diese Etikette gewährt. Es entstehen neue Zwänge: Das Individuum muss jederzeit auf der Hut sein, sich wehrhaft zeigen und die Orientierung an Spaß und Wettbewerb kann schnell zum Spaßzwang werden. Dies wird spätestens dann deutlich, wenn ernsthafte Themenvertiefungen und Problembehandlungen keinen Platz mehr in der Kommunikation finden können, weil sie langweilen, und wenn auch der Verlierer lustige Miene zum verletzenden Spiel machen muss, um nicht als ›uncool‹ zu erscheinen. Ob also diese Form jugendlicher Gesprächskultur als Subversion und Befreiung zu begrüßen oder als Verrohung und neuer Zwang zu kritisieren ist, hängt ganz davon ab, wie flexibel und alternativenreich die Betroffenen interagieren können – ob es ihnen gelingt, zwischen Spaß und Ernst situationssensibel zu wechseln, und ob sie die Fähigkeit entwickeln, sowohl witzig, expressiv und kompetitiv als auch sachlich, aufgabenbezogen und respektvoll kommunizieren zu können. Erst dann entscheidet sich, ob die aggressive Witzigkeit der Jugendkommunikation ein bewusst gewählter Stil oder ein Habitus ist, der die Inkompetenz für andere Formen des Interagierens einschließt.

III.
Full Action
Gewalt und Thrill

Toralf Staud

Runen, Bratwurst, Rüssel-Skins

Wenn Rechtssein Spaß macht

»Wer die Jugend hat, kann sich ruhig Zeit lassen.«
Jürgen Schwab, NPD-Ideologe
in der Parteizeitung ›Deutsche Stimme‹

Unter der Bomberjacke sehen meine dünnen Ärmchen viel kräftiger aus. Landser ist eine coole Band! Der Euro ist scheiße. Politiker sind Abzocker, machen den Sprit teurer und lassen immer mehr Asylanten ins Land. Mein Vater motzt am Abendbrottisch immer über die billigen Bauarbeiter aus Polen. Warum darf man eigentlich als Deutscher nicht stolz sein? Obwohl, seit den Wikingern ist die germanische Rasse ja ganz schön heruntergekommen. Die ganzen Behinderten überall, was die kosten! Und die Homos, die werden ja völlig verhätschelt. Früher wär' man anders mit denen umgegangen. Ich, ein Nazi? Nein, ich denke doch bloß ein bisschen national. – Irgendwie so muss es aussehen, wenn sich in einem jugendlichen Kopf ein rechtsextremes Weltbild zusammenbraut.

»Fast unbemerkt wird in den Städten und Dörfern zwischen Ostsee und Erzgebirge ein Kulturkampf geführt, der nationalistisch motiviert ist«, schrieb die NPD-Parteizeitung *Deutsche Stimme* im Jahr 1999 triumphierend. Dieser ›Kulturkampf‹ läuft zwar auch zwischen Sylt und Bodensee, aber in Ostdeutschland ist er schon besonders weit fortgeschritten. Dort gibt es in praktisch jedem Landkreis militante Neonazikameradschaften, etliche davon mit Anbindung an die NPD. Um sie herum haben sich rechte Jugendcliquen etabliert, sie haben viele Schulhöfe fest in der Hand, fordern von ihren Bürgermeistern eigene Jugendzentren, und wenn sie ihre rechtsextremistischen Ansichten nicht mehr ungestört verbreiten dürfen, organisieren sie eine Demonstration für Meinungsfreiheit.

Wer ›national‹ sein will, muss nicht mehr unbedingt mit Springerstiefeln, Glatze und Bomberjacke herumlaufen; heute trägt man genauso Turnschuhe und Plateausohlen, Scheitel und blondierte Strähnen, enge Jeans und Schlaghosen. Die rechte Jugendkultur ist ein Patchwork aus Musik und Sprache, aus Kleidung, Runen und Germanenmystik. Ein ganzer Kosmos rechten Lifestyles hat sich entwickelt, aus dem sich jeder herauspicken kann, was ihm gefällt. *Nazis sind Pop*, lautet der treffende Titel eines Buches des Journalisten Burkhard Schröder. Die Elemente dieser Popkultur sind frei kombinierbar mit fast allen anderen Mode- und Musikstilen, die Ideologie kann dann schleichend folgen. Auf dem flachen Land im Osten sind die Rechten die dominierende Jugendkultur. Selten stellen sie die Mehrheit, aber sie geben den Ton an.

Ein Dorf in der Oberlausitz im hintersten Sachsen, so nah ist die Grenze nach Osten, dass sich das Handy ständig ins polnische Mobilfunknetz einwählt. Der Direktor der Mittelschule versichert, in seinem Haus sei »in Bezug auf Rechtsextremismus noch nichts aufgetreten, was meldepflichtig ist«. Große Pause auf dem Schulhof. Hier kennen alle die Geschichte von Dennis aus der 10. Klasse, der im Unterricht ein Hakenkreuz hochgehalten und den Lehrer als Juden beschimpft hat. Hinter der Turnhalle stehen sechs Jungs aus der 9. Klasse und saugen an ihren Zigaretten. Keiner sieht aus, wie man sich Nazis gemeinhin vorstellt. Einer hat einen Bundesadler auf schwarz-rot-goldenem Hintergrund als Aufnäher an seinen Rucksack gepappt, zwei tragen Bomberjacken, die sie liebevoll ›B-Jacken‹ nennen, ein Dritter läuft in New-Balance-Turnschuhen, die wegen des großen ›N‹ an manchen Orten Erkennungszeichen der ›nationalen‹ Jugend sind. »Was hört ihr denn so für Musik?« – »Oi!«, grölen sie und meinen damit harten Rechts-Rock. Der Einzige, der HipHop mag, gibt sich erst auf zweimalige Nachfrage leise zu erkennen. Prompt ziehen ihn die anderen wegen seines ›antideutschen‹ Geschmacks auf.

Greifswald in Vorpommern. Seit Jahren versucht die NPD hier mit unpolitischen Angeboten Nachwuchs zu ködern. Auf Kinderfesten gibt es kostenlos Kuchen und Bratwürste, Jugendliche werden zum Lagerfeuer eingeladen – die Partei bezeichnet den hiesigen Kreisverband als vorbildhaft. Matthias Kindt, Sozialarbeiter in Greifswald, muss zugestehen, dass die NPD »die einzige Partei ist, die sich in dieser Form« um Jugendliche kümmert. Die Erfolge seien nicht riesig, aber doch sichtbar. Kindt berichtet, dass bei seiner Klientel der rechte Liedermacher Frank Rennicke »der große Renner« sei. Und selbstverständlich hören sie auch alle Landser und die Zillertaler Türkenjäger. Kindt:

»Musik ist die größte Einsteigerdroge in die Szene.« Eine gebrannte CD wandert schnell von Hand zu Hand. Wer ein größeres Abenteuer sucht, fährt zu einem verbotenen Konzert – und sitzt beim nächsten Mal vielleicht schon auf einem Schulungsabend der NPD oder einer rechtsextremistischen Kameradschaft.

Ian Stuart Donaldson, der Sänger der britischen Skinhead-Band Screwdriver, wusste: »Eine Gruppe zu hören, die man gut findet, macht viel mehr Spaß als eine politische Versammlung. So erreichen wir viel mehr Leute.« Donaldson gründete das in Deutschland mittlerweile verbotene Netzwerk Blood&Honour (Blut und Ehre). 1993 starb er bei einem Autounfall; seither ist er so etwas wie der James Dean der Neonaziszene. Gedenklieder an ihn gehören zu jedem rechten Konzert, gern wird der Schriftzug *Screwdriver* auf Jacken gestickt und die Liedzeile »Tomorrow Belongs To Me« auf Autoheckscheiben geklebt.

In seinem Jahresbericht für 2003 zählte das Bundesamt für Verfassungsschutz 95 Rechtsrock-Bands in Deutschland, gegenüber dem Vorjahr war ihre Zahl erneut gestiegen. In den vergangenen zehn Jahren haben sie mehr als 500 CDs produziert. Ein Verzeichnis der Alben, zusammengestellt vom Berliner Archiv der Jugendkulturen, füllt 30 eng bedruckte Seiten, von A wie Arisches Blut aus Mecklenburg-Vorpommern bis Z wie Zyklon B aus Nordrhein-Westfalen. Die Auflagen reichen von wenigen hundert bis zu 15 000 Stück. Die Texte sind gewaltverherrlichend und rassistisch, sie verklären das »Dritte Reich«, beschwören den Zusammenhalt der Szene und peitschen auf zum Kampf gegen Ausländer, Linke, Christen, den Staat. »Unsere Gesichter, sie sind voller Hass / doch die Gewalt, die macht uns Spaß«, singt beispielsweise die Band Kraftschlag. Die White Aryan Rebels dichten: »Mit der Lizenz zum Töten ziehen wir dann durch das Land / Dann wird alles Kranke erschlagen und niedergebrannt.« Solche CDs stehen natürlich auf dem Index, was sie für potenzielle Hörer aber nur noch spannender macht.

Längst gibt es nicht mehr bloß harten Punkrock mit Nazi-Texten. Mitte der 1990er-Jahre öffneten sich Teile der Gothic-Musikszene nach rechtsaußen. Seit einigen Jahren gibt es rechten Black Metal und so genannten ›Hatecore‹. Es gibt Rechte, die Techno hören, von einigen DJs sind rechte Sprüche überliefert, etwa von Love-Parade-Erfinder Dr. Motte, der 1995 den Juden der Welt riet, »sie sollten doch mal eine neue Platte auflegen. Und nicht immer nur rumheulen«. Glücklicherweise, muss man da fast sagen, hat Techno-Musik keine Texte. Für das biedere Publikum stehen Liedermacher wie Frank Rennicke oder Annett bereit, die etwa die Probleme einer deutschen Mutter besingt. Inzwischen haben sich in etlichen musikalischen Szenen rechte Segmente entwickelt. »Das ist nicht das Ergebnis eines sinistren Planes aus irgendeinem Hinterzimmer«, sagt der Politologe Henning Flad, der an der Viadrina-Universität in Frankfurt/Oder über Rechtsextremismus forscht. »Es ist einfach typisch für eine lebendige Jugendkultur, dass sie in Bewegung ist und sich unterschiedliche Stile herausdifferenzieren.«

Auf dem Schulhof in der Oberlausitz weiß jeder, wo es Rechtsrock zu kaufen gibt. Der Plattenladen am Markt in Zittau, erzählen die Jungs, habe im Hinterzimmer einen ganzen Schrank voll davon. Die richtig harten CDs kaufen sie auf dem Polenmarkt gleich hinter der Grenze oder bei Internet-Versandhäusern in Amerika oder Skandinavien. Stefan weiß noch genau, welche seine erste Platte war: »Das Reich kommt wieder« von Landser. Sie sind noch immer die populärste Naziband, daran hat ihre Verurteilung wegen Bildung einer kriminellen Vereinigung im Dezember 2003 nichts geändert. Stefan bekam die CD von einem Freund seines großen Bruders, da war er 13 – und hinterher hat er sie für etliche Klassenkameraden auf Kassette überspielt.

»Was ist so toll an der Musik?«

»Der Spaß!«

»Was hältst du von den Texten?«

»Die Hälfte ist wahr.«

»Ist dir das nicht ein bisschen zu heftig?«

»Das hört man sich so an, da lacht man drüber. Das gehört dazu.«

Nur das Lied *Blut muss fließen* von Tonstörung, das sei ihm doch ein bisschen zu krass, sagt er und rezitiert es dann strophenlang: »Wetzt die langen Messer auf dem Bürgersteig / lasst die Messer flutschen in den Judenleib. / Blut muss fließen, knüppelhageldick / und wir scheißen auf die Freiheit dieser Judenrepublik.«

Wollten sie richtige Neonazis finden, brauchten Stefan und seine Kumpels lange Zeit bloß in den Linienbus zu steigen. In Zittau, Südstraße 8, saß der Nationale Jugendblock e. V. (NJB), ordnungsgemäß eingetragen im Vereinsregister des örtlichen Amtsgerichts. Nach der

Robbie. Foto: Raf Simons/©2000 Dornbracht Culture Projects

Wende hatte die städtische Wohnungsbaugesellschaft dem NJB billig ein baufälliges Haus vermietet. Zweck des Vereins war laut Paragraf 2 der Satzung, »national gesinnte Jugendliche zu sammeln und ihnen eine Basis für eine sinnvolle Freizeitgestaltung im Kreise gleichgesinnter zu ermöglichen«. Paragraf 4: »Die Mitgliedschaft ist an eine Zugehörigkeit zur deutschen Nationalität gebunden.« Damals, 1992, fand niemand etwas daran. Jahrelang bekam der NJB Fördergelder vom Landkreis für seine »sinnvolle Freizeitgestaltung«.

Irgendwann dämmerte den Behörden in Zittau, dass der Verfassungsschutz vielleicht doch nicht übertrieb, wenn er den NJB als »wichtiges Bindeglied der Rechtsextremisten in Ostsachsen« bezeichnete. Als der Bürgermeister dann erstmals davon sprach, den Mietvertrag zu kündigen, drohte der NJB auf einem Flugblatt, in diesem Falle könne man für das »weitere Handeln einzelner Personen keine Verantwortung« übernehmen. Es sollte noch Jahre dauern, bis sich die Stadt zu einem entschlossenen Vorgehen durchrang und das Vereinshaus schließlich schloss – Jahre, in denen die Rechten Nachwuchs rekrutierten. In der Südstraße konnten die Kids saufen und Musik hören, konnten fernsehen und PlayStation spielen. Es gab Kickertische, Matratzen, falls mal jemand übernachten musste, und einen Raum, in dem die Mädchen unter sich sein konnten. Bei Veranstaltungen des NJB traten bisweilen NPD-Kader auf oder der Hamburger Neonazi-Führer Christian Worch. Noch kurz vor der Schließung des Hauses hatte der Verein das Mindestalter für Mitglieder von 16 auf 14 Jahre gesenkt. Die Interessenten waren halt immer jünger geworden.

Schon vor vielen Jahren haben Neonazistrategen entdeckt, dass eine kulturelle Unterwanderung viel effektiver ist als das Verteilen von Parteiprogrammen und Flugblättern. Als Vorbild gilt ihnen das

Konzept des italienischen Marxisten Antonio Gramsci: »Ohne kulturelle Hegemonie, ohne Revolution im Kopf, keine Revolution.« In einem Artikel, der 1999 gleich in drei rechten Zeitschriften erschien, schrieb der NPD-Funktionär Jürgen Schwab, Nationalismus solle »jungen Leuten als ein spannendes Erlebnis oder gar Abenteuer ›verkauft‹ werden. Heranwachsenden muss es Spaß machen, nationale Veranstaltungen zu besuchen.«

So lädt etwa in Sachsen der Nationale Widerstand, ein Zusammenschluss rechter Kameradschaften, regelmäßig zu Fußballturnieren. Da kicken dann die Schlesischen Jungs aus Niesky gegen den Jungsturm Bellwitz, die Rüsselskins Kaupen gegen die Reichsfront Rennersdorf. Bei Germanenwettkämpfen misst man seine Kräfte im Baumstammwurf oder Kuhaugenweitspucken. Die Wanderjugend Gibor – laut Verfassungsschutz von 1996 bis 2000 in Brandenburg, Berlin, Sachsen, Thüringen und Niedersachsen aktiv – organisierte Klettertouren in der Sächsischen Schweiz und mehrtägige Wanderungen mit Lagerfeuerromantik.

Besonders angesagt sind heidnische Sonnenwendfeiern. Statt Weihnachten begeht man das Julfest. Detaillierte Tipps für den nationalistisch-korrekten Zeitvertreib finden sich etwa auf den Internetseiten der Kulturkammer der europäischen Jugend. Da heißt es: »Wir sollten unsere Freizeit gezielt anders gestalten, als es heutzutage üblich ist. ... Wenn sich ein Bursche ein Mädel greift, um mit ihr zusammen durch den Saal zu tanzen, so ist das doch viel schöner als das vereinzelte Bewegen in den Diskos.« Es finden sich auch Tischsprüche, Gedichte und altes deutsches Liedgut samt Melodie, die als mp3-Datei auf den eigenen Computer heruntergeladen werden können. Ausführlich wird die altdeutsche Schreibschrift vorgestellt, und nebenbei klagt der »Netzmeister« (die übliche Bezeichnung Webmaster ist wie alle Anglizismen verpönt): »Eigentlich wollten wir die gesamte Netzseite in Frakturschrift setzen, aber leider traten technische Probleme auf. Deswegen sind nur die Überschriften in Fraktur, der Fließtext aber in Latein. Wenigstens können jetzt auch Ausländer unsere Seiten leichter durchstudieren.« Anschließend werden »unsere schönen, sehr passenden germanischen Monatsnamen« vorgestellt. Nach nur einem Klick auf den beigefügten Link rutscht man auf die »Weltnetz-Seite« der unverhüllt rassistischen »Artgemeinschaft« des Altnazis Jürgen Rieger.

Ausgiebig bedienen sich Neonazis im Fundus nordischer Mystik, germanischer Runen und heidnischer Riten. Weil es keine gesicherte Überlieferung ihrer tatsächlichen Bedeutung gibt, können sie alles freihändig mit Inhalten füllen. Unauffällig lässt sich so Ideologie transportieren. Der sächsische Verfassungsschutz warnt, dass Heidentum und Germanenkult »zunehmende Bedeutung für die Nachwuchswerbung unter zunächst unpolitischen Jugendlichen« gewinnen.

Die altgermanischen Fantasiewelten sind nicht nur für rechte Jugendliche attraktiv – sie sind gleichzeitig faszinierend fremd und doch irgendwie etwas Eigenes. Im weitgehend atheistischen Ostdeutschland fällt heidnische Esoterik auf besonders fruchtbaren Boden. Kleine Thorshämmer aus Messing oder Bronze sind weit verbreitet; »Stinos«, stinknormale Jugendliche, tragen sie ebenso wie Neonazis als Amulett. Runenkunde ist in, entsprechende Bücher sind in vielen Stadtbibliotheken ein Renner. Eine Zittauer Berufsschullehrerin, die offen gegen Rechtsextremismus auftritt, fand eines Tages einen durchgängig in Runen geschriebenen Drohbrief auf ihrem Schreibtisch.

Eines der führenden Unternehmen der Szene ist der Wikingerversand im bayerischen Geiselhöring. Er offeriert alles, was das – mehr oder minder – nationalistische Herz begehrt. Von »Honig Met ›lieblich‹« (»das Getränk der alten Germanen«) für € 6,50 die Flasche bis zu rechtsextremer Musik und Szenekleidung diverser Marken, die sich individuell verzieren lässt: Das »Kragen-Stickmotiv ›Skinhead‹« kostet € 4,09, für den Nachwuchs gibt es Kinderkleidung mit Nazisymbolik. Und die nationale Mami kann das Parfüm »Walküre« (€ 20,45) ordern. Am Angebot des Wikingerversandes lässt sich besichtigen, wie unterschiedliche Kleidungsstile sich bei den Rechten bereits herausgebildet haben. Neuerdings sind sogar Palästinensertücher, einst ein Erkennungszeichen der Linken, im Angebot – die Neonazis bewundern die Intifada als nationalen Befreiungskampf eines vom Judentum unterdrückten Volkes.

Mancherorts sind bei rechten Jugendlichen Winterjacken von Helly Hansen beliebt, denn das HH-Logo lässt sich als Heil Hitler lesen. Letzter Schrei ist die Marke Thor Steinar, das erste Designerlabel von Rechten für Rechte, gegründet vor zwei Jahren von ein paar Jungmännern aus der brandenburgischen Provinz. Die Qualität der Strickwaren hebt sich ab von vielen sonst üblichen Billigimporten. Die Schnitte sehen wirklich gut aus. Die Bestellseite im Internet macht einen edlen Eindruck. Und das Markenlogo ist so gestaltet, dass nur Insider es entschlüsseln können: Zwei altgermanische Runen sind darin zusammengesetzt, die Tyr- und die Sig-Rune. Die erste ist nach dem nordischen Kriegsgott benannt und wurde unter Hitler im Abzeichen der Reichsführerschulen verwandt. Die zweite Rune war das Erkennungszeichen des Nazi-Jungvolks, als Doppel-Sig das Symbol der SS. Solche Anspielungen machen den Reiz der Marke aus: Wer sie trägt, gibt sich diskret als Insider zu erkennen. Und läuft bislang kaum Gefahr, von irgendeinem engagierten Lehrer, Polizisten oder Antifa-Aktivisten belästigt zu werden.

Seit mehr als zehn Jahren wächst und gedeiht diese rechte Jugendkultur. Politik und Öffentlichkeit ignorieren das Phänomen gern, bestenfalls wird mit kurzatmigen Sozialarbeiter-Sonderprogrammen dagegengehalten. Auf der anderen Seite arbeitet die NPD kontinuierlich daran, die Szenen zu gewinnen, für sich auszunutzen. Überraschend offen bekennt dies ein Strategietext in der Parteizeitung *Deutsche Stimme*: Derzeit rausche ein »Zug durchs Land«, auf den man »aufspringt oder bereits aufgesprungen ist. Dabei wird es in den kommenden Jahren darauf ankommen, sich die besten Plätze zu reservieren, von denen aus man ein gutes Stück Weg vorankommen kann.«

Zum Beispiel Greifswald. Als dort einige rechte Jungs und Mädel in der Schule Gegenwind spürten, als ihnen von Lehrern ihre Nazimusik abgenommen wurde, schlossen sie sich zu einer Schülerinitiative für freie Meinungsbildung und -äußerung zusammen. Sie gründeten eine Schülerzeitung, die NPD half gern, stellte Argumente und einen Kopierer zur Verfügung, beriet sie bei der Vorbereitung einer Demonstration. Da marschieren dann junge Rechte und zitieren auf Transparenten das Grundgesetz. Hinterher stehen die breitschultrigen Skins und milchgesichtigen Jünglinge mit Dosenbier auf dem Aldi-Parkplatz. Mittendrin der Kreisvorsitzende der NPD, neben ihm eine adrette junge Frau, die nicht wirklich hierher zu passen scheint: dunkle Haare mit blondierten Spitzen, weißer Rollkragenpullover und darüber ein schwarzer Mantel. Eine Augenbraue hat sie gepierct. Sie entpuppt sich als eine der Klügeren, aber selbst sie redet nicht von Politik, das kommt vielleicht später. Sie sagt, sie sei rechts, weil die Linken, die sie kenne, »stinken und kiffen und mit Drogen handeln«. Von den Rechten spricht sie als »unsere Bewegung« und sagt: »Wir sind hygienisch.« Ein paar Meter weiter kippt sich gerade ein Kamerad Bier über die Jacke.

Hannes Loh

Patchwork der Widersprüche

Deutschrap zwischen Ghetto-Talk und rechter Vereinnahmung

Straight into ›missverständnis‹

Rap und Politik – das ewige Thema, der Dauerbrenner, nie versiegende Quelle der Kommentarwut engagierter Kulturschreiber und Lieblingsprojektionsfläche und Zankapfel der Poplinken. Bevor sich die Kids aus der Bronx, aus Brooklyn oder Harlem ihre eigenen Gedanken machten über die gesellschaftliche Relevanz ihres neuen Spielzeugs, das sie auf den Blockpartys erfunden hatten, taten dies Journalisten und Buchautoren, die mit Staunen und einem sensiblen Instinkt für die Vorzeichen umwälzender Ereignisse beobachtet hatten, was in den New Yorker Vororten passierte. Welcher Diskurs wurde ins Rollen gebracht? Was hat HipHop verändert? Und wo befindet sich heute der Deutschrap?

Was Ende der 1970er-Jahre als Wagnis begann, avancierte in wenigen Jahren als globales HipHop-Phänomen zur größten Jugendkultur aller Zeiten. Schnell wurde deutlich, dass hier kein Strohfeuer abbrannte, sondern sich ein ansehnlicher Steppenbrand bis tief in den Mainstream hineinfraß. Damit wurden die Debatten über HipHop aber auch kontroverser. Mit dem Aufstieg von Gruppen wie N.W.A., deren Style von den Medien als Gangsta-Rap etikettiert wurde, und mit den offen pornographischen Lyrics einer Two Life Crew begann – intern wie extern – ein folgenschwerer Kampf um Definitionen, Grenzen und Standpunkte. Als dann Public Enemy den Schick und die Rhetorik der Black Panthers mit anderen Versatzstücken aus der Geschichte der Black Resistance verknüpften und das Ganze mit einem unverschämt neuen Sound aus der Bomb Squad Beat-Schmiede zu einem perfekten und hochexplosiven Gesamtkunstwerk amalgamisierten, war HipHop – naiv gesprochen – hoffnungslos widersprüchlich geworden und konnte nicht länger ohne weiteres, wie z. B. Rock oder

Punk, als jugendliche Gegenkultur identifiziert werden. Dementsprechend bizarr waren die Missverständnisse: Public Enemy wurden oft als links und progressiv eingeschätzt, standen aber ideologisch der Nation Of Islam (N.O.I.) nahe, die einen krassen Antisemitismus predigte und sich in Fragen der Rassenseparation auch schon mal mit amerikanischen Neonazis zusammensetzte. N.W.A. galten mit »Fuck tha Police« als Anti-Establishment-Crew, als Alptraum des weißen Spießer-Amerikas. Eazy E aber solidarisierte sich mit George Bush Senior, besuchte Republikaner-Parteitage und sagte dem *Vibe*-Magazin im April 1990, dass ihm Chuck D und die ganze Schwarze Bewegung am Arsch vorbeigehen: »Fuck that black power shit!«

Trotz dieser Widersprüche und Kontroversen ging man in Deutschland zunächst davon aus, »die Schwarzen« sprächen mit einheitlicher Stimme. Günther Jacob beschreibt zu Beginn der 1990er-Jahre in seinem Buch *Agit Pop – Schwarze Musik und weiße Hörer*, wie deutsche Popmedien HipHop auf der einen Seite als rebellischen Sound gesellschaftlichen Aufbegehrens feierten, auf der anderen Seite aber die Inhalte oft als spezifisch afroamerikanische Probleme exotisierten. Der Sexismus im Gangsta-Rap konnte so mit einem Verweis auf die »afroamerikanische Tradition« des *Playin' the Dozens* nachvollziehbar gemacht werden, wohingegen afrozentrische oder antisemitische Positionen gern mit dem Hinweis auf Diasporaerfahrung und identitäre Strategien erklärt wurden. Selten hingegen wurde danach gefragt, welche Voraussetzungen, Bedürfnisse und Interessen der eigenen Rezeption zu Grunde lagen.

Wenig vorbereitet war man, als in Deutschland die eigenen Kinder ihre lokale Erfahrung mit Versatzstücken der globalen HipHop-Bewegung zu einer neuen Jugendkultur verbanden, die sich zunehmend aus dem Kontext afroamerikanischer Geschichte löste. Diese Verschiebung der Bezugskoordinaten und der Verlust historischen Wissens hat dazu geführt, dass wir es heute mit Phänomenen zu tun haben, die nur zu verstehen sind, wenn man die »deutschen Verhältnisse« in seine Überlegungen mit einbezieht. Denn mittlerweile kreuzen sich in der HipHop-Szene die unterschiedlichsten Diskurse: Junge Rapper benutzen Nazi- und Holocaust-Metaphern und halten das für jugendlichen Tabubruch, andere rappen gegen Amerika und gegen Anglizismen in der deutschen Sprache, Neurechte wollen mit Nazi-Rap die HipHop-Szene unterwandern, Neonationalisten fordern, dass man auch national gesinnte Afrodeutsche in die »Bewegung« aufnehmen sollte. Auf Konzerten des Berliner Rap-Labels Aggro-Berlin pogen Nazihooligans zu harten sexistisch-homophoben Reimen. Der »freie Widerstand« unterlegt seine nationalen Aufmärsche mit frischen HipHop-Beats und empfiehlt den Kameraden antiamerikanische Rapsongs. Schließlich gibt es immer wieder antisemitische Punchlines – oft von arabisch- oder türkischstämmigen MCs. Auf der anderen Seite erzählen Migranten in ihren Texten ihre Geschichte der Migration nach Deutschland, Afrodeutsche wenden sich in ihren Lyrics gegen den deutschen Alltagsrassismus, und junge HipHop-Crews beschwören mit linksradikalen Reimen die Weltrevolution und bemühen sich um »politisch korrekten Battlerap«.

Der deutsche Sonderweg

Wirft man heute einen Blick zurück auf die Entwicklung von Rap in Deutschland, so scheinen sich einige amerikanische Phänomene zu wiederholen. Auch hierzulande begann HipHop als Jam-Kultur am Rande der Öffentlichkeit. Auch hier war es eine Rapgruppe (nämlich die Fantastischen Vier) von außerhalb der Szene, die durch ihren beispiellosen Erfolg das Interesse der Plattenfirmen weckte und Rap den Weg in den Mainstream ebnete.

Aber es sind v. a. die Unterschiede, die die Entwicklung von Rap in Deutschland ausmachen. Selbst im Vergleich zu anderen europäischen Ländern wie Frankreich oder England zeichnet sich ein deutscher Sonderweg ab. Wie an vielen anderen Orten beginnt HipHop in Deutschland zunächst als Minderheitenkultur, die v. a. von Kindern der ersten Migrantengeneration aufgenommen wird. Die ursprünglich als befristete ›Gastarbeit‹ geplante Anwerbung ausländischer Arbeitskräfte in den 1960er- und 1970er-Jahren sowie das auf dem Blutsrecht beruhende Staatsbürgerschaftsrecht der Bundesrepublik verhinderten eine Selbstwahrnehmung der BRD als Einwanderungsland. Eine Identifikation mit Deutschland als Nationalstaat war für viele so genannte Ausländer wesentlich problematischer als beispielsweise für maghrebinische Franzosen – besaß man doch weder politische Rechte noch einen deutschen Pass. Innerhalb der HipHop-Szene führte das dazu, dass viele Türken, Jugoslawen oder Italiener Deutsch als Rapsprache vorerst ablehnten. Man reimte in Englisch und in den Sprachen der

Herkunftsländer. Das führte zu der musikgeschichtlich bemerkenswerten Tatsache, dass türkischer, griechischer oder serbokroatischer Rap in Deutschland entstanden sind und von hier aus den Weg in seine Heimatländer fanden (das bekannteste Beispiel ist in diesem Zusammenhang die Erfolgsgeschichte der Gruppe Cartel).

Mit dem Erfolg der Fantastischen Vier 1992 wurde HipHop in Deutschland ein Fall für das Feuilleton der großen Zeitungen. Begriffe wie ›Deutschrap‹ oder ›deutscher HipHop‹ wurden von Journalisten entgegen den Szenerealitäten etabliert. Große Teile der Szene, die diesem »jung, deutsch und auf dem Weg nach oben«-Etikett (VIVA) nicht entsprachen, verschwanden aus dem öffentlichen Diskurs über HipHop. Im Jahr 2001 war ein vorläufiger Höhepunkt des Schreibens über HipHop im deutschen Kulturjournalismus erreicht. »Schön, dass auch HipHop in Deutschland zur neuen Mitte gefunden hat«, freute sich Thorsten Stecher in der *Zeit*. Die Dichternation entdeckt ihre Sprösslinge, die sich frech und ungeniert durch das Leben reimen: »Die verrückte Bewegung hat eine Art romantischer Renaissance bewirkt: Pubertierende Knaben führen ein Reimebuch mit und tragen alle naslang ihre Inspirationen ein, genau wie bewunderte Rapgrößen.«

Die Reime der heutigen bewunderten Rapgrößen taugen für den Eintrag ins Poesiealbum nicht mehr: »Ein Schwanz in den Arsch, ein Schwanz in den Mund, ein Schwanz in die Fotze, jetzt wird richtig gebumst«, dichtet Bushido auf seinem TopTen-Album (Electro Ghetto, 2004) und begeistert damit die Kinder im Reihenhaus wie im Jugendzentrum gleichermaßen. Großer Beliebtheit erfreuen sich auch die Künstler des Berliner Rap-Labels Aggro-Berlin. Der Sampler *Ansage Nr. 3* (Dezember 2003) wurde ein weiterer Verkaufsschlager der erfolgreichsten Independent-Plattenfirma Deutschlands. Die Rapper Sido, Fler, B-Tight und Bushido (damals noch Teil des Aggro-Teams) zelebrieren auf diesem Album das harte Gangsta-Leben in der Großstadt. Es dreht sich um Frauen, Geld und harte Sprüche (»Ich fick die Bräute und woll'n sie nicht schlucken, gibt's Schläge mit der Truppe«, »Neger bums mich, bums mich hart«, »Bis auf's Blut bin ich ein deutscher MC«). Die meisten der jungen Aggro-Fans stammen aus gutbürgerlichen Elternhäusern und sind in den höheren Schulen leistungsstarke Schüler: Sie finden das alles interessant, weil das halt »krass« sei und die Texte »irgendwie cool« wären.

Auf dem Frankfurter Label Fiftyfive veröffentlichte ein Rapper mit

Namen Über3ba im Sommer 2004 den Song »Lala«. Über3ba sage in diesem Track, so heißt es im Info, »den Großen der Weltpolitik« die Meinung. Und das geht so: »Ihr Juden, was schabt ihr denn so mit den Hufen, auch andere Chabos außer euch müssen bluten. Ich sag's wie Nazis, Jude riech an meiner Gasi! [...] Ich bomb Sharon an der Klagemauer und spreng Jerusalem zur After Hour ...« An einer anderen Stelle heißt es: »Nigger gehören auf die Plantage, weg vom Crack und weg von der Straße.« Über3ba selbst ist Afrodeutscher. Und die hier angeführten Zitate angeblich nur Provokationen: »Er spielt mit Vorurteilen der Gesellschaft genauso wie mit den Schlagzeilen der Medien und schickt einen so immer wieder in mediale Irrwege oder Sackgassen, bis man nicht mehr weiß, wo Oben und Unten ist und was wahr oder falsch ist.«

Mit seinem neuen Album *Electro Ghetto* ist der ehemalige Aggro-Berlin-Künstler Bushido Ende 2004 auf Platz 6 der Media Control Charts eingestiegen. Schon sein letztes Album (*Vom Bordstein bis zur Skyline*) war ein großer Independent-Erfolg (35 000 verkaufte Einheiten). Von Bushido stammen u. a. folgende Zeilen: »Ihr könnt lauter schreien, doch ich bin der mit dem harten Schwanz. Ich mach jetzt Ernst und bring Rap wieder ins Vaterland«; »Du Zigeuner, das Ghetto hat kein Platz für dich«; »salutiert, steht stramm, ich bin der leader wie a«. Als Intro zu dem Song »Gemein wie zehn« spielt Bushido einen Ausschnitt aus dem Film *American History X* ein: »Gut, es gefällt mir nicht, dass es inzwischen das tollste ist schwarz zu sein. Gut. Ich hasse diesen HipHop Nigger Einfluss auf die weiße Rasse.« Bushido ist Deutsch-Tunesier und bezeichnet sich selbst als Straßenkind.

Um zu verstehen, wie sich aus dem erfolgreichen Mittelstandsprojekt Deutschrap eine deutsche Spielart von Gangsta-Rap entwickeln konnte, die nicht nur einen extremen sexistisch-homophoben Einschlag hat, sondern auch das Provokationspotenzial nazistischer Metaphern gezielt nutzt, lohnt sich ein Blick zurück auf die Entwicklung der letzten Jahre.

Nazimetaphern, Rassismus und Neue Härte im deutschen Battlerap

»Die Idee einer rechtsradikalen Unterwanderung der HipHop-Szene ist eine lobenswerte, wenngleich auch nicht unumstrittene Idee weitsichtiger aktiver Kameraden« – so beginnt der Eintrag eines Neonazis, der sich an der Debatte der Internetseite »Nationales Forum« über die »Nationalisierung des HipHop« beteiligt. Innerhalb der ersten drei Wochen wurden dort ca. 120 Einträge gepostet. Die Diskussion im Forum wird von einem Forumsleiter überwacht und gesteuert. Schon im Winter 2001 hatte die nationale Szene Wind bekommen von der neuen Metaphernkultur im Deutschrap. »HipHop wird schneller weiß als man denkt«, titelte das Nazimagazin *Rocknord* auf seiner Homepage. V. a. die seit dem Erfolg des afrodeutschen Künstlerkollektivs Brothers Keepers immer selbstbewusster vorgetragenen offen rassistischen Ressentiments vieler »Underground MCs« tragen dazu bei, Deutschrap als Jugendkultur loszulösen aus dem Kontext »schwarzer Kultur« und auch für Rechte interessant zu machen. Längst schon ist es im Talk der deutschen HipHop-Youngsters üblich, das Wort »Nigger« in Freestyle-Reimen, Texten, als Anrede oder Begrüßung zu benutzen. Die Rulemodels der deutschen Rapszene machen es vor. Die West-Berliner Crew M.O.R. beispielsweise verwendete das N-Wort in jedem zweiten Satz. Aber auch in anderen Städten etablierte sich nach und nach eine Diss-Kultur, die sich nicht zu schade war, in ihren Attacken auf afrodeutsche MCs wie Samy Deluxe, Afrob oder Meli Worte wie »Niggerbonus« oder »primitiver Neger« zu benutzen. Da solche Reime in der Szene als battlerap-immanenter Tabubruch gehandelt werden, überrascht es nicht, dass sich die neue deutsche Metaphernhärte auch in Auschwitz- und Hitlervergleichen manifestierte. Ronald Mac Donald, Rapper bei M.O.R., lockt »wack MCs« in »Gasduschen« und jagt »Kinder ins KZ«; ein Hannoveraner namens Denana behauptet auf einem Rapsampler mit dem Titel *Streitkraft*, »meine Gang sind Jungs mit SS-Tattoo und Trenchcoat«; auf einem Mixtape fordern Dresdener Rapper: »Skills en Masse, ab ins Gas«; und ein anderer Rapper betitelt sein Battlerap-Tape mit *Mein Kampf*.

Krauts with Attitude

Von vielen als harmlose Entgleisung abgetan, werden solche Tendenzen im Deutschrap bei einer Weitung der Perspektive u. a. als Teil einer Erzählung über nationale Identität erkennbar. Die Ausgrenzung afrodeutscher Künstler und das Bemühen um eine genuin deutsche Version von HipHop sind keineswegs neue Phänomene. Der theoretische Diskurs über nationale Identität, über ein neues deutsches Selbstbewusstsein und über eine Abgrenzung von »den Amis« fand seinen Anfang nicht in der HipHop-Szene selbst, sondern wurde von Außenstehenden an die Szene herangetragen. Erst mit dem kommerziellen Erfolg von Deutschrap 1992/93, erst nach der Spaltung der Bewegung in »Neue Deutsche Reimkultur« und »Oriental HipHop« gab es auch innerhalb der Szene Aktivisten, die diese deutschtümelnde Rhetorik übernahmen. Aktueller Ausdruck dieses Bemühens ist die Neuauflage der Diskussion über eine Quotenregelung für deutsche Künstler im Hörfunk.

Fremd im eigenen Land

Keine deutsche HipHop-Crew wurde so oft gesamplet wie Advanced Chemistry. Eine besondere Zitatgeschichte kommt in diesem Zusammenhang dem Refrain von »Fremd im eigenen Land« zu, dem Titel der gleichnamigen Single, die die Band 1992 auf eigene Faust releaste. 1995 veröffentlicht die HipHop-Gruppe ANTI aus Schneeberg eine Platte, die sie *Ostpower* nennt. Anliegen der Rapper ist es, auf ihre Position als »Menschen zweiter Klasse«, genauer gesagt, als Deutsche zweiter Klasse, aufmerksam zu machen. Sie fühlen sich als Ostdeutsche »Fremd im eigenen Land«, fremd im wiedervereinigten Deutschland, das sie nicht wie »richtige Deutsche« behandele. Deshalb zitieren sie Advanced Chemistry und samplen von deren Klassiker »Fremd im eigenen Land« (»nicht anerkannt, fremd im eigenen land, kein ausländer und doch ein fremder«). In ihren Lyrics beklagen sich die beiden Rapper, dass man sie »wie Asylanten« oder wie »Ostnigger« behandle, und das, obwohl ihre »Hautfarbe weiß« sei. »Wo sind sie hin, unsere deutschen Verwandten«, fragen sich ANTI. Innerhalb der HipHop-Szene hat diese Gruppe nie eine Rolle gespielt, und sie wurden mit ihren Inhalten von den meisten abgelehnt. Dennoch ist es bemerkenswert, wie selbstverständlich hier die HipHop-Erzählung von Unterdrückung und Ausgrenzung, die in erster Linie eine Erfahrung von Afroamerikanern war, von ANTI mit einer nationalistischen deutschen Erzählung verknüpft wird. Nicht weniger beunruhigend ist die Tatsache, dass die ANTI-Rapper in Bezug auf die HipHop-Kultur keine Randposition haben. Angefangen bei Beat Street, über Run

DMC bis hin zu Public Enemy haben ANTI keine Station einer klassischen HipHop-Sozialisation ausgelassen. Nachdem sie die Fantastischen Vier als Vorgruppe von Run DMC live gesehen hatten, gingen sie dazu über, auch auf Deutsch zu texten. In Schneeberg waren sie zudem Teil einer lokalen Szene, die auch aus B-Boys und Graffiti-Writern bestand.

I don't wanna be called »Yo, Nigger«!

Heute ist die Situation unübersichtlicher. Die Tatsache, dass ein afrodeutsches Projekt wie Brothers Keepers mit offensiven, antirassistischen Inhalten erfolgreich war, gleichzeitig aber von Rappern ins Visier genommen wurde, die diesen kommerziellen Erfolg u. a. mit rassistischen Battlereimen attackierten, brachte die bisherigen Bezugssysteme durcheinander. Plötzlich führte ein Rapper wie Ronald Mac Donald von M.O.R. (der z. B. reimt »Affen wie Afrob fliehn aus dem Zoo und halten sich für MCs«) die schützende Aura eines Untergrund-MCs mit sich, der von einem Großteil der Szene als authentisch empfunden wurde. Samy Deluxe stand mit seinem Erfolg unvermittelt auf der Seite des bösen Kommerzes und wurde von weißen deutschen Freestylern als »Selloutnigger« beschimpft. »Ich hab kein Problem damit, wenn die mich dissen«, meint Afrob in Hinsicht auf diese Entwicklung der Battlekultur, »aber wenn es anfängt mit ›Affen wie Afrob ab in den Zoo‹ – das ist Naziideologie, da hört's einfach auf. Ich geh auf eine Black Music-Veranstaltung, und die Leute kommen zu dir und sagen ›Scheißnigger‹, und diese Leute hören HipHop, Black Music. So etwas gibt es. In Dortmund auf einem Konzert hat ein Typ unseren Wagen mit einem Hakenkreuz zerkratzt und darunter ›Republikaner‹ geschrieben. Auf einem anderen Konzert sagt ein Typ zu mir: ›Guck mal, schon wieder ein Neger.‹ Das geht gerade in eine schlimme Richtung.«

Neue Deutsche Battlehärte

Dass wir es bei den rassistischen Battlelyrics der hier zitierten Rapper nicht mit einer organisierten neuen rechten Ideologie im HipHop zu tun haben, steht außer Frage. Mit ihren Aussagen konfrontiert, ist die stereotype Antwort vieler MCs: Das ist Battlerap und nicht so gemeint.

Oder es gibt eine Belehrung in Sachen Rassenkunde. Man solle die rassistischen Statements nicht ernst nehmen, da der betreffende Rapper ›Halbtürke‹ oder ›Halbitaliener‹ oder ›Schwarzer‹ sei. Dass bei Tapebetitelungen wie *Mein Kampf* nicht nur Antifaschisten mulmig wird, sondern auch die organisierte Rechte aufhorcht, macht das Dilemma deutlich. Durch ihre neue deutsche Battlehärte tragen viele MCs dazu bei, dass Nazimetaphern und rassistische Klischees szenefähig und schließlich Teil der Jugendsprache werden. Die Naivität und Arglosigkeit der meisten Szenevertreter dieser Entwicklung gegenüber wirkt umso erschreckender, wenn man die nüchterne Debatte verfolgt, die in nationalen Kreisen zu diesem Thema geführt wird. »Also ich meine HipHop ist nicht wesentlich weniger undeutsch als Rock«, argumentiert ein ›Kamerad‹ im Nationalen Forum. »Die gesamte Rock-, Pop- und Was-weiß-ich-Musik basiert doch auf schwarzem Rhythm& Blues. Und selbst ›Weiterentwicklungen‹ wie Heavy Metal oder Oi-Rock haben im Endeffekt schwarze Wurzeln, sind also nur dadurch ›rechts-kompatibel‹ geworden, weil man sie ›okkupiert‹ hat.« Wer sich in Anbetracht solch differenzierter Hijackpläne von Seiten der organisierten Rechten immer noch auf die Behauptung zurückzieht, HipHop sei aufgrund seiner ›schwarzen Wurzel‹ per se gegen rechte Vereinnahmungsbestrebungen gefeit, der leistet einer unverantwortlichen Tatenlosigkeit Vorschub. Ob die genannten Battlereime nun so gemeint sind oder nicht, ob die besagten MCs Deutsche sind oder Türken oder aus Taka-Tuka-Land kommen – all das spielt keine Rolle in dieser Entwicklung. Was bleibt, ist eine Szene, die anfängt, über ihren Sprachgebrauch ein Klima zu schaffen, in dem Nazi-Rap überhaupt erst möglich wird.

In Baggypants fürs Vaterland – schwarze Musik und rechte Hörer

»Neonazis und Skinheads haben im vergangenen Jahr bundesweit Anhänger hinzugewonnen«, teilt der Niedersächsische Verfassungsschutz im Jahr 2002 mit. V. a. die »ernorme Ausweitung der rechtsextremen Musikszene« macht dem Landesinnenminister Heiner Bartling Sorgen. Um diesem Trend entgegenzuwirken, soll die Altersgrenze für die Überwachung Jugendlicher von 16 auf 14 Jahre gesenkt werden. Diese vordergründig konsequent erscheinende Maßnahme wirft jedoch einige Fragen auf. Denn der Verfassungsschutzbericht operiert mit Kategorien, die in mancher Hinsicht obsolet geworden sind. Die Mitgliedschaft in einer neonazistischen Organisation, das äußere Erscheinungsbild oder die Affinität zu rechter Skinheadmusik reichen längst nicht mehr aus, um einen »rechtsradikalen Jugendlichen« zu beschreiben. Das Vertrauen auf die herkömmlichen Dechiffrierungscodes täuscht eine Situation der Übersichtlichkeit vor, die spätestens seit Beginn der 1990er-Jahre so nicht mehr existiert. Aber das Bild hat sich in die Köpfe der Menschen gebrannt: Der kahl geschorene Skinhead mit Mörderblick, Bomberjacke und Springerstiefel. Regelmäßig sieht man es durch die Medien geistern, wenn wieder über einen NPD-Aufmarsch berichtet wird. Trotz ihrer bedrohlichen Qualität vermittelt der Subtext solcher Bilder eine beruhigende Nachricht: Diese neandertalesken Horden sind keine ernst zu nehmende Bedrohung. Auch in den Köpfen vieler Linker ist diese Einschätzung präsent. Gerade das Vertrauen auf ein Funktionieren sub- und popkultureller Codes führt zu einer trügerischen Sicherheit. Besonders brisant wird diese Fehleinschätzung, da sich seit einiger Zeit die Anzeichen für eine rechtsradikale Unterwanderung der HipHop-Szene häufen.

Nationaler HipHop?

Das Neonazi-Magazin *Rocknord* platzierte im November 2001 auf seiner Internetseite www.rocknord.de einen Artikel mit der Überschrift »HipHop wird schneller weiß als man denkt«. Dort waren einige rassistische Punchlines und Nazimetaphern von Rappern wie Ronald Mac Donald von M.O.R. aus Berlin oder MC Denana aus Hannover zusammengetragen worden. Offenbar haben die Neonazis Geschmack an den Bildern gefunden, die sich die Battle MCs hatten einfallen lassen – angeblich um Tabus zu brechen oder ihre Härte und Unerbittlichkeit im verbalen Kampf zu demonstrieren. Der *Rocknord*-Artikel wurde bald von anderen Neonazi-Seiten im Internet übernommen. Auf www.propatria.org entwickelte sich die umfangreichste Debatte zu dem Thema »Nationaler HipHop«. Über knapp drei Monate hinweg diskutierten Neonazis dort Strategien einer Unterwanderung der HipHop-Szene. »Lieber einen vernünftigen nationalen HipHopper als einen Pitpull-Germany-Schlager-Skin«, bringt ein ›Kamerad‹ seine

Meinung auf den Punkt. Überhaupt beweisen die Postings, dass sich die meisten Neonazis am allgemeinen kulturellen Schick orientieren und keinerlei Berührungsängste mit Genres haben, die lange Zeit als exklusive Versatzstücke linker Identität galten. »Heil euch! Ich war letzten Monat auf einem Konzert, und da war eine Newcomer-Band, die hatten einen Klamottenstil wie HipHopper!«, schreibt ein Besucher des propatria-Forums. »Ich habe auch erst gedacht, was sind das denn für welche? Aber Respekt, die Musik war geil.« Auch auf der theoretischen Ebene ist man auf propatria nicht um Antworten verlegen: »Schaut euch auf den Straßen um. Sehr viele Jugendliche sind Hip Hopper, die Schulen sind voll davon! So etwas darf sich die Nationale Bewegung nicht entgehen lassen. Wenn es nationale Leute gibt, die das wirklich richtig gut drauf haben, dann spricht absolut nichts dagegen. Ich vermute sogar, dass wir damit sehr, sehr viel erreichen könnten!«

Die letzte Bastion

Für Christian Dornbusch, wissenschaftlicher Mitarbeiter der Arbeitsstelle Neonazismus an der Fachhochschule Düsseldorf und Mitherausgeber des Buches *RechtsRock* (2002), sind solche Statements nichts Neues. Seit 1990 beschäftigt er sich mit rechter Musik und konnte beobachten, wie die RechtsRock-Szene einerseits wuchs, andererseits aber ihr Profil deutlich veränderte: »Die Musik wurde weiter gehört, und die Szene ist auch weiter gewachsen. Verschwunden war das markante Bild des Nazi-Skinheads von der öffentlichen Bühne und wurde ersetzt von Menschen, die ganz normal aussehen und trotzdem extrem rassistische bis neonazistische Musik hören.« Über die aktuelle Entwicklung im Deutschrap ist Christian Dornbusch deshalb nicht erstaunt. Auf einer ästhetischen Ebene hat die rechte Szene eine Annäherung an die HipHop-Mode ohnehin schon vollzogen. »Was ich schon erlebt habe ist, dass da ein Jugendlicher sitzt, der aussieht, als hätte er sich gerade in einem HipHop-Szeneladen eingekleidet und auf seinem Rucksack prangt ein Aufnäher der neonazistischen Band Landser«, erzählt Dornbusch in diesem Zusammenhang. Er weiß, dass die Vordenker der Neuen Rechten die Bedeutung sub- und popkultureller Strömungen für ideologische Arbeit längst erkannt haben: »Es ist deutlich zu beobachten, wie extrem rechte Ideologiefragmente Stück für Stück in all den anderen Musikstilen und -szenen auftauchen. Und diese Geschichte ist noch nicht zu Ende. Das Nächste, womit wir sicherlich rechnen können, ist rechter HipHop«.

In der HipHop-Szene selbst sträubt man sich vor einer ernsthaften Auseinandersetzung mit solchen Tendenzen. HipHop sei eine ›schwarze‹ Kultur, die HipHop-Lebenseinstellung, die Ästhetik der Klamotten usw. sei nicht kompatibel mit dem Geschmack rechtsradikaler Jugendlicher – so oder ähnlich lauten die Argumente der HipHop-Fans, die auf den Internetforen der einschlägigen Rapseiten auch über dieses Thema diskutieren. Wieder schimmert hinter solchen Argumenten das antiquierte Bild vom Baseballschläger schwingenden Nazi-Hooligan hervor. Aber die Grenzen sind längst verschwommen. HipHop ist im Gegensatz zu Rock, Reggae/Ska, Techno, Metal und Dark Wave die letzte Bastion, in der die Neue Rechte noch nicht Fuß gefasst hat. Die aktuelle Entwicklung im deutschen Battlerap verweist darauf, wie wenig die Szene einer solchen zu erwartenden Unterwanderung entgegenzusetzen hat. Die inhaltliche Beliebigkeit und der Verlust eindeutiger politischer Standpunkte öffnen die deutsche HipHop-Szene mehr und mehr der Klientel der Neuen Rechten.

Dass die Neue Rechte wenig Berührungsängste, dafür aber eine frische Neugierde zeigt, wenn es um ›deutschen‹ HipHop geht, zeigen die Reaktionen auf einen Song des Berliner Rapper Akte One, der 2003 sein Album beim renommierten Undergroundlabel Bassboxx veröffentlicht hat. Akte One rappt dort: »Mann, Deutschland erwache! [...] Siehst du nicht, was der Ami vorhatte, als er dich aufbaute für seine eigene Sache?« Und: »Unser Land ist so schwach, weil es ständig nachgibt. Meiner Generation tut's Leid, was ihre Ahnen getan haben, aber muss mein Kind jetzt leiden und nur noch im Ami-Arsch graben? Immer ›ja und Amen‹ sagen? Amerikanische Namen tragen? Auch so'n Psycho-Schaden haben und die Kultur seiner eigenen Art verraten? Für was denn?! Egal über was man spricht, egal ob Rap oder nicht, Anglizismen erobern unsere Sprache wie nichts.« Im Refrain bleibt Akte dann auch konsequent: »Das ist Deutschrap! Deutsche Produktion, deutscher Text. Deutsche Probleme in Szene gesetzt.« Der Song »Deutschrap« mit dem dazugehörigen Video avancierte zum Download-Tipp der Neonazi-Webside Nationales Forum: »Wenn es sein muss, dass ich schwarze Musik mit deutschen Texten spielen muss, um das Volk zu wecken, dann tue ich es. Jedes Mittel ist mir recht, um mein Land und Volk zu befreien«, schreibt dort ein Besucher und empfiehlt seinen Kameraden: »Das Rap Video ›Deutschrap‹ ist doch ziemlich geil, vom Text her. Ich kenne da einige etablierte nationale Bands, welche wesentlich schlechtere Texte haben.«

Auf einer Podiumsdiskussion in Berlin im Juni 2004, die von der Mobilen Jugendarbeit OUTREACH organisiert wurde, ging es um die Frage, ob sich im deutschen HipHop langsam »amerikanische Verhältnisse« durchsetzen. Zunehmende Gewalt auf Rapveranstaltungen gab den Anlass für diese Veranstaltung. Mit auf dem Podium war der Berliner Sozialarbeiter Olaf Kessler, der von einer Abwanderung Jugendlicher aus der rechten Szene in HipHop-Zusammenhänge berichtet. Auf seine Beobachtung wird nicht weiter eingegangen. Lediglich das HipHop-Magazin *Backspin* greift in seiner September-Ausgabe (2004) Kesslers Aussage auf und schreibt: »Die Vorstellung, dass Nazis ihre Bomberjacke ablegen und stattdessen in Baggypants steigen, mag auf den ersten Blick absurd anmuten – ganz abwegig ist sie nicht. Ein Großteil der ganz jungen HipHop-Fans weiß erfahrungsgemäß wenig bis gar nichts über Hintergründe, Werte und Geschichte der HipHop-Kultur. Für sie ist HipHop hauptsächlich ein Modestil, mit dem man sich bequem einer Identität zuordnen kann. Ein Wechsel vom Nazi zum HipHop-Fan wäre somit kein Wandel der Denkweise, sondern lediglich eine Kleiderfrage.«

Das »Mein Block«-Phänomen: Vom Männerbund zur »Ich-Armee«

Noch vor kurzem wurde das Bild vom deutschen Großstadt-Ghetto in den Popmedien als pubertäre Wannabe-MC-Phantasie verspottet. Inzwischen ist die Erzählung vom Ghetto zu einer Selbstverständlichkeit geworden. Mehr noch: Im deutschsprachigen Rap zeichnet sich ein symbolischer Kampf ab um diesen vorgeblich einzigen Ort, von dem aus authentisches Sprechen möglich ist.

Erinnern wir uns: Vor fünf Jahren schockte die Formation WestBerlinMaskulin die HipHop-Szene mit Pimplyrics. Rap in Deutschland sei »schwul« und er, Kool Savas, angetreten, ihn wieder männlich und hart zu machen. Ziemlich schnell aber stellte sich heraus, dass Savas selbst gar nicht so war, wie seine Reime es vermuten ließen: Der King of Rap liebt Tiere, hat eine feste Freundin und möchte, dass seine Kinder später mal auf dem Land aufwachsen. Auch das Berliner Untergrundlabel Royalbunker konnte seinem Versprechen, die Schluss-mit-lustig-Alternative im Rap-Biz zu sein, nicht gerecht werden. Die wegen ihrer harten Tabubrüche bekannt gewordenen Rapper der M.O.R-Crew. entpuppten sich als schrullig-harmloser Freundeskreis von Battle-begeisterten Jugendlichen und Bunkerchef Staiger als geschäftstüchtiger Schwabe.

Mit seinem Mainstream-Erfolg im Jahr 2003 weckte Kool Savas allerdings das Bedürfnis nach echter Härte, nach einer Brutalität der Sprache, die sich mit der Brutalität des Lebens deckt. Das bedienten schließlich Rapper wie Sido, B-Tight, Fler, Bushido – das Label Aggro Berlin trat auf den Plan. Zwölfjährige Waldorfschüler standen plötzlich bei Konzerten in der ersten Reihe und skandieren auf den Zuruf »Wer hat seinen Schwanz in deinem Arsch?« begeistert: »Aggro-Berlin! Aggro-Berlin!« Sido & Co punkten nicht nur bei bürgerlichen Kids. Spätestens mit »Mein Block«, der ersten Single-Auskopplung aus Sidos Debütalbum *Maske*, ist der Berliner Gangsta-Sound auch bei den Pimps und Hustlern vor Ort angekommen. An diesem Erfolg hat das Video zu »Mein Block« einen wesentlichen Anteil. Die wechselnde Kameraperspektive lässt ein berauschendes Gefühl zwischen Ohnmacht und Allmacht, zwischen Tristesse und Faszination entstehen. Die unerhörte Behauptung, im Märkischen Viertel, dieser Endstation der gesellschaftlichen Verlierer, gehe die eigentliche Party ab, wird genährt durch Bilder, die Abenteuer und orgiastischen Sex versprechen. Gleichzeitig wird der Betrachter auf Distanz gehalten. Der Fluss der slicken 16-Stockwerk-Erzählung wird durch Einblendungen drohender Jungmänner unterbrochen, die signalisieren: Hier kommt nicht jeder rein!

Spätestens seit »Mein Block« ist das Sprechen über Ghettos in deutschen Großstädten keine Lachnummer mehr. Man kann das als progressiv interpretieren und behaupten: Diese Bilder haben die Existenz sozialer Brennpunkte in den medialen Diskurs gespeist. Oder: Die Bourgeoisie hat ein Problem, wenn ihr Nachwuchs zum Feiern ins Märkische Viertel will. Andererseits reproduziert Sido in seiner Darstellung alle Klischees: Sein Ghettobild forciert die voyeuristische Vorstellung entfesselter Triebhaftigkeit. Das Viertel wird zum exotischen Stammesgebiet der Boyz ’n the Hood, die ihr Revier mit Pitbulls durchstreifen auf der Suche nach Drogen, Sex und Gewalt. Frauen kommen, wenn überhaupt, als Nutten vor. Strukturelle Gewalt, ökonomische Realitäten, die Situation der Familien, Rassismus und andere Probleme werden ausgeblendet. Wer es bei dieser zoologischen Perspektive belässt, tappt in die Reality-Show-Falle.

»Mein Block« war der Startschuss für einen Kampf um das authentische Ghetto. Aus der Flut der Plagiate ragt die Version des Frankfurter Rappers Azad heraus, der seine Nordweststadt in einem düsteren Video zum gefährlichen Endzeitort stilisiert. Wurde der Zuschauer von Sido noch durch die Winkel des Märkischen Viertels geführt, so hat man bei Azad das Gefühl, einer versteckten Kamera zu folgen, die verbotene Szenen filmt. Frauen kommen in Azads »Mein Block«-Version gar nicht mehr vor. Die Männergemeinschaft formt sich hier zu ihrer archaischsten Figur: Waffen schwingendes Kriegsvolk, das sich hinter seinem Führer schart.

Die Tendenz der Militarisierung des männlichen Körpers findet in der Inszenierung eines Bushido seinen vorläufigen Höhepunkt. Dem ehemaligen Aggro-Berlin-Rapper (jetzt Universal) dienen als Kulisse für sein Video »Electro Ghetto« keine bewohnten Viertel mehr, sondern zerbombte Hochhauslandschaften. Zu einem sexistisch-homophoben Vokabular gesellt sich im Refrain die Forderung nach der größten historisch vorstellbaren Unterwerfung: »salutiert, steht stramm, ich bin der leader wie a!« Bushido agiert nicht mehr mit Kriegsvolk im Rücken: Er ist der Einzelkämpfer, der verbrannte Erde hinterlässt. Das Video verzichtet auf ghetto-authentische Referenzen, denn Bushido lässt alles auf sich selbst zurückfallen und verspricht: Nicht mein Viertel ist der bedrohliche Ort. Die Bedrohung bin ich selbst, die Ich-Armee. Auffällig ist, dass sowohl im Azad-Video als auch in Bushidos Clip die Abwesenheit von Frauen durch eine Überinszenierung der Männerkörper kompensiert wird, die eine homoerotische Qualität mit sich bringt. Fehlen Frauen zur Veranschaulichung der eigenen Machtstellung, wird die Penetration fremder Männerkörper imaginiert. Das reicht von der platten Drohung, seine Feinde zu »ficken«, bis hin zu einer grotesken Szene in Bushidos Video, als plötzlich ein Hanteln stemmender Muskelmann auftaucht, den Bushido mit dem Satz vorstellt: »du kannst gern bei bernd blasen«.

Die Tatsache, dass Aggro-Berlin bei einigen HipHop-Headz inzwischen als Blümchenrap-Label gehandelt wird und Rapper wie Kalusha aus Berlin gezielt in diese Kerbe hauen (»aggro, ihr seid keine echten gs, ich kenn keinen von euch aus der gangsta-scene«, »ich prügel sido zum krüppel und häng ihn an'n baum mit meinem gürtel«) zeigt, dass sich die Fronten weiter verschieben. Der verbal-visuelle Kampf um männliche Dominanz und Definitionsmacht im Rap kann auch in ganz profane Gewalt umschlagen, wie die Prügelei zwischen Azad und Sido auf dem diesjährigen HipHop-Open in Stuttgart klar gemacht hat. Die verlockende Aussicht, aus einer »realen« Körperverletzung vermarktbares symbolisches Kapital zu schlagen, wird im nächsten Jahr sicher nicht zur Abrüstungsbereitschaft der Männerbünde und Ich-Armeen beitragen.

IV.

Global/Local Space

offline/online

Waldemar Vogelgesang
(unter Mitarbeit von Stefan Maßmann)

Thrillen und Chillen in ›coolen‹ Umgebungen

Vom LAN-Hallenkampf bis zum Flirtspiel auf dem Dorf

Wenn ein Phänomen die jugendliche Lebenswelt nach dem Zweiten Weltkrieg verändert hat, dann ist es die Fülle, Vielfalt und Transität von Jugendkulturen. Zwar gab es auch davor jugendkulturelle Gesellungsformen, etwa die Wandervögel um die Jahrhundertwende, die Wilden Cliquen der Weimarer Republik oder die Swinger und Edelweißpiraten in der NS-Zeit, aber in der jüngeren Vergangenheit ist es zu einem regelrechten Boom gekommen: Skater, Sprayer, Skinheads, die jugendlichen Fans von Fernsehserien, Computerfreaks und nicht zuletzt die Anhänger der unterschiedlichsten Musikgruppen und -stile bestimmen den Jugendalltag. Mehr als ein Drittel der Jugendlichen rechnet sich gegenwärtig einer spezialisierten Szene zu, wobei der Anteil noch größer wird, wenn man die szenischen Sympathisanten, die in der neueren Jugendforschung von den beiden Jugendsoziologen Axel Schmidt und Klaus Neumann-Braun als »Ajos = Allgemein Jugendkulturell Orientierte« bezeichnet werden, mit hinzunimmt.

Medienvorlieben und Körperstyling, Sprache und Gestik, Wohnformen und situationales Environment sind dabei die elementaren Bedingungen für die Entfaltung, aber auch Unterscheidung der verschiedenen Jugendkulturen. Ihre vielfach demonstrativ-provokativen Praktiken und Symbole signalisieren exklusive Identitätszeichen und Raumautonomie, letztlich besetztes Terrain, in dessen szenischem Rahmen die Insider einerseits als eigenständige Gestalter lebensweltlicher Bezüge und Ordnungen in Erscheinung treten, andererseits aber auch eine sichtbare und expressiv-ausdrückliche Abgrenzungs- und Absetzbewegung auf soziokultureller Ebene vornehmen.

Dass unter stilistischen Selbstinszenierungen und räumlichen Aneignungsformen weit mehr zu verstehen ist als – in der Sprache der Sozialökologie – »umweltbezogene Eigenaktivitäten«, soll exemplarisch an der Transformation von unterschiedlichen Szenen-Settings zu den *cool places* der Jugendlichen – ein programmatischer Begriff von Tracey Skelton und Gill Valentine – verdeutlicht werden. Die Auswahl orientiert sich dabei am Kontrastprinzip: Denn zwischen den – im Folgenden näher dargestellten – Inszenierungspraktiken und räumlichen Performanzmustern der spielkulturell geprägten LAN-Partys und dem brauchkulturell verwurzelten so genannten Lehenausrufen liegen nicht nur Welten, sie repräsentieren auch eigene Welten.

Performative Raumaneignung und theatrale Selbstinszenierungen in Jugendszenen I:

LAN-Partys zwischen neuem Jugendkult und eventisiertem Sozialraum

Zu den größten Fangruppierungen im jugend- und medienkulturellen Raum zählen derzeit jene Computerspieler, die im Multiplayer-Modus ihren Erlebnishunger gemeinschaftlich stillen. Denn ganz gleich ob Schach, Fußball, Poker, das Ballerspiel *Quake*, das Kriegsspiel *Command & Conquer* oder das Simulationsspiel *Siedler*, diese Spiele finden immer häufiger auch auf untereinander (selbst)vernetzten Computern statt. Von zwei bis über 1000 Spieler kann dabei die Gruppengröße erreichen. Allerdings lassen sich – in Abhängigkeit von der Gruppenstärke – verschiedene Gesellungstypen unterscheiden, die den LANs (= Lokal Area Networks) als neuen Formen selbst initiierter und eventisierter Raumgestaltung ihr besonderes Gepräge geben.

LAN steht für ein Netzwerk von Computern, das Jugendliche im Rahmen von Partys dazu nutzen, miteinander und gegeneinander verschiedene Computerspiele zu spielen. Und was passiert auf solchen LAN-Partys? Sie dauern mindestens ein Wochenende: Samstagsmorgens trudeln bereits die ersten Jugendlichen ein, die von ihren Eltern oder Freunden gebracht werden, nur wenige kommen mit dem eigenen Auto, da die meisten unter 18 Jahre alt sind. Die Spieler laden ihre Computer und prall gefüllte Kühltaschen aus – und alles, was sie sonst noch für wichtig ansehen, damit sie und ihr Spielequipment die kommende Hitzeschlacht unbeschadet überstehen können: Ventilatoren, Schlafsäcke, Ersatzkleidung und Glücksbringer gehören zur Grundausstattung, ein Minibackofen oder ein Zelt dagegen doch eher zu den exotischen Mitbringseln.

Viele kennen sich persönlich, da sie gemeinsam zur Schule gehen oder sich auf anderen Veranstaltungen bereits begegnet sind, manche dagegen nur unter dem *nickname* (kurz: nick) – einem Tarnnamen, den sie im *virtual life* des Internets verwenden –, wobei sich hier nun die Gelegenheit bietet, die entsprechende Person auch einmal im *real life* kennen zu lernen – und natürlich auch deren Geräteausstattung. Denn viele Computer sind sehr auffällig umgestaltet: So haben einige LAN-Teilnehmer das Logo ihres Lieblingsspiels in das Gehäuse gesägt, andere verwenden ein durchsichtiges, das den Blick freigibt auf ein mit Leuchtdrähten ausgestattetes Innenleben, und zu den ganz exotischen Eigenkreationen zählen fraglos Computer, bei denen die Einzelbestandteile in einem Holzgestell, einem Alukoffer oder einer Bierkiste Platz gefunden haben. Auch wenn nicht alle Computer so spektakulär umgestaltet sind, so hat doch ein jeder irgendwie seine eigene Note, und wenn es nur Glücksbringer und Luftballons sind, die man am Monitor befestigt hat, oder Aufkleber aus den Juniortüten von McDonald's, die im Laufe der beiden Spieltage reichlich Zuspruch finden.

Sieht es am Morgen in der Halle noch nach einem Familienfest aus, so ähnelt das Ganze am Nachmittag eher der NASA-Leitzentrale: komplett verdunkelt und nur erleuchtet von etwa 120 Computermonitoren und einer Bildfläche, auf die ein Videobeamer die aktuellen Informationen zum Turnierablauf projiziert. Mittlerweile haben die meisten hinter den Bildschirmen Platz genommen. Auch die *Orgas* (Organisationsteams) sind nun auf ihren Plätzen in der Nähe der Steuerungscomputer, die sie selbst aufgebaut und funktionsfähig gemacht haben. Wenn Intranet- sowie Gameserver störungsfrei laufen, kann das Spiel beginnen; einen eigentlichen Turnierstart gibt es jedoch nicht, irgendwann wird es in der Halle ganz einfach leise und die Spieler sind im Spiel vertieft.

Zwischen den Spielern herrscht eine rege Kommunikation. Per Headset, einer Kombination aus Mikrophon und Kopfhörer, tauschen die Spieler untereinander Informationen aus und wirken dabei wie Fluglotsen oder Mitglieder eines Call-Centers, die kurz und knapp Anweisungen übermitteln. Gespielt wird im Multi-Player-Modus, also in kleinen Gruppen, die sich gegenseitig mit allerlei Tricks und Finten auszumanövrieren suchen. Jeder der Beteiligten hat eine schier unendliche Fülle von digitalen Landschaften, in denen gespielt wird, genau vor Augen.

Exakte Kenntnis des – vorrangig gespielten – Games *Counterstrike* (CS) wird vorausgesetzt, die Regeln müssen beherrscht werden, um sich hierin dann auch bewegen zu können. Z. B. eine Mauer, die so hoch ist, dass man nicht über sie hinüberspringen kann: einfach die Space-Taste drücken. Aber wer zur Verbesserung seiner Treffsicherheit einen *aim bot* einsetzt, also ein kleines Zusatzprogramm, das dafür sorgt, dass die Kugeln den Gegner auch wirklich treffen, dem wird der Rechner sehr schnell vor die Halle gestellt. Wer auf diese oder ähnliche Weise die CS-Regeln verletzt – in der Sprache der Fans heißt dies, bei einem *cheat* erwischt zu werden –, der manövriert sich selbst ins Abseits. Und die gänzlich Unverbesserlichen stehen auf einer schwarzen Liste, die den LAN-Organisatoren bestens bekannt ist. Sich Regeln geben und diese auch zu befolgen, das ist für das Spielen wie für die LAN unverzichtbar. Dagegen helfen blindes Ballern oder Alleingänge niemandem weiter.

Zu Ende geht die LAN genauso, wie sie angefangen hat. Nach der großen Preisverleihung, bei der es auch einen besonders starken Applaus für die Orgas gibt, verlassen die Jugendlichen nach und nach die Halle. Man unterstützt sich beim Abbau gegenseitig und hat so nochmals Gelegenheit, einen interessierten Blick auf die Hardware der anderen zu werfen. Der Abschied ist herzlich und für viele bereits mit einer Verabredung für die nächste LAN verbunden. Draußen warten bereits die Eltern oder Freunde, die die Gerätschaften in Empfang nehmen und im Auto verstauen.

Die Ursprünge des LAN-Booms, wie er sich heute als fester Bestandteil der Jugendkultur zeigt, liegen im privaten Bereich. Es waren jugendliche Computer- und Spielefreaks, die – ganz entgegen dem immer wieder popularisierten Stereotyp vom computersüchtigen Einzelgänger, der sich angeblich auf einer weltabgewandten Spiele-Odyssee befindet – zu Hause oder bei Freunden Versuche starteten, Computer miteinander zu verbinden, um im Mehr-Spieler-Modus verfügbare Spiele auf diese Weise zum Laufen zu bringen.

Technische Probleme werden gemeinsam bewältigt: »Learning by doing« heißt die Devise in der ersten Lernstufe, wobei aber nach und nach an die Stelle des Versuch-Irrtum-Lernens ein größeres Wissen über die unterschiedlichen Vernetzungsformen, aber auch andere Neuerungen im Hard- und Softwarebereich treten. Die Gruppe wird für die Jugendlichen regelrecht zu einer Art Wissensdrehscheibe und Sozialisationsagentur in Computer- und Netzfragen, wobei Strategien des Selbermachens und der ständigen Marktbeobachtung eine wichtige Rolle spielen. Gerade die größeren LAN-Partys und LAN-Events werden regelrecht zu Showbühnen der Spezialisierungs- und Kompetenzinszenierung.

Auch wenn LAN-Partys bereits deutliche Professionalisierungstendenzen aufweisen, die organisatorischen und logistischen Leistungen der Super-LANs, in der Szene *LAN-Events* genannt, haben eine andere Dimension. Hinzu kommt eine extreme Kommerzialisierung durch ein starkes Engagement der Hard- und Softwareindustrie, die in LAN-Events eine optimale Plattform sehen, um für ihre Produkte zu werben. Dass diese Entwicklung auch Einfluss auf den Prozess des Computerspielens nimmt, ist nahe liegend: Aber wie gravierend die Unterschiede zwischen den *E-Sportlern* und den *Hobby-LANern* sind, ist doch einigermaßen überraschend. Während auf den häuslichen Privat-LANs oder den lokalen LAN-Partys vornehmlich Freundescliquen ihrem virtuellen Spielvergnügen nachgehen oder sich gegebenenfalls spontane Spielergemeinschaften zusammenfinden, spielen auf den großen LAN-Events Mannschaften gegeneinander – in der Szenensprache *Clans* genannt –, die in ihrer Struktur einem Sportverein recht nahe kommen.

Zunächst einmal haben auch die Spiele-Clans Namen wie etwa *Electronic Gamers*, *CopKillers* oder *Rebels of Network* – Interessierte finden eine ausführliche Auflistung aller Online-Clans mit Mitgliederzahlen und weiteren Clubinformationen unter dem Link www.clan listen.de –; des Weiteren verfügen sie über ein eigenes Logo und Outfit, das ihren Teamcharakter in besonderer Weise unterstreicht. Intern weisen die Clans, deren Mitgliederzahlen zwischen zehn und 50 variieren, eine deutlich hierarchische und aufgabenbezogene Differenzierung auf. In täglich stundenlangen Trainingssitzungen und Taktikbesprechungen gilt es ein Können und eine Perfektion zu erreichen, die auch einen entsprechenden Marktwert haben. *Pro-Gamer* spielen mithin auf einem sehr hohen Niveau, »das sich auch entsprechend versilbern lässt«, wie dies Lorenz, ein 24-jähriger Clan-Leader, sehr plastisch umschreibt. Gemeint sind damit zum einen die hohen Preisgelder, die mittlerweile auf den LAN-Events ausgelobt werden, und zum anderen die gut dotierten Sponsorenverträge der Spitzenspieler. Auch wenn ihre Profitorientierung ihnen in der LAN-Szene den kritischen Beinamen *Elite-Geier* eingetragen hat, ihr spielerisches Vermögen steht außer Frage. Ob sich LAN-Turniere dauerhaft einen Platz im internationalen Sportgeschäft sichern können, bleibt abzuwarten. Einstweilen gilt aber: Wie im Profi-Fußball handelt es sich auch bei den *Pro-Gamern* um eine kleine Gruppe von Spitzenspielern, die mit den LAN-Partys als einer neuen Form von virtuellem Breitensport nicht mehr allzu viel gemeinsam haben.

Raumaneignung II:

»Lehenausrufen« – zwischen modernisierter Traditionspflege und territorialer Beheimatung

Das Leben auf dem Land hat sich gewandelt. Die Region hat sich als lebensweltrelevanter Raum zwischen Dorf *und* Stadt entwickelt – einhergehend mit einer Pluralisierung der Dorf(an)sichten, Dorfkontakte und Dorfidentitäten. Dies hat zur Folge, dass sich die Dorfrealität heute – so Albrecht Herrenknecht – als ein »Mix aus Innovation und Tradition, Entdörflichung und Wieder-Verdörflichung, als ein widersprüchliches Neben- und Gegeneinander verschiedener Entwicklungsstränge erweist. Genauso wenig wie es heute ›den‹ Dorfbewohner gibt, gibt es aktuell noch ›die‹ Dorfjugend‹.«

Dementsprechend hat sich eine Diversifizierung jugendkultureller Lebensstile im Dorf im Spannungsfeld zwischen Dorfverbundenheit und Dorfentbundenheit vollzogen. Eine oft übersehene Facette der ländlichen Jugendwelten stellt dabei das Fortbestehen und die Neugestaltung von klassischen Brauch- und Festformen sowie von posttraditionalen Spaßbräuchen oder Spaßfeten dar. So kennen fast zwei Drittel der Landjugendlichen eine Vielzahl von Aktivitäten und Gesellungen, die den historischen Brauchformen und Brauchinstitutionen – jedenfalls in ihrer äußeren Form – recht nahe kommen. Lehenversteigerung, Charivari, Misrule, Pfingstquak, Laxemkochen und die unterschiedlichsten Fastnachts-, Mai- und Kirmesbräuche sind Beispiele dafür, dass zu bestimmten Anlässen oder Jahreszeiten historisch verbürgte Traditionen nach wie vor gepflegt werden oder aber, nachdem sie vorübergehend aus der dörflichen Kultur verschwunden waren, wieder als

Ort von Kommunikation und Kommerz sowie als Bühne für Selbstdarstellungen, kollektive Inszenierungen und produktive Raumaneignungen zurückkehren.

Einer der markantesten und traditionsgeladensten Jugendbräuche ist das *Lehenausrufen*, das zu den klassischen Formen überlieferten Werbebrauchtums gezählt wird. (Je nach Region wechselt die Schreibweise zwischen *Lehnenausrufen* und *Lehenausrufen.*) Auch wenn sich sein exakter historischer Entstehungsort nicht mehr zweifelsfrei bestimmen lässt, so ist seine ursprüngliche Bedeutung doch geläufig: Durch das Ausrufen einer Lehenpartnerschaft – der Termin des Ruftages fällt vielerorts in die Wochen vor dem ersten Fastensonntag (*Lehnsonntag*) oder auf den Abend des 30. April bzw. den Morgen des 1. Mai – sollte das Heiratsverhalten gefördert werden, wobei es die Dorfjugend selbst ist, die aktiv Einfluss auf den lokalen Heiratsmarkt nimmt. In der Vergangenheit zählte diese dörfliche Kontaktinstitution zu den sozial gebilligten Formen des Kennenlernens und der öffentlichen Eheanbahnung, wobei alles recht sittsam abzulaufen hatte und intime Beziehungen ausgeschlossen waren. Wurde der Regel der Binnenheirat zuwidergehandelt, gab es brauchmäßige Sanktionen der Dorfjugend in strenger Form gegen ortsfremde Ehepartner: Entsprechende Strafrituale sind z. B. die *Katzenmusik* oder die *Eselshochzeit.*

Zwar sind diese sanktionierenden Ausformungen von ländlichen Hochzeits- und Rügebräuchen mittlerweile ausgestorben, das Lehenausrufen existiert jedoch nach wie vor, wenn auch seine Intention und Inszenierung sich von einer Kupplerbörse zu einem Flirtspiel verwandelt haben. Unabhängig davon unterliegt aber der Ablauf des Lehenausrufens einem strengen Regelwerk und Ritual, das von Generation zu Generation weitergegeben wird.

Bereits Mitte des Jahres bilden die 18- bis 20-jährigen männlichen Jugendlichen ein Lehenkomitee mit einem für alle Aktivitäten verantwortlichen Lehenpräsident an seiner Spitze. Das Komitee hat die Aufgabe, das Lehenausrufen und den eine Woche später stattfindenden Lehenball zu organisieren. Die Hauptarbeit des Komitees liegt aber in der Zusammenstellung der Pärchen: Im Vorfeld muss erkundet werden, wer einen Freund oder eine Freundin hat und wer zueinander passen könnte, so dass die Paare den Lehenball auch gemeinsam besuchen. Hierzu erstellt das Lehenkomitee unter Mitwirkung des Ortsvorstehers oder der Gemeindeverwaltung – manchmal auch unter Umgehung des Datenschutzes – Listen mit den Namen der unverheirateten Jugendlichen und jungen Erwachsenen, die seit mindestens zwei Jahren im Ort wohnen. Entsprechend diesen Listen werden Paare zusammengestellt, die am Tag des Lehenausrufens verkündet werden. Mädchen werden ab 16 und Jungen ab 18 Jahren ausgerufen, wobei die obere Altersbegrenzung bei 30 Jahren liegt.

In der zweiten Januarhälfte ist es dann so weit: Das Lehenkomitee zieht – musikalisch begleitet – auf eine Anhöhe in der Nähe des Dorfplatzes, um von dort oben die Namen der Paare durch eine riesige Flüstertüte – die so genannte *Lehentuut* – und unter Fanfarenklängen zu verkünden. Nach dem Ausrufen wird ein Feuerrad den Berg hinuntergerollt und das Komitee zieht zusammen mit den ausgerufenen Paaren und mit den Dorfbewohnern in die Ortskneipe.

Auch wenn in der Gegenwart das öffentliche Ausrufen von Lehenpaaren den typischen Charakter eines lokalen Verkuppelungs- und Heiratsmarktes weitestgehend verloren hat, wird jedoch die Pflege dieser Brauchtradition von den Jugendlichen hochgehalten: »Der Hauptsinn ist die Fortführung der Tradition. Wenn dabei noch ein Pärchen verkuppelt wird, umso besser. Beim Lehenball vor einem Jahr haben wir seit langem nochmals ein Pärchen ausgerufen, das später dann auch geheiratet hat« (Bert).

Das Lehenausrufen und der anschließende Ball werden als »absolute Highlights« (Bert) eingestuft und als eine Art Visitenkarte für die Dorfjugend und ihren Wohnort angesehen. Das bedeutet, sie sind immer auch Ausdruck lokaler Kultur und Integrationsmedium für den jeweiligen Ort: »Also ich denke schon, dass der Lehenbrauch auch etwas für das ganze Dorf bringt. Es ist doch so, dass dadurch Leben ins Dorf kommt und auch Zusammenhalt« (Nicki). Der festliche Rahmen hat sich indes verändert: Hatte der Lehenball Anfang der 1990er-Jahre noch einen traditionellen Ballcharakter – die Mädchen trugen ein Kleid, und im Tanzsaal waren Tischgruppen mit weißen Tischdecken aufgestellt –, handelt es sich heute um eine Disco, die in Jeans und T-Shirts besucht wird. In vielen Interviews tauchen Hinweise auf solche Veränderungen auf, die auf die Dynamik der Brauchaktivitäten verweisen: »Früher gab es Paarspiele und Preistanz, jetzt haben wir Live-Karaoke eingeführt. Mittlerweile wird nicht nur Tanzmusik gespielt, sondern auch Rock und Pop; Musik die uns gefällt« (Heinz-Jürgen). Gerade in dieser modernisierten Form ist das Lehenausrufen in vielen

Ortschaften des Saarlandes (wieder) ein fester Bestandteil im Ensemble dörflicher Rituale und Feste und erfüllt damit gleichermaßen eine wichtige Funktion für die jugendliche Gruppenbildung, Ortsanbindung und lokale Kultur- und Raumgestaltung.

›Behavior Settings‹ – jugendkulturell überformt

Wie die diskutierten Beispiele der LAN-Partys und des Lehenausrufens verdeutlichen, verschmelzen hier materiale und mentale, gegenständliche und kommunikative, räumliche und symbolische Elemente untrennbar miteinander. Allgemeiner formuliert: Jede Jugendkultur entwickelt eine eigene Habitus- und Raumgrammatik, die ihren performativen Praktiken ein eigensinniges, exklusives und Grenzen markierendes Gepräge geben. Aneignung und Inszenierung, also Objektwahl und Objekt(um)gestaltung, verdichten und vergegenständlichen sich in einer unverwechselbaren Stil- und Raumhoheit. Denn jede Szene hat ihre eigenen Orte und Reviere, die sie je nach Stilrichtung in ihrer Ursprungsform belassen (z. B. die Skater und Streetballer) oder aber phantasievoll und aufwändig designen und dekorieren (z. B. die Locations der Technoiden, Trekkies oder Grufties). Bisweilen dominiert – v. a. in den Anfangszeiten und in manchen Szenen bis heute – eine illegale Raumaneignung. Aber was vielfach im Underground begann, kann durch eine wachsende Kommerzialisierung und Professionalisierung schnell zum *Szenenhype* werden. Die Geschichte der Paintball- und Techno-Szene etwa sind prototypische Beispiele für diese Entwicklung.

Dabei zeigt sich, dass sich raumgestaltendes jugendkulturelles Handeln in je eigenen *behavior settings* ausdrückt. Es gilt hierbei die einfache, aber umso nachhaltigere Devise: Nur wer sich Räume aneignet, kann über sie verfügen. Denn das kreative *Style-Work* der jugendkulturellen Praxisformen ist vielfach darauf angewiesen, dass es Realisierungschancen in »spatial constructions« (D. Massey) findet. Was hierdurch ebenfalls geschaffen wird, sind jugendkulturelle Haltepunkte und neue Formen der Beheimatung. Szenetypische Formen der Stil- und Raumaneignung stiften zudem, wenn auch auf unterschiedliche Weise, inter- und intragenerationale Allianzen, aber auch Trennlinien. Denn jugendkulturelle Praxisformen können sowohl als Brücke wie auch als Bruch zwischen den Generationen fungieren. »Wir alle spielen Theater«, schrieb Erving Goffman seinerzeit der Soziologie ins Stammbuch, aber auf den jugendlichen Alltagsbühnen werden inzwischen (mehr oder weniger gleichzeitig) unendlich viele Stücke gegeben, in denen szenenspezifische Grammatiken der Selbstinszenierung, Identitätsbildung und Raumaneignung thematisiert werden.

Aufbruch – zwei 13-Jährige und ihre Sicht der Zukunft

Julia Decker

Landjugend

Julia lebt auf einem Bauernhof wie aus dem Bilderbuch. Aber sie muss auch richtig hart arbeiten.

Die Eitelkeit ist neu: Julia lacht nicht mehr, wenn sie fotografiert wird, die feste Zahnspange soll niemand sehen. Ohne die Spange wäre sie sehr zufrieden mit ihrem Aussehen, wo sie doch 15 Kilo abgenommen hat im letzten halben Jahr. Niemand sprach sie an darauf: »Das ging so langsam, die in der Schule haben das nicht gemerkt.«

Ihr ist das egal: Sie weiß genau, dass sie jetzt nicht mehr aussieht wie ein pummeliges Kind. Ihre Mutter hat irgendwann mal einen Diätplan in die Küche gelegt, und Julia aß von da an vor allem Obst und Gemüse, wenig Süßigkeiten. Ganz einfach. Sie hat keinen Sport gemacht, nur ab und zu ist sie mit Stumpi, dem Hund, spazieren gegangen. Hinter dem Bauernhof, durch den Obstgarten, vorbei an den Walnussbäumen, runter zum Bach, durchs Dorf.

Julia lebt mit ihren drei Geschwistern, den Eltern, 30 Milchkühen, zwei Pferden, einer Schafherde, ein paar Katzen und einem Hund auf einem Hof eine knappe Autostunde von München. Auch eine Wirtschaft und Ferienwohnungen gehören dazu. Das Dorf hat 27 Einwohner, rundherum nur Hügel, Felder und Wald. Wie im Bilderbuch. Städter träumen von so einer Idylle und mieten sich in den Gästezimmern ein: Ferien auf dem Bauernhof; hier müssen Eltern ihre Kinder nicht ständig unter Kontrolle halten. Und Stadtkinder lernen, was für Julia selbstverständlich dazugehört: anpacken. Für Diskussionen, wer wann im Haushalt was tut, bleibt keine Zeit, wenn die Tiere Hunger haben und die Gäste auf die Getränke warten.

Die erfolgreiche Diät war allein Julias Sache, und darauf ist sie natürlich stolz. Auch als ihre Mutter neulich meinte, dass sie so gut Besteck polieren kann wie niemand sonst aus der Familie, freute sie sich: weil es mehr Spaß macht, Dinge zu tun, die sie kann – ums Mithelfen kommt sie sowieso nicht herum –, und weil zählt, was ihre Mutter sagt. Sich über die Eltern zu beschweren oder sich gegen die Hausarbeit aufzulehnen kommt für Julia nicht in Frage.

Zuhause *ein Bauernhof in Huttenstätt*
Schule *Realschule Haag*
Eltern *Landwirte*
Geschwister *zwei Brüder, eine Schwester*
Taschengeld *15 Euro*
Berufswunsch *Busunternehmerin*
Lieblingsessen *Pizza*
Lieblingsstar *Madonna*
Größter Wunsch *Gesundheit für die ganze Familie*
Sommerferien *mit der Familie nach Ancona*

Nur wenn die Arbeit besonders unangenehm war, Kartoffeln zu klauben zum Beispiel, gibt es eine Belohnung. Die Familie geht dann zusammen ins Kino. Oder bis letztes Jahr ins Schwimmbad. Aber in diesem Jahr wurde ein Schwimmteich hinter dem Haus ausgehoben. »Ich sag immer: der Teich ›Familie und Co‹. Familie sind wir und Co sind die, denen wir erlauben, darin zu baden.« Mit Wortspielen hat Julia Übung: Die Jungs aus ihrer Klasse verarschen die Mädchen, indem sie deren Namen in bekannte Lieder einsetzen. Die Mädchen dichten dann» Rachelieder«. Wie die Texte lauten, hat Julia vergessen.

Ganz sicher möchte Julia immer auf dem Land leben, hier oder irgendwo in der Nähe. Einmal war sie mit ihrer Großmutter und ihrer 16-jährigen Schwester Martina eine Woche in Frankreich. Nach ihrer Heimkehr wusste sie: Sie möchte später ein Busunternehmen gründen und »Leute an schöne Orte in der Welt bringen«. So kann sie das Fernweh stillen, ohne an Heimweh zu leiden. Aber das hat ja noch Zeit. Momentan beschäftigen sie das Lamm, die Katzen und das Pferd: Die schwarze Schafmutter hat nur die beiden schwarzen Lämmer gesäugt und das weiße verstoßen. Julias Familie zieht es mit der Flasche groß. Genau wie die vier Katzenkinder – die Katzenmutter wurde überfahren. Sich zu kümmern, für jemanden da zu sein gefällt Julia. Selbst wenn sie sich mit ihrer Freundin Rita trifft, passen die beiden am allerliebsten auf Ritas dreijährigen Bruder auf.

Das Pferd Keoma macht ihr Sorgen: Es lahmt. Irgendwas stimmt nicht mit dem vorderen linken Bein. Deshalb kann es nicht geritten werden. Zwar gibt es nichts, was Julia lieber macht als reiten, aber weil sie die Dinge pragmatisch sieht, »nehme ich eben in der Zwischenzeit zweimal die Woche Reitstunden«.

Die Mutter sagt, Julia habe so eine schöne Stimme, und deshalb singt sie im Schulchor. »Eigentlich würd ich lieber immer reiten gehen, aber singen ist nicht schlimm.« Entscheidungen überlässt sie gern anderen: Martina konnte nicht schlafen, weil Julia schnarcht. Die Schwester hat vor ein paar Monaten entschieden, aus dem gemeinsamen Zimmer auszuziehen. Also schläft Julia jetzt allein. Mit ihrem zehnjährigen Bruder Franzi darf sie den Fernseher im Wohnzimmer benutzen. Die Abmachung: Wer zuerst den Fernseher anschaltet, darf entscheiden, was gesehen wird. Franzi ist meistens schneller. Deshalb sieht Julia manchmal *taff*, öfter noch *Simpsons*. Inzwischen sind das auch ihre Lieblingssendungen. Mit Franzi versteht sie sich am allerbesten. Zu ihrer großen Schwester Martina fällt ihr nichts ein, und über den großen Bruder, den Seppi, weiß sie, dass er gern Musik macht und dass er jetzt eine Freundin hat. »Erwachsenwerden auf dem Land geht langsamer und ruhiger als in der Stadt«, sagt Seppi, der muss es wissen, der ist 18.

Auf dem Hof helfen und in der Gaststätte, die Schule, die Pflege der Tiere, sogar das Abnehmen – alles kein Problem für Julia. Kein Widerwillen, keine Fragen, keine Kämpfe. Noch nicht.

Eine Arbeit gibt es allerdings, die möchte sie nicht machen, da würde sie schon meckern: Kuhstall ausmisten. »Kühe sind hässlich und schauen so bescheuert.« Manche Kühe haben keine Hörner mehr, damit sie sich nicht verletzen. »Naja «, sagt sie, »ohne Hörner schauen sie eigentlich ganz erträglich aus, die Viecher.« So, als ob sie noch nicht ganz ausgewachsen sind. Wie Kälbchen.

Kerstin Greiner

Ein Kinderspiel

Selman lebt in einer Welt mit Kämpfern, Zauberern und Fabelwesen.

In diesem Sommer holt Selman so oft wie möglich seinen schwarzen Trainingsanzug aus dem Schrank und eine Skibrille dazu. Mit sieben, acht Jungs aus den Nachbardörfern radelt er zu einem der Wäldchen rund um Maisach. Dort malen sie sich das Gesicht schwarz mit Ruß von einem angekokelten Korken, ziehen sich Arm- und Beinschützer, Skimasken, Skibrillen, einen Mundschutz vom Baumarkt über und dann sehen sie nicht mehr aus wie eine Horde 13-Jähriger: Dann sind sie der »Diabolo Shooting Club«.

Das Spiel, das Selman mit seinen Freunden spielt, heißt *Softair*-Battle: Zu dritt oder zu viert bilden sie ein Team, das versucht, mit den *Softair*-Waffen das andere Team abzuschießen. Die Waffen sehen aus wie »Uzi«-Maschinengewehre oder Walther-Automatikpistolen und werden mit kleinen gelben Plastikkugeln geladen. Selman hat noch keine eigene Waffe, er war erst zweimal dabei im Wald, deshalb leihen ihm die anderen eine – manche haben drei, vier davon; einer aus der Gruppe erzählt, er werde nächste Woche mit seinem Bruder nach Tschechien fahren, da kosten die Waffen höchstens die Hälfte. Doch die Freunde sagen, das alles habe gar nichts mit Gewalt zu tun und Krieg fänden sie sowieso »endsscheiße«. Aber seit ein paar Monaten sind sie »ends-die-*Softair*-Freaks«, und damit keiner eine Kugel ins Auge bekommt, ziehen sie ja vorher »fett die Masken an«; sie beteuern, das sei alles völlig unbedenklich. Wenn sie sprechen, dann mit ganz tiefer, verstellter Stimme, das wirkt cooler, erwachsener – *Softair*-Battle ist nun mal kein Spiel für Kinder.

Nun robbt Selman mit seinem Team durchs Unterholz, sie huschen von Baum zu Baum, schleichen lautlos und imitieren dabei die Posen amerikanischer Spezialeinheiten in geheimer Mission. Einer läuft mit einer Digitalkamera hinterher und filmt. Die Jungen schießen sich nicht »tot«, sondern »out«, und wenn alle »out« geschossen sind, treffen sie sich auf einer Lichtung wieder und sehen sich die letzte Jagd auf dem Display der Kamera an. Es scheint, als gehe es bei diesem Spiel hauptsächlich darum, möglichst oft Posen aus Actionfilmen einzunehmen, die den Mitspielern ein »endskrass«, »endsabgefahren« oder »endsgeil « entlocken. Später schneidet einer der Jungs aus dem Material am Computer einen Film, der mit Musik unterlegt und mit so vielen Effekten aufgepeppt wird, dass er bei MTV als Musikvideo durchgehen würde.

Selman Kurban wohnt in dem Dorf Überacker nahe Maisach bei München, wo es Bauernhöfe, viele neue Einfamilienhäuser und einen Sportplatz mit Vereinsheim gibt: Von den 1 000 Einwohnern sind 900 Mitglieder im SV Rot-Weiß Überacker. Die Kurbans sind Türken und in Überacker die einzige ausländische Familie. Als sie vor zwei Jahren vom nahen Gröbenzell hierher gezogen sind, lag schon nach ein paar Tagen eine Einladung zum Sommerfest für die »Neubauer« im Postkasten. Selmans Vater Fatih arbeitet bei BMW in Milbertshofen als Kfz-Mechaniker im Schichtdienst und spricht ein wunderbares Bairisch. Die Kurbans sind Muslime und seit den 1970er-Jahren in Deutschland; sie fahren einmal im Monat nach München in die Moschee, die Jungs essen keine Leberkässemmeln, aber

Zuhause *ein Einfamilienhaus in Überacker bei München*
Schule *Orlando-di-Lasso-Realschule, Maisach*
Eltern *Kfz-Mechaniker, Hausfrau*
Geschwister *drei Brüder*
Taschengeld *12 Euro aufs Konto, 8 Euro auf die Hand*
Berufswunsch *Art-Designer*
Lieblingsessen *Sahne-Curry-Geschnetzeltes*
Lieblingsstar *Kaya Yanar, Bully, Stefan Raab*
Größte Wünsche *neuer PC, eine Eidechse*
Sommerferien *zu Hause*

die Eltern trinken manchmal ein Bier. Ismael, der Älteste, ist im Burschenverein des Dorfes und trägt bei Festen ein Trachtenhemd mit der Aufschrift »Überackra samma« auf dem Rücken und seinem Namen »Isi« vorn drauf.

Später möchte Selman auch in den Burschenverein, aber im Moment interessiert ihn das noch nicht so; eigentlich gibt es nur zwei Dinge, die Selman wirklich faszinieren: die *Softair*-Battles im Wald und *Magic*.

Wenn es um *Magic* geht, verstellt Selman seine Stimme nicht. Dafür sagt er Sätze wie: »Ich spiele alle Decks ohne Strategie. In meinem Alter ist man noch nicht so der Taktiker.« Selman ist Spezialist für *Magic – The Gathering*, ein strategisches Kartenspiel aus dem Reich der Fantasy. Jede Karte hat eine bestimmte »Stärke« und das Ziel lautet, mit diesen Karten Mitspieler »zu vernichten«. Die Figuren auf den Karten heißen z. B. »Verschlinger der Tage« oder »Auge des Kraken«. Um möglichst gut spielen zu können, muss man Karten tauschen und neue dazukaufen.

Selman spielt seit über sechs Jahren *Magic* und besitzt über tausend Karten. Manche sind so selten und wertvoll, dass er sie in kleine Plastiktüten eingeschweißt hat, und einige holt er fast nie aus einem Spezialordner hervor. Manchmal ersteigert Selman seltene Karten bei E-Bay. Er spielt *Magic* mit dem Nachbarsjungen und in den Schulpausen mit seinen Freunden in der Aula neben dem Kicker: Da sind sie zu zehnt, manchmal auch zwanzig und hören sich wie Außerirdische an: »Hey, was macht der Knall-Golem im Sumpfdeck?« – »Sag mal, wie viele Wälder darf ich eigentlich ausspielen?« – »Hat dein gregorianischer Krieger Bündnisfähigkeit?« – »Wow, du hast ja einen Leaden Myr! Ist der mit oder ohne Versorgungsphase?«

Doch für die Sommerferien hat Selman andere Pläne: weniger *Magic*, mehr in den Wald, zu den Jungs mit den Pistolen und den dunklen Stimmen. Diesen Sommer wird Selman ankommen in einer Welt, in der sich Jungs mit coolen Sprüchen und lässigen Posen aneinander messen. Nicht mit Spielkarten.

Sabine Himmelsbach

Multi-Player Media

Kommunikationsstrategien im Cyberspace

»Media are here to play.«
Geert Lovink

Am 16.11.2004 war es endlich im Handel erhältlich, *Half-Life* 2, das wohl meistdiskutierte, lang erwartete und höchstbewertete Computerspiel aller Zeiten. Trotz Wirtschaftskrise und nachlassendem Konsumverhalten boomt die Unterhaltungselektronik im Bereich der Computerspiele, die inzwischen zum festen Element einer global vernetzten und technologisierten Welt geworden sind. Video- und Computerspiele stellen einen bedeutenden Wirtschaftsfaktor dar und sind zum integralen Bestandteil des Lebens vieler Jugendlicher geworden. Spiele decken inzwischen einen immer breiter werdenden Markt ab, von jungen Game-Boy-Konsumenten bis zum 29-jährigen Durchschnittsgamer erreicht die Spielkultur auch zunehmend ein erwachsenes Klientel, wie aktuelle Zahlen einer Recherche der Entertainment Software Association (ESA) nahe legen. Spielaktivität wird immer stärker auch für andere Altersschichten attraktiv. Computerspiele haben begonnen, »den Platz einzunehmen, den im 20. Jahrhundert das Kino innehatte – den Platz des ›Leitmediums‹, das die avanciertesten Bilder der Gegenwart zeigt und in dem das gesamtgesellschaftliche Imaginäre am deutlichsten erkennbar wird« – so zitiert aus einer Ankündigung der Mailingliste ›Rohrpost‹ vom Veranstalter Pirate Cinema Berlin für die Präsentation des neuen Computerspiels *Half-Life* 2 am 21.11.2004. Dennoch sind es v. a. die Jugendlichen, die das Unterhaltungsangebot von Computerspielen nutzen – die Beteiligungsrate der unter 18-Jährigen liegt im Jahr 2002 bei ca. 40 %, was eine enorme Steigerungsrate im Vergleich zu den 30 % im Jahr 2000 darstellt. Zunehmend sind es auch die Anwendungen im World Wide Web, die von zentralem Interesse sind und mit wachsendem Netzzugang für Jugendliche ein Forum mit Spielmöglichkeiten, Newsgroups und Chaträumen bieten. Im Schnitt sind Jugendliche den Angaben einer statistischen Auswertung zufolge 59 Minuten pro Tag online.

Die Diskussion von Computerspielen wird im deutschsprachigen Raum v. a. von der Gewaltdebatte beherrscht. Dies ist eine sehr einseitige Herangehensweise an ein Thema, das zunehmend den Markt dominiert, das die Entertainmentindustrie wesentlich prägt und das sich weiterhin in einer immer breiteren Bevölkerungsschicht durchsetzt, unabhängig von Alter, Geschlecht und Bildungsstand. In einer empirischen Untersuchung, basierend auf der Befragung von 2141 Computerspielern aus dem deutschsprachigen Raum, stellt Manuel Ladas in einem Artikel zum Thema »Brutale Spiele(r)?« fest, dass Gewalt in Computerspielen als Wettkampf und nicht als Abbild realer Kämpfe erlebt wird: »Gewalt in Computerspielen ist zwar ein wesentliches und viel genutztes Element, hat jedoch einen von filmischer und realer Gewalt vollkommen verschiedenen Sinn für die Nutzer. Virtuelle Gewalt wird offenbar wettbewerbsähnlich sowie zumeist empathiefrei und rein funktionalistisch wahrgenommen und genutzt, nicht als Mittel der Schädigung im Sinne eines Täter-Opfer-Verhältnisses. Und wo für die Nutzer keine schockierende Gewalt erkennbar ist, kann diese auch nicht ›abstumpfend‹ wirken oder gar zu folgenreichen realen Gewalttaten anstacheln.«

Basierend auf dieser Debatte scheint es also kaum vorstellbar, dass Computerspiele auch kreativ genutzt werden könnten. Im Folgenden sollen daher Entwicklungen einer globalen Game-Kultur aufgezeigt werden sowie die Möglichkeiten einer fortschreitenden kreativen Manipulation des bestehenden kommerziellen Systems, die gegen das gängige Vorurteil argumentieren, in welchem – so Gery Frey in einem Online-Essay – das »Zerrbild des Jugendlichen, der am Computer mit gezogener Cyber-Waffe alles niedermetzelt«, die einzige Anwendungsform von Computerspielen ist. Es gilt darzulegen, dass vorhandene Spielstrukturen als Potential genutzt werden können, sich marktfertiger Produkte als Basis für neue ästhetische Konzepte zu bedienen.

Tatsächlich ist es so, dass eine enge Wechselwirkung besteht zwischen der Vermarktungsindustrie auf der einen Seite und der Game-Kultur auf der anderen. Jugendliche sind Trendsetter, die den Markt bestimmen, aber auch vom Markt geprägt werden. Spieler von Computer-Games spielen als Testpersonen oft bereits bei der Entwicklung eines Spiels eine wichtige Rolle, da sie durch ihre kritischen Kommentare über gut bzw. schlecht funktionierende Handlungsstränge oder interessante bzw. belanglose Features eines Spiels den Designprozess mitentwickeln und steuern.

Feng Mengbo, »Q4U«, 2001/2002, Screenshot

Die Geschichte der Spielindustrie begann mit der Entwicklung des Internets vom militärisch basierten ARPA Net zum World Wide Web. In den 1970er-Jahren wurden die ersten elektronischen Spielautomaten auf den Markt gebracht und entwickelten sich von da aus zur dominanten Entertainmentindustrie, die schließlich auch die Filmindustrie Hollywoods revolutioniert hat. Neben den klassischen Spielkonsolen setzte sich in den 1980er-Jahren zunehmend das Computerspiel für den Heim-PC durch, das in den letzten Jahren seine Fortführung fand in den vernetzten Systemen der so genannten ›Massive Multiplayer Online Games‹ (MMOG).

Mit der Entwicklung der Computerindustrie, erhöhter Rechengeschwindigkeit und Speicherkapazität war es bald möglich, 3D-Animationen in Echtzeit durchzuführen. Mit der höheren Leistungsfähigkeit der Hardware wurden PCs in den 1980ern zu einer idealen Plattform für grafisch hochwertige Spiele und zur realen Alternative zu den international erfolgreichen Konsolenspielen. In der Game-Kultur lassen sich verschiedene Spielkonzepte unterscheiden. Am bekanntesten sind die ›First Person Shooter‹ (FPS), auch ›Ego-Shooter‹ genannt, in welchen das Spiel aus der Ich-Perspektive gespielt wird. Es handelt sich um dreidimensional und in Echtzeit berechnete Actionspiele aus der Sicht einer (virtuellen) subjektiven Kamera. Der Spieler schlüpft in den Körper des Helden oder der Heldin und nimmt die Umgebung, die Feinde und sich selbst aus dem Blickwinkel der Spielfigur wahr. Populär sind daneben auch in Echtzeit ablaufende Strategiespiele – ›Real Time Strategy Games‹ (RTS), wie etwa *Command and Conquer* von den Westwood Studios (1995) oder *Starcraft* von Blizzard North (1998) – sowie Rollenspiele – ›Role Playing Games‹ (RPG), wie z. B. *Dungeon Master* (1991) oder *Ultima Online* (1997). Zu den beliebtesten First-Person-Shootern gehören *Quake* und dessen Weiterentwicklung zu *Quake III Arena* (id-Software, 1996-2000), *Unreal Tournament* (Epic Games, 1999) oder *Half-Life* (Valve/Sierra Studios, 1998). Ein Beispiel für eine kreative Umgestaltung eines FPS-Games ist die Arbeit *Q4U* (2001/2002) des chinesischen Künstlers Feng Mengbo. In die bestehende Spielumgebung von *Quake III Arena* hat er ein Selbstporträt eingebaut, das ihn entweder mit einer digitalen Videokamera in der Hand zeigt oder als schwer bewaffneten Kämpfer. Er ist also gleichzeitig Protagonist und unbeteiligter Beobachter. Das Spiel ist im Multi-Player-Modus online von einer Vielzahl von Teilnehmern zu spielen, wobei unklar bleibt, ob man nun auch gegen den Künstler antritt oder nur gegen seine visuelle Repräsentation.

In *Half-Life* oder anderen Spielen ist der Player in eine narrative Handlungsstruktur eingebunden, die interaktiv angelegt ist. Der Künstler Felix Stephan Huber nutzt die vorhandene Spielstruktur, um daraus eine neue Narrationsebene zu entwickeln. Basierend auf dem Spiel *Unreal Tournament* baut er eine Spielumgebung, in der der Berliner Alexanderplatz detailgetreu nachgebaut wird. Anstatt sich aber wie im handelsüblichen Spiel auf der Suche nach verborgenen Feinden durch die Spielebenen zu bewegen, begegnen sich in seinem Spiel *Reality Check One* (2001) die Spielfiguren und Spieler in dem Bemühen nach Kommunikation mit den anderen. Bewegungen und Aktionen des Spielers bestimmen den Handlungsverlauf, der durch Begegnungen der virtuellen Figuren Dialogsequenzen auslöst. Der Spieler hat die Möglichkeit, die Geschichten und Handlungen der Figuren zu beobachten, ihre Gespräche zu verfolgen oder selbst mit seinem virtuellen Avatar in den Dialog mit anderen Mitspielern einzutreten.

Frank Furtwängler beschreibt in seinem Essay »A crossword at war with a narrative« das Kommunikationsmodell von Spielen als eines

Felix Stephan Huber, »Reality Check One«, 2001, Screenshot

der Konversation als sozialer Interaktion im Gegensatz zur vorbestimmten ›Story‹: »Das Computerspiel liegt insgesamt in einem Spannungsfeld zwischen (mindestens) zwei Polen, die durch die Kategorien Interaktivität und Narrativität markiert sind.« In Computerspielen wird Narration und Interaktion auf geschickte Art und Weise in Einklang gebracht und verbindet damit die faszinierenden Möglichkeiten von Computer und Fernsehen miteinander, wie der Medientheoretiker Hans Peter Schwarz feststellt: »Digitales Fernsehen oder interaktiver Film wären sicher nicht in das Blickfeld der Medienmarktstrategien geraten, wenn Interaktivität – so rudimentär sie im Einzelnen auch motiviert sein mag – nicht ganz massiv von der inzwischen zweiten oder dritten Generation der mit dem Videospiel aufgewachsenen Besucher gefordert werden würde.« Partizipation auf der Ebene der Narration bedeutet immer einen Bruch in der Erzählstruktur. Interaktivität bzw. Partizipation führt zu einer stärkeren aktiven Beteiligung des Players. Diese Partizipationsmöglichkeit ist es, die Computerspiele so interessant macht. Im Computerspiel wird der Betrachter zum User, erst durch seine Aktion treibt er die Handlung voran, navigiert und erkundet den programmierten Raum. Computerspiele benutzen Veränderungen unserer Wahrnehmungsgewohnheiten, um den Betrachter durch partizipatorische Praktiken aktiv am Geschehen zu beteiligen und auf diese Weise sein Interesse konstant zu stimulieren. Sie verbinden die filmische Narration mit den Interaktionsmöglichkeiten des Betrachters. Zunächst noch an Spielkonsole oder Heim-PC gebunden, wird es in der Weiterentwicklung von Online-Spielen möglich, gemeinschaftliche interaktive Handlungsräume im World Wide Web entstehen zu lassen. Die Partizipation des Betrachters lässt gemeinschaftliche Erfahrungen in einer vernetzten Gesellschaft im globalen Datenraum möglich werden.

Massive Multiplayer Online Games (MMOGs)

Spiel und Kommunikation in vernetzten Systemen

> »Multiplayer games enable players to communicate and collaborate in joint game sessions. Whether the activity is about shooting each other with rocket launchers or arranging virtual weddings, the underlying theme is about togetherness. Players may have different reasons for playing these games, but they all still want to play with – or against – other people.« *Tony Manninen*

Durch die Steigerung der Datenübertragungsleistung des Internet und durch neue Methoden der Datenkompression wurde es möglich, Bildräume mit großen Datenmengen über das Netz zugänglich zu machen und von einer nahezu unbegrenzten Anzahl von Usern betretbar und gestaltbar zu machen. Die MMOGs sind die neueste Entwicklung der Computerspielindustrie, die gerade ihren weltweiten Siegeszug feiert. Das erste multilokal vernetzte Spiel war *Doom*, ein Klassiker, von der Firma id-Software 1993 entwickelt, der in seinem Kultstatus kaum wieder erreicht wurde. Es ermöglichte die direkte Interaktion des Spielers mit anderen vernetzten Spielern in Echtzeit und löste dadurch eine Welle von netzbasierten Spielen aus. Das vernetzte Spielen mit anderen Mitspielern unterscheidet sich eindeutig vom Spielen gegen eine Maschine. Zwar ist in den Computerspielen künstliche Intelligenz eingesetzt, was sich an den automatisierten Kontrahenten und Gegnern zeigt, aber diese sind nur in ihrer vorprogrammierten Kenntnis aller Tücken eines Spiels versiert und nicht in der Spieltaktik und Intuition, mit der die Spieler gegeneinander antreten.

Ein weiteres Beispiel für ein Online-Spiel einer vernetzten virtuellen

LAN Party im ZKM | Zentrum für Kunst und Medientechnologie
(während der Ausstellung »net_condition« 1999)
Foto: © Franz Wamhof

Welt ist die Serie *Sim City* von Will Wright, dessen letzte Variante *The Sims* 1998 auf den Markt gebracht wurde. Dieses Spiel schafft eine völlig autarke virtuelle Welt, die an der Gestaltung einer realen Welt orientiert ist. Auch dort werden Häuser gebaut, Zukunftspläne geschmiedet und alltägliche Dinge verrichtet. Anders als bei einem FPS-Game bleiben die Spieler für einen viel längeren Zeitraum in das Spiel involviert. Im Gegensatz zu einigen Stunden sind Spieler über Wochen und Monate im Spiel aktiv. Kollaborationen und Feedback-Mechanismen machen das Spiel interessant. Eine Vielzahl von global vernetzten Spielern schafft eine gemeinsame Welt, in der jeder Spieler seinen persönlichen Beitrag leistet. So entstehen ganze Städte und Landschaften. Betritt man das Spiel nach einer längeren Pause wieder, können sich ganze Strukturen durch Interaktion anderer Spieler geändert haben, es gibt immer wieder Neues zu entdecken. Das Ambiente des Spiels wird von den Spielern selbst gestaltet und erzeugt, und so sind inzwischen mehr als 90 % von *The Sims* von der Spielerpopulation produziert. Dieser Drang zur Neugestaltung wird in der Spieltheorie mit dem Begriff des ›transformatorischen Spielens‹ bezeichnet, der dies als eine Interaktion zwischen erfinderischen Spielern und den Spielen, die sie spielen, skizziert. Karin Wehn verweist darauf, dass sich transformatorisches Spielen immer dann ereignet, wenn die freie Form des Spielens (Play) die rigide Regelstruktur von Spielen (Game) dauerhaft verändert. Bei vernetzten Spielen wie *Everquest* oder *The Sims* verschwindet die virtuelle Welt nicht mit dem Ausstieg aus dem Spiel, sondern verändert sich weiter, durch Eingriffe anderer Spieler oder auch durch automatisierte spielinterne Prozesse. Die virtuelle Welt wird dadurch dynamisch, unberechenbar und interessant. Aktuelle Studien, wie beispielsweise die Untersuchung des Marktforschungsunternehmens Nielsen/Netratings, zeigen, dass sich die Zahl der europäischen Nutzer von Online-Spielen binnen eines Jahres auf fast sechs Millionen User Anfang 2003 verdoppelte. Der typische Online-Spieler ist durchschnittlich 21,3 Jahre jung, drei Viertel der Spieler sind zwischen 16 und 25 Jahre alt.

Online-Computerspiele, die sich besonders bei vernetzten Spielemarathons, so genannte LAN-Partys, großer Beliebtheit erfreuen, da die Übertragungsgeschwindigkeiten dabei um ein Vielfaches größer sind als die Kommunikation über das Internet, ermöglichen eine Partizipation in verteilten Netzwerken. Über die zunehmende weltweite Vernetzung durch das Internet und dank größerer Bandbreite in der Datenübertragung wird zunehmend auch ein disloziertes, aber gemeinsames interaktives Handeln im Netz möglich.

Durch Online-Spielegemeinschaften entstehen neue virtuelle soziale Räume, die von vereinsartigen Gruppenbildungen, den so genannten Clans, strukturiert werden, die einen festen Bestandteil der Szene bilden. Gegenseitiger Austausch findet untereinander v. a. in einer gamespezifischen textbasierten Sprache statt. Diese für die Spielkultur typische textbasierte Kommunikation wird bestimmt von Abkürzungen des häufig verwendeten Vokabulars, etwa ›afk‹ für ›away from keyboard‹, ›lol‹ für ›laughing out loud‹, ›gg‹ für ›good game‹, ›newb‹ für Anfänger. Daneben werden Emoticons, Smilies und andere Ascii-Kürzel verwendet, die Rückschlüsse auf Stimmung und emotionalen Zustand des jeweiligen Spielers oder einer Spielerin geben sollen. Eine Orientierung bieten dabei bereits vorhandene Sprachstile im Netz. Dieser eigene Code in der Kommunikation der Spieler untereinander erschließt sich nur durch Kenntnis des üblichen Sprachgebrauchs beim

Spielen selbst und trennt damit Insider von ›Newbies‹, die die spezifische Sprache von Computerspielen noch nicht beherrschen. Durch die Sprache entsteht Zugehörigkeit und Kameradschaft unter den weltweit vernetzten Spielern, sie definiert und betont ihre Gruppenzugehörigkeit.

In MMOGs ist auch verbale Kommunikation möglich. Sprachprogramme wie beispielsweise *Battlecom* oder *Teamtalk* ebnen den Weg zu einer sprachlichen Kommunikation einer Vielzahl von Personen über das Netz. 1997 wurde *Quakenet* gegründet, das zum damaligen größten Internet Relay Chat (IRC) avancierte und Kommunikation weitgehend in Echtzeit ermöglichte. Die dabei entstehenden Channels oder Chatrooms wurden zu den virtuellen Treffpunkten der Clans, in denen sich nicht selten mehrere hundert Spieler gleichzeitig aufhielten. Ein sozialer Nebeneffekt des vernetzten Spielsystems war es, dass Kommunikation nicht nur im Spiel selbst stattfand, sondern auch Kontakte außerhalb des eigentlichen Spielzusammenhangs gefördert wurden. Passionierte Spieler beschreiben ihre nächtlichen Chats über das Internet, in denen nachts um zwölf kaum noch gespielt wird, sondern Kommunikation mit dem Headset stattfindet – herumsitzen und sich unterhalten, vergleichbar einer Form von gratis telefonieren. Aktuelle Studien haben gezeigt, dass Spieler oft mehr Zeit im Chat nach einem Game mit ihren Kontrahenten verbringen als im eigentlichen Spiel. Forschungsergebnisse legen damit nahe, dass Computerspiele nicht zur Vereinzelung von Jugendlichen beitragen, sondern diese einen festen Bestandteil im sozialen Kontext von Jugendlichen bilden und in die existierenden Peergruppenkontakte eingebaut sind.

Der so oft beschriebenen Realitätsflucht in Fantasiewelten werden aktives Handeln und das Schaffen von eigenen Welten gegenübergestellt, die bewusst als ›Spiel‹ deklariert sind. Computerspiele entwerfen eine Ersatzrealität, deren illusionärer Charakter außer Frage steht. Die Welt des Spiels dient der Erprobung von Handlungsabläufen und wird zum Trainingsfeld, auf welchem Verhaltensmuster eingeübt und durchgespielt werden. Auch in Spielen gilt es, einen Verhaltenskodex einzuhalten, da sonst mit Sanktionen der übrigen Spieler zu rechnen ist. Bei Online-Spielen kommt es nicht selten auch zum unfairen Wettbewerb, wenn beispielsweise einige Mitspieler die Grafikdarstellung zu ihren Gunsten manipulieren und sich dadurch gegenüber ihren Konkurrenten einen erheblichen Vorteil verschaffen. Grundsätzlich gilt unter den Spielern selbst dieses Verhalten als asozial und führt zur öffentlichen Bloßstellung eines Spielers, sollte er entdeckt werden, oder auch zum Ausschluss aus der Community. Es geht beim Spielen also eindeutig um Teamplay und Kommunikation. Das Internet als Medium vernetzter Spiele bildet die Plattform für eine globale Kommunikation und Unterhaltung. Die soziale Dimension stand schon für Tim Berners-Lee, dem Gründer des World Wide Web, im Vordergrund, der das Netz mehr als soziale Schöpfung denn als technisches Spielzeug verstand.

Machinima – vom Konsumenten zum Produzenten

> »So, you've played *Unreal Tournament* and *Quake* until your hands ache and your eyeballs are glued to your monitor. Now what? Well, if you're like hundreds of bleary-eye and bored gamers from around the world, you turn your gaming world into a movie set and cast yourself as a director. Called ›machinima‹ (as in ›machine cinema‹), it's just one recent example of now creative people can be in using digital technologies in ways their designers never intended.«
>
> *Gareth Branwyn*

Zu den Pionieren der vernetzten Spiele gehört das bereits erwähnte *Doom*. Dessen Erfolg hatte damit zu tun, dass das Spiel durch die Spieler veränderbar war, wie Lev Manovich in seinem Buch *The Language of New Media* betont: »By releasing detailed descriptions of game formats and a game editor, id software also encouraged the players to expand the game, creating new levels. Thus hacking and adding to the game became an essential part of the game, with new levels widely available on the Internet for everybody to download. Here was a new cultural economy that transcended the usual relationship between producers and consumers or between *strategies* and *tactics* (de Certeau).« Das Spiel war mit einer ziemlich offenen Game-Engine angelegt, durch die sich Oberflächen, Texturen oder Raumentwürfe, Figuren und Umgebung, also das gesamte Spiel, vom jeweiligen Spieler selbst gestalten ließen. Jeder Player konnte selbst neue Level kreieren oder neue Waffen entwickeln und sich damit neuen Bedrohungen und Feinden stellen. Mit *Doom* und seinem Nachfolger *Quake* sind Spiele entstanden, die eine Modifikation eines kommerziellen Spiels durch die Spieler ermöglichte und einen Paradigmenwechsel und die Entwicklung eigener Subgenres innerhalb der Game-Kultur auslöste. Die selbst erstellten

Modifikationen boten Spielerinnen und Spielern die Chance zur kreativen Selbstdarstellung. Aus den ersten choreographierten Sequenzen, die Spieler von ihren Spielzügen mit der Demo-Funktion der Computer-Engine aufnahmen, um damit andere Spieler zu beeindrucken, entwickelte sich eine eigene Szene innerhalb der Spielekultur, in welcher aufwendige Filme in Echtzeit in einer 3D-Umgebung von den Spielern aufgenommen werden und die den User zum Produzenten werden ließen.

Für diese mit Hilfe einer Game-Engine produzierten Filme hat sich der Begriff *Machinima* durchgesetzt, eine Wortschöpfung aus *Machine*, *Animation* und *Cinema*, der gleichzeitig Einflüsse und Produktionsmethoden beschreibt. Machinima bezeichnet 3D-Filme, die mit Game-Engines, der Grundlage bzw. dem Herz eines Spiels, produziert werden und die in Echtzeit wiedergegeben werden können. Die Game-Engine ist das Rechenzentrum, in dem alle Vorgänge und Darstellungen von Objekten und Umgebungen gesteuert werden. Die zugrunde liegende Software berechnet in Echtzeit die Veränderung jeder Aktion eines Spielers, ein unglaublicher Vorteil von sonst lang andauernden Rendering-Prozessen im Bereich der digitalen Spezialeffekte. Die Editoren der Game-Engines gestatten die kreative Eigenproduktion von Filmen, da sie es dem Spieler ermöglichen, die Charaktere, Szenen, Raumentwürfe und Handlungsverläufe eines Spiels nach eigenen Wünschen zu gestalten, oder mit den Worten der Machinima-Pioniere Frank Dellario und Paul Marino beschrieben: »[...] the characters, instead of shooting each other, are actors in the scene, and the server doubles as the camera, recording everything that happens in the virtual world.« Mit der veränderten Darstellung wurde eine freie Wahl des Blickwinkels möglich. Die Game-Designerin Katie Salen weist darauf hin, dass sich in den Machinima-Produktionen die Perspektive des Spielers verändert. Von der Ich-Perspektive, aus welcher der Spieler beim Spielen seine Umgebung wahrnimmt, verändert sich seine Position zu der eines äußeren Beobachters, der außerhalb des Spiels selbst steht. Katie Salen kommentiert: »With the shift in perspective from first to third person offered by a recam, players are reminded of the profound difference between playing a Deathmatch round of Quake and watching a recam of it. Recamming offers a point of transition between player and spectator, opening up the line of sight to include the narrative eye.« Computerspiele generell knüpfen an die komplexe, aber vertraute Formensprache des Films an, in welcher über Kamerafahrten, Schwenks, Zooms, Montagetechnik und wechselnde Einstellungen und Perspektiven ein einheitlicher Handlungsraum konstruiert wird.

Machinima bietet die Möglichkeit, mit wenig Geld und vergleichsweise zeitunaufwendig Animationsfilme zu produzieren, die dem ›Produzenten‹ einen großen kreativen Spielraum lassen. Der Vorteil von Machinima im Vergleich zur üblichen Animationstechnik ist, dass berechnete Handlungsprozesse in einer Echtzeit-Aufzeichnung stattfinden und damit der Rendering-Prozess eliminiert wird. Im Animationsfilm begann 3D Computer Generated Imagery (CGI) sich in den 1980er-Jahren zu entwickeln, wobei *Toy Story* (1995), kreiert von Pixar Studios, einen Meilenstein setzte. Im Vergleich zum bisherigen Animationsfilm, in welchem jeder Frame mit Hand gezeichnet wurde, ›rendert‹ der Computer jetzt die Figuren, Charaktere und Hintergründe. Um für komplexe Darstellungen alle vorhandenen Details zu rendern, wird eine unglaubliche Computerleistung benötigt. Für die Profis der Machinima-Szene sind Computerspiele daher ein Werkzeug, mit dem kostengünstig, schnell und unkompliziert kurze, einfache Geschichten produziert werden können. Machinima verbindet narrative und ästhetische Formen des Kinematografischen mit der demokratischen Technik von Spiele-Software und den flexiblen Möglichkeiten der Animation.

Der erste Film, der mittels einer Game-Engine produziert wurde, war *Diary of a Camper* 1996 von The Rangers. Damals noch mit *Quake* produziert, hatte der Film eine weitreichende Bedeutung für die Game-Community, die mit einer Vielzahl von weiteren von Spielern generierten Filmen reagierte. Hugh Hancock, einer der Pioniere von Machinima-Filmen, beschreibt die neue Bewegung als eine Form von digitalem Punk: »Do it yourself, auch mit wenig Skills: Erst mal machen und wenn überhaupt, dann bitte später reflektieren.«

Zu den wohl bekanntesten Filmen gehört *Apartment Huntin* (1999) des Kollektivs ILL Clan, in welchem zwei Holzfäller schwer bewaffnet losziehen, um eine Wohnung zu mieten. Auch der Makler steht in puncto Bewaffnung den beiden Protagonisten in nichts nach, was auf die übliche Ausstattung der Figuren eines *Quake*-Spiels zurückzuführen ist, die zur Entstehungszeit des Films noch nicht verändert werden konnte. Die friedliche Mission, gepaart mit der absurden Erscheinung und Ausstattung, trägt zum Charme des Films bei.

ILL Clan, »Apartment Huntin«, 1999, Screenshot

Dass Machinima-Produktionen längst nicht mehr nur im Spielebereich selbst reflektiert und diskutiert werden, zeigt ihre zunehmende Präsenz auch auf dem kommerziellen Sektor. So wurde das Musikvideo *In the Waiting Line* für die britische Band Zero 7 von Tommy Palotta mittels Machinima-Technik produziert. Auch der Werbeclip *Game On* für den Autohersteller Volvo, entstanden nach einem Wettbewerb, den Volvo an der New York University durchgeführt hatte, wurde mit Hilfe der Machinima-Technik produziert. Inzwischen hat sich auch eine »Academy of Machinima Arts & Sciences« (link: www.machinima.org) entwickelt, 2002 entstanden und mit Sitz in New York, die eine Plattform für Machinima-Produktionen bietet. Machinima-Filme werden auf eigenen Festivals gezeigt, wie beispielsweise dem Bitfilm-Festival, und sind als Kategorie auch in andere Filmfestivals integriert. Selbst im Ausstellungsbereich wird Machinima wahrgenommen, wie die Ausstellungen *Future Cinema. The Cinematic Imaginary after Film* 2002 am ZKM | Zentrum für Kunst und Medientechnologie in Karlsruhe oder die *transmediale.01* 2001 in Berlin beweisen. Die Entertainmentindustrie hat ebenfalls auf den veränderten Umgang der Spielerinnen und Spieler mit den vorhandenen Games reagiert und bietet inzwischen leichter handhabbare Tools, die die Produktion von Filmen mittels Computerspielen auch für den technisch noch nicht versierten Anfänger erleichtern.

Die aktuellen Beispiele von Machinima-Produktionen zeigen, dass die Game-Kultur ein kreatives Potential bereithält, das von den Spielern aufgegriffen wird. Vorhandene Strukturen und Medien werden benutzt, um daraus Neues zu generieren. Es entsteht eine soziale Eigendynamik, mit der wohl auch die Spielentwickler nicht gerechnet haben. Existierende, für kommerzielle Zwecke entwickelte Game-Engines werden zu Werkzeugen für Eigenproduktionen und neue Anwendungsformen, global verbreitet und publiziert über das World Wide Web, und damit ein weltumspannendes kulturelles Phänomen. Das Internet bietet eine öffentliche Plattform, die jugendliche Produzenten mit Gleichgesinnten aus aller Welt zusammenbringt. Spieler sind Teil einer modernen Jugendkultur, die wie selbstverständlich die Medien als Basis für Eigenproduktionen nutzt und damit auch medienkritisch innerhalb der Medien selbst zu agieren weiß. Jugendliche sind nicht nur Konsumenten in einer kommerziellen Warenwelt, sondern werden zu Akteuren, die sich der vorhandenen Medien bedienen und sie transformieren. Medienkritik findet im Medium selbst statt. Sie benutzen das bestehende System und treten spielerisch dagegen an, frei nach dem Motto – ›Gaming the System‹.

Jannis Androutsopoulos

Musiknetzwerke

Identitätsarbeit auf HipHop-Websites

Jugendliche sind die interaktivsten Nutzer der Neuen Medien. Während die E-Mail-Kommunikation und die zielgerichtete Websuche bei allen Altersgruppen beliebt sind, haben die 14- bis 19-Jährigen bei den Interaktionsmöglichkeiten des World-Wide-Web (Diskussionsforen, Newsgroups, Chats) einen deutlichen Vorsprung (van Eimeren u.a. 2004). Allerdings wissen wir wenig darüber, *worüber* Jugendliche im Netz kommunizieren und *wie* sie es tun. Umfragen und andere quantitative Methoden der Online-Forschung geben zwar Aufschluss über Lieblingswebsites, die online verbrachte Zeit und den Stellenwert des Web gegenüber anderen Medien, sagen aber kaum etwas darüber, wie die symbolischen Ressourcen der Netzkommunikation in spezifisch jugendkulturellen Kontexten angeeignet und ausgelotet werden. Einige Einblicke in diese Frage möchte dieser Beitrag am Beispiel der HipHop-Kultur im deutschsprachigen Internet anbieten. Ihm liegt ein ethnografisch-textanalytischer Forschungsansatz zugrunde, der in der Soziolinguistik und der Diskursanalyse verwurzelt ist und Aspekte der Cultural Studies sowie der interdisziplinären Online-Forschung einbindet. Um das Verhältnis von Jugendkultur und Internet zu verstehen, so meine These, müssen wir uns der Selbstdarstellung und sozialen Interaktion im Medium selbst annähern. Diese kommunikativen Handlungen finden nicht in einem sozialen Vakuum statt, sondern in virtuellen Netzwerken aus Webangeboten und Online-Gemeinschaften, die sich einer bestimmten Jugendkultur explizit zuordnen. Anhand ausgewählter Ergebnisse eines Forschungsprojektes über Stil in der Online-Kommunikation (Androutsopoulos 2003a) werde ich im Folgenden zeigen, wie das virtuelle Netzwerk der HipHop-Kultur im deutschsprachigen Raum strukturiert ist und welche Möglichkeiten der Identitätsarbeit es eröffnet. Vor der Folie eines gemeinsamen Kulturgeschmacks geht es den HipHoppern im Netz darum, Differenzen herzustellen. In ihren Texten und Gesprächen konstruieren sie weniger *die* Identität des HipHoppers, sondern verschiedene aktivitätsspezifische Identitätspositionen, die in Dialog und manchmal auch in Konflikt miteinander treten.

›Gangster‹ oder ›Gängschda‹?
Ein Beispiel aus dem Feld

Mai 2001, drei Uhr morgens: Eine schlechte Nachricht ereilt das Gästebuch von »Daniel« und »Achim«. Ihr (mittlerweile eingestelltes) Webangebot mit dem Anspruch, HipHop im Rhein-Neckar-Raum zu repräsentieren, wurde von einem anonymen Besucher schlecht geredet:

> »mann, nette idee, aber die site is dodal beschissen. sorry leuts aber die is halt mal kacke. löscht den eintrag damit ihr nur positives dastehen habt, mir egal. das kinnergefakes mit der niggerhiphoptuerei schlaucht so langsam. findet mal euren eigenen style, net so ne gangsternachahmrumgetakel scheisse. lassts euch durch n kopf gehen oder net. Musste das einfach loswerden.«

Auffallend ist hier nicht so sehr die aggressive Abwertung, sondern ihre Begründung mit den Ausdrücken »das kinnergefakes mit der niggerhiphoptuerei« und »gangsternachahmrumgetakel«. Der Besucher wirft den beiden 19-jährigen Betreibern eine unreife Nachahmung US-amerikanischer Stereotype vor und unterstellt ihnen den Mangel an einem zentralen Wert der HipHop-Kultur – *Style*.

Am gleichen Nachmittag nimmt einer der beiden Betreiber zu den Vorwürfen Stellung. Er weist die Fremdzuschreibung der Kategorie »Gangster« zurück (»Kein Plan ob das Gangsterhaft rüberkommt, iss auch egal, denn wir sind ja keine Gangster«) und beteuert seine Absicht, am eigenen Stil zu arbeiten: »wir werden jetzt wieder vermehrt an der Seite arbeiten und sie auch umgestalten.« Der nächste Gästebucheintrag trifft zwei Tage später ein, diesmal von einem befreundeten Jungkünstler, der Werbung in eigener Sache macht und um Kontaktaufnahme bittet. Die Episode scheint vergessen, doch als eine Stunde später der zweite Betreiber ins Gästebuch schreibt, setzt er abschließend die Kategorie des *Gangster* als Bezeichnung für sich selbst und für die Gleichgesinnten ein: »Peace an alle Gängschda! Der Ober-Gängschda.« Der feine Unterschied liegt in der Schreibweise. Die Form *Gängschda* legt eine regionale Aussprache nahe, die im Wohnort der beiden Betreiber zu Hause ist.

Im Interview, das ich mit »Daniel« und »Achim« durchgeführt habe, fällt es ihnen nicht schwer, diese Schreibweise als »Pfälzisch« zu identifizieren. Sie sind sich der dadurch entstandenen Stilmischung bewusst und bestätigen meinen Verdacht, das diese ironisch gemeint ist:

Die regionalsprachliche Form verwendet »Daniel« nicht referenziell, also um über amerikanische Rapkünstler zu sprechen, sondern als spielerische Adressierung im Freundeskreis: »Also wenn ich das Wort Gangsta sagen will sag ich schon Gangsta aber wenn ich jetzt zum Beispiel zum Kumpel sage, ey du bist voll der gängschda ...« Im Gästebucheintrag von »Daniel« bewirkt die verfremdete Perspektivenübernahme eine Parodie der Gangster-Kategorie, die sich nicht gegen die Website-Betreiber, sondern vielmehr gegen ihren Kritiker richtet. »Es wird schon so ein bisschen aufs Korn genommen, denk ich mir ... einfach um den ein bisschen ins Lächerliche zu ziehen.«

Ob der Vorwurf des Besuchers berechtigt war oder nicht, sei dahingestellt. Wichtig ist mir an dieser Stelle der Umgang mit dem kulturspezifischen Klischee des *Gangster*: Wie der Vorwurf des unglaubwürdigen Anspruchs auf eine fremde soziale Identität durch ironische Überhöhung entkräftet wird und wie eine lokale Ressource, eben die Regionalsprache der Jugendlichen, zu diesem Zweck eingesetzt wird. Hier, wie in zahllosen weiteren Fällen, ist virtuelle Interaktion ein Schauplatz für Identitätsarbeit zwischen lokaler und globaler Jugendkultur.

Identitätsarbeit und Stil im Internet

Wenn hier von Identität die Rede ist, dann im Sinne der *sozialen Identität*, verstanden als diskursive Konstruktion sozialer Zugehörigkeit. Aus soziolinguistischer Perspektive ist Identität eine aktive, durch Sprache und andere semiotische Ressourcen vollzogene Aushandlung der individuellen Beziehung zu größeren sozialen Konstrukten. Dieses Identitätskonzept bewegt sich weg von einer Auffassung von Identität als einer fixen, statischen Kategorie und hin zu einem flüssigen, facettenreichen, kontextabhängigen Identitätsverständnis. Identitäten werden im sozialen Handeln beansprucht und zugeschrieben; bestimmte Identitätsaspekte werden an bestimmten Stellen einer Interaktion relevant gemacht, verwandelt, abgelehnt oder spielerisch verformt. Um den dynamischen Charakter dieses Prozesses hervorzuheben, spreche ich im Folgenden von Identitätsarbeit.

Versteht man Identität als semiotische Konstruktion von Zugehörigkeit, dann sind Foren, Chats, Homepages und andere Formen von Online-Kommunikation genauso geeignete Arenen der Identitätsarbeit wie das Leben außerhalb des Netzes. Auch im Internet weist soziale Identität performative Qualitäten auf, wird also erst durch ihre textliche bzw. bildliche Vorführung relevant gesetzt. Identitätsarbeit im Netz muss weder die Identitäten des Offline-Lebens exakt wiederholen, noch kann sie von vornherein als »unecht« verurteilt werden, sondern sie kann Identitätsaspekte fördern, die im Alltag zu kurz kommen (Döring 2003). Allerdings sind die Möglichkeiten der Selbstdarstellung und sozialen Interaktion im Netz durch die Eigenschaften der digitalen Kommunikation – Schriftsprache, Multimodalität, Netzgattungen – eingeschränkt. Die User haben zwar einen Freiraum im Umgang mit den technologischen Ressourcen, aber die Entscheidung für eine bestimmte Kommunikationsform (z. B. Homepage oder Diskussionsforum) ist immer Teil ihrer situierten Identitätsarbeit.

Die Ausdrucksseite der Identitätsarbeit erfasse ich mit dem Begriff des sozialen Stils. Sozialer Stil ist eine für soziale Gruppen und ihre Mitglieder typische Art des kommunikativen Handelns, die in aktiver Auseinandersetzung mit dem sozialen Umfeld herausgebildet wird. Durch Stil, so könnte man plakativ formulieren, signalisieren wir unseren »Platz in der Welt«. Genauso wie soziale Identitäten sind soziale Stile gleichzeitig kollektiv und individuell geprägt. Sie entstehen in der Spannung zwischen dem Einhalten gemeinschaftlicher Normen und dem Versuch, Individualität und Originalität auf einem symbolischen Markt zu etablieren. Im Fall der Jugendmusikkulturen und insbesondere der HipHop-Kultur ist Musik und ihr sozialer Kontext der zentrale Gegenstand von Identitätsarbeit. Der individuelle Stil muss dabei zwei manchmal gegensätzlichen Ansprüchen gerecht werden: Zugehörigkeit zum Kreis der Fans und Aktivisten demonstrieren und ein distinktives Selbstbild als aktives, kompetentes Mitglied erzeugen.

HipHop – global, lokal, medial

HipHop – eigentlich ein Oberbegriff für vier Kulturpraktiken: Breakdance, DJ-ing, Graffiti und Rap – ist eine der populärsten Jugendmusikkulturen der letzten Jahre in Deutschland. Vom afroamerikanischen Kontext ausgehend, wurde HipHop in den 1990ern weltweit verbreitet und produktiv angeeignet (Androutsopoulos 2003b). Genauso wie andere zeitgenössische Jugendmusikkulturen ist HipHop medial geprägt und verfügt über eine eigenständige expressive Phänomenologie mit besonderen Stilzügen. HipHop unterscheidet sich von anderen Jugendmusikkulturen durch seinen performativen Charakter, der Zugehörigkeit nicht nur an der gemeinsamen Rezeption, sondern an der aktiven Durchführung einer der vier genannten Kulturtechniken festmacht. Das populärste Element des HipHop, die Rapmusik, unterscheidet sich von anderen Popmusikstilen durch den Sprechgesang und die Verarbeitung lokaler Realität und individueller Erfahrung in den Songtexten. Lokale Rapszenen, beispielsweise in Deutschland, entwickeln ihren eigenen Diskurs, aber die afroamerikanische »Mutterkultur« bleibt ein relevanter Rahmen für die Interpretation lokaler Produktionen.

Die Popularität von HipHop in Deutschland spiegelt sich in der Netzkommunikation wider. Zehntausende von HipHop-Fans, Aktivisten und Künstlern machen das Internet zum Schauplatz jugendkultureller Identitätsarbeit. Wie sich dieses Engagement zu Aktivitäten außerhalb des Netzes verhält, lässt sich derzeit kaum verallgemeinern. Vermutlich sind die HipHopper im Netz keine »allgemein jugendkulturell orientierten« Jugendlichen (Neumann-Braun/Schmidt 2003), denn dafür ist ihre Involviertheit und Investition symbolischer Arbeit im Netz einfach zu aufwändig. Andererseits ist es auch nicht so, dass sich im Netz nur die Szene-Elite trifft. Viele netzaktive HipHopper leben auf dem Land und nutzen die Vorteile der digitalen Information und Interaktion mit Gleichgesinnten. Was sie ans Netz treibt, ist ihr Interesse an einer vertiefenden Auseinandersetzung mit der Kultur; dies schließt nicht aus, dass ihre Netzaktivitäten auch eine Ressource der Selbstprofilierung im lokalen Umfeld sind.

Virtuelle Diskursräume

Der Rahmen für die Identitätsarbeit der HipHopper im Netz ist das virtuelle Musiknetzwerk, definiert als die gesamte Online-Präsenz der HipHop-Kultur. Virtuelle Musiknetzwerke entstehen ungeplant und ungesteuert, durch die fortwährende wechselseitige Verbindung von Webangeboten und Online-Interaktionen, die sich explizit auf denselben Musikstil beziehen. Ihre Knoten sind thematisch verwandte, miteinander verlinkte Websites, die von Aktivisten und Fans desselben

Musikstils produziert und rezipiert werden. Musiknetzwerke sind kein rein analytisches Konstrukt, sondern haben empirischen Bestand für die Beteiligten. Daher sind die Kriterien für die Zugehörigkeit einer Website zum Netzwerk ethnografisch fundiert: die Selbstzuordnung der Website zum Netzwerk, ihre Verlinkung mit anderen Knoten, ihre Akzeptanz durch andere Mitglieder.

Für die Strukturanalyse eines Musiknetzwerks ist zunächst die Unterscheidung zwischen Webangeboten und Gemeinschaften relevant. Webangebote werden von (Gruppen von) Individuen zusammengestellt, publiziert, gewartet und aktualisiert. Gemeinschaften (Communities) sind Netzwerke von NutzerInnen, die durch regelmäßige Interaktionen an einem gemeinsamen virtuellen Ort (Forum, Chat, Newsgroup) entstehen. Im Sinne eines Kern-Peripherie-Modells stehen im Zentrum des Netzwerks diejenigen Webangebote bzw. Gemeinschaften, welche die meisten Zugriffe bzw. Mitglieder haben, überregional bekannt sind (wie an ihrer Verlinkung oder an Interviews erkennbar) und sich im Diskurs der Szene einen Namen gemacht haben. Die Webangebote im Kern des HipHop-Netzwerks bezeichnen sich selbst als Online-Magazine bzw. Portale. Ihnen ist eine funktionale Vielfalt und eine Tendenz zur Professionalisierung gemeinsam. Ihr redaktioneller Teil enthält journalistische Formen der Berichterstattung und ergänzt die gedruckten Szenemedien durch multimediale Angebote wie Bildergalerien, Glossare und Online-Audio. Die großen Magazine und Portale stellen außerdem Diskussionsforen und Chaträume bereit und bieten weitere Interaktivangebote wie Umfragen, Online-Shops und Gewinnspiele an. Zur Sicherung der hierfür benötigten Ressourcen sind sie freilich auf Werbung und andere kommerzielle Einbindungen angewiesen. Ihre umfangreichen, durch Selbsteintragungen wachsenden Linkverzeichnisse bieten einen Ausgangspunkt für die Erkundung des Netzwerks und lassen erkennen, wie tief die Kluft zwischen Anspruch und Realität ausfällt. Mehr als 50 selbst ernannte Online-HipHop-Magazine waren während der Feldforschung zu verzeichnen, doch höchstens ein Dutzend davon verdiente diesen Titel nach objektiven Kriterien wie eine eigene Redaktion, regelmäßige Aktualisierung und Themenbreite.

Um den Kern des Netzwerks herum sind zahlreiche individuelle Webangebote zu verorten. Einige davon spiegeln die kommerzielle Infrastruktur der Szene wider und sind durch ihre Online-Shops selbst

Teil dieser Infrastruktur: Alle auf dem deutschsprachigen HipHop-Markt präsente Künstler oder Labels verfügen über eine eigene Website. Ihnen stehen private Homepages gegenüber, die von Fans, Aktivisten und Nachwuchskünstlern gepflegt werden. Ihr typisches Gattungsprofil umfasst ein Bio, Fotos, Samples eigener Produktionen, Links zu Websites befreundeter Aktivisten sowie ein Gästebuch. Auf Gästebüchern, Chats und insbesondere Diskussionsforen konstituiert sich die Öffentlichkeit der Online-Szene. Rund zehn dezidierte HipHop-Foren mit jeweils mehreren Hunderten bzw. Tausenden registrierter User waren während der Feldforschung zu verzeichnen. Sechs davon (auf rap.de, hiphop.de, mzee.com, rapz.de, webbeatz.de, deflok.de) hatten im Sommer 2003 mehr als 65 000 registrierte User, die den befragten Webmastern zufolge zwischen 14 und 29 Jahren alt und vorwiegend männlich sind, währen die Foren- und Magazinbetreiber selbst eher in ihren (späten) 20ern sind.

Die Übersicht deutet auf den mehrdimensionalen, Information und Interaktion verbindenden Charakter der virtuellen Musiknetzwerke hin: Online-Magazine erweitern den Diskurs der gedruckten Szenemedien; die Nischenunternehmen der Szene nutzen das Netz als professionelles Werkzeug; für Nachwuchskünstler ist die private Homepage eine neue Möglichkeit der Selbstdarstellung und der preiswerten Werbung; und die Diskussionsforen eröffnen neue Möglichkeiten des öffentlichen Austausches. Musiknetzwerke sind polyphone Diskursräume, die unter dem Dach einer gemeinsamen kulturellen Orientierung unterschiedliche Teilnehmerprofile, Interessen und kommunikative Zwecke beherbergen.

Vom Gelegenheitsschreiber zum Webmaster

Welche Identitäten in diesen Diskursräumen vorgeführt werden, hängt davon ab, in welcher Eigenschaft oder Rolle an der Online-Kommunikation teilgenommen wird. Einige typische Beteiligungsformate im HipHop-Netzwerk modelliere ich anhand dreier Kriterien: Professionalisierung, Teilnahmeintensität und Kommunikationsform. Das erste und einfachste Format wäre der Gelegenheits-Poster: ein Mitglied, das mit dem gleichen oder mit wechselnden Pseudonymen hin und wieder die Foren, Chats und Gästebücher des Netzwerks aufsucht. Seine Identitätsarbeit beschränkt sich gewissermaßen auf ›Zwischenrufe‹ und ist von Anonymität und Unverbindlichkeit geprägt. Ihm steht das Stammmitglied gegenüber, der durch kontinuierliche Präsenz im gewählten Forum oder Chat in die Online-Gemeinschaft hineinwächst und dort soziale Beziehungen knüpft. Ein drittes Format ist der Autor einer persönlichen Homepage. Er ist oft als Rapper, DJ oder Graffiti-Maler aktiv, und die öffentliche Vorstellung dieser Aktivitäten ist ein wesentliches Motiv des Medienhandelns. Identitätsarbeit bedeutet hier eine fortwährende Arbeit an der eigenen Medienkompetenz zum Zweck der Homepage-Pflege. Jenseits der individuellen Gestaltungsstile ist allen Homepage-Autoren gemeinsam, dass die für Gelegenheitsschreiber typische Unverbindlichkeit von einer stets sichtbaren, gewissermaßen verbindlichen persönlichen Identität abgelöst wird. Ein viertes Format bilden diejenigen Teilnehmer, die über die Forenbeteiligung und die eigene Homepage hinaus so genannte Netzämter (Döring 2003) übernehmen oder sich als Nachwuchsjournalisten versuchen. Dies sind die ehrenamtlichen Schreiber und Foren-Moderatoren, auf die alle großen Websites im Netzwerk angewiesen sind. Ihre Identitätsarbeit muss jedoch den einschlägigen Richtlinien der Magazin- und Portalbetreiber genügen. Diese erwarten von ihren freien Mitarbeitern u. a. »gutes Schriftdeutsch« und Englischkenntnisse, um etwa Interviews mit ausländischen Künstlern führen zu können. Die Betreiber professioneller Webangebote stellen das letzte Beteiligungsformat dar. Ihre Identitätsarbeit ist weniger an das Verfassen journalistischer Beiträge und mehr an die globale Konzeption und Strukturierung ihres Webangebots gebunden. Man bemüht sich, Standards professionellen Medienmanagements zu erreichen, neue Entwicklungen der Webtechnologie anzuwenden und den Spagat zwischen Wirtschaft und Szene zu bewältigen. Die skizzierten Formate schließen sich nicht gegenseitig aus. Meine Interviews und Online-Beobachtungen liefern Beispiele dafür, wie das Medienhandeln einzelner Teilnehmer ausdifferenziert wird. Man macht z. B. eine eigene Homepage, schreibt auf Diskussionsforen und ist auch noch als freier Mitarbeiter eines Online-Magazins tätig. Diese Aktivitäten und der Wechsel zwischen ihnen werden sprachstilistisch klar auseinander gehalten. Der Übergang von z. B. einer Forendiskussion zum Verfassen einer CD-Kritik wird durch den jeweils passenden Schreibstil kontextualisiert.

Globale Ressourcen für lokale Identitäten

Die Spannung zwischen globaler Popkultur und ihrer lokalen Aneignung prägt den Diskurs im virtuellen Netzwerk der HipHop-Kultur. Auch wenn die deutschsprachige Rapproduktion eine bemerkenswerte Eigenständigkeit und Vielfalt erreicht hat, bleibt die afroamerikanische ›Mutterkultur‹ als Inspirationsquelle und Interpretationsrahmen relevant. Jeder einzelne Künstler und jede lokale Szene (z. B. in Stuttgart, Hamburg oder Berlin) positioniert sich im Verhältnis zu den afroamerikanischen Strömungen und Vorbildern. Die Aneignung der global zirkulierenden Kategorien des HipHop ist nicht beliebig, sondern Gegenstand kritischer Reflexion. Die Grenze zwischen dem individuellen *Style* und der Nachahmung fremder Stereotype (wie z. B. *Gangster*) wird im Diskurs ausgehandelt, wobei lokale Identitätsaspekte wie Wohnort oder Musikgeschmack herangezogen werden.

Ich möchte diese Spannung am Beispiel einer Forendiskussion auf dem Portal webbeatz.de demonstrieren. Diese ›Promotion Plattform‹ gibt jungen Rappern und DJs die Möglichkeit, sich und ihre Musik kostenlos zu präsentieren. Jeder registrierte Künstler hat eine eigene Seite mit einem Foto, einem kurzen Info-Text und Songs im Digitalformat. Die Besucher können sich die Songs anhören und in einem eigens eingerichteten ›Kritikforum‹ kommentieren. Die nachfolgend untersuchte Diskussion entstammt dem Kritikforum einer Berliner Band namens Hecklah & Coch. Bereits der Bandname ist ein gutes Beispiel für kulturelle Lokalisierung: Es verfremdet den Namen eines deutschen Waffenherstellers (Heckler & Koch Jagd- u. Sportwaffen) und lehnt sich dabei an die amerikanische Rapband Smif & Wessun an, die ihrerseits den Namen des amerikanischen Waffenherstellers Smith & Wesson verfremdet. Im Bandfoto blicken die beiden Jungkünstler, Schusswaffen haltend, auf den Betrachter herunter. Dies ist eine im HipHop-Kontext bekannte Pose, die das Sujet als dominant, den Betrachter als machtlos konstruiert. Während das Bandfoto in diesen Kritikforen normalerweise kaum beachtet wird, steht es hier vom Anfang an im Zentrum der Debatte.

19 Tage nach Eröffnung des Kritikforums von Hecklah & Coch (November 2003) umfasste die Diskussion 90 Beiträge mit einem Durchschnitt von 45 Wörtern pro Beitrag. Die hier untersuchten, ersten 29 Beiträge wurden von 16 Personen in 43 Stunden verfasst. In

ihrer Sequenzstruktur sind sie eine Kette von aufeinander folgenden Kommentaren, durchbrochen von kleinen Dialogsequenzen, die auf vorangehende Beiträge reagieren. Mehrere Teilnehmer aus verschiedenen Orten Deutschlands nehmen dabei den Songtext und v. a. das Bandfoto in die Kritik. So schreibt »David« im zweiten Eintrag: »euer foto find ich krass lächerlich ... aber wer weiss ... vielleicht lauft ihr ja in berlin wirklich so hart rum ...dann is ok ...« Im darauf folgenden Beitrag fordert er die Band provokativ auf, die Glaubwürdigkeit ihrer Pose zu beweisen: »aber vielleicht hate [= hasse] ich auch einfach nur ... auch möglich ... dann erschießt mich halt.« Im achten Beitrag stempelt auch »Dieter« das Foto als visuelles Klischee ab: »Das photo ist echt der Hammer – fehlen nur noch zwei bitchez, ihr seid soooo lächerlich ...« Im 19. Beitrag wird die Berechtigung der Band, auf kriminelles Ghetto-Leben zu verweisen, angezweifelt: »euer foto ... naja, der eine ist aufm internat, der andere war fürn jahr im ausland, ob ihr gerade die richtigen seid um ›das getto zu represented‹ weiss ich jetzt auch net.« Im 27. Beitrag wird das Foto mit der negativen Kategorie des »Möchtegern-Gangsta« belegt: »Aber bitte wechselt dieses peinliche Foto ... sieht aus wie so 2 möchtegern gangsta.« Offensichtlich löst das Bandfoto kulturelle Resonanzen aus: Die Waffen werden auf ihren spezifischen Ursprungskontext zurückgeführt und mit Kategorien belegt, die von der Band selbst nicht benutzt werden (*Gangsta*, *Ghetto*). Für diese Kritiker verstößt die Selbstdarstellung von Hecklah & Coch gegen die weit verbreitete Maxime, dass Raptexte gelebte Erfahrung zu reflektieren haben.

Diesen kritischen Stimmen stehen mehrere Verteidiger der Band gegenüber, die ausnahmslos aus Berlin kommen und die Band als Repräsentanten des lokalen Stils (*Berlinrap*, *berliner style*) würdigen. Bemerkenswerterweise gilt ihr Lob (ausgedrückt z. B. durch »fett, cool, fresh«) der Musik und den Texten, das Foto thematisieren sie kaum. Zudem greifen sie gelegentlich die Kritiker an, indem sie deren Wohnort oder Musikgeschmack abwerten. Beispielsweise wird im 11. Beitrag ein Kritiker aufgefordert: »halt einfach dein maul oder hör weiter beginner!« Hier steht die Hamburger Rapband Beginner für einen Stil, den der Berliner Fan ablehnt. Im 20. Beitrag weist »Timm« die Kritik von »Dieter« zurück, indem er sich über seinen angegebenen Wohnort lustig macht: »wo kommst du her? Pinneberg? keine angst die tun dir nichts.« Die Implikation ist wohl, dass ein »Provinzler« mit Waffen nicht so vertraut ist wie die Berliner Jugendlichen. Der Konflikt zwischen Adepten und Kritikern des *berliner style* spitzt sich ab dem 22. Beitrag zu. Schauen wir uns die Beiträge 22 bis 29 genauer an (vereinfachte und anonymisierte Fassung der am Bildschirm sichtbaren Diskussion; die Schreibweise des Originals wird beibehalten):

22. Frank – 15.56
In gewisser Weise ist es clever jede Art von Kritik mit dem Vorwurf des ›Ihr Hated Nur‹ [= Songtitel der Band] abzutun. Sehr einfaches, beneidenswert unkompliziertes Weltbild.
Nur beschränkt man sich dadurch letztendlich selbst. Aber das fühlen Hecklah & Coch wohl nicht.
Ein Quentchen übertriebener und es wäre beinahe hunmorvoll. So bleibt es, in meinen Augen, ein vergeblicher Profilierungsversuch der unterhalb der Mittelmäßigkeit rangiert.
Der Beat fügt sich gut in diese Szenerie.

23. Andy – 16.08
blub blub blub.

24. Timm – 17.28
blub blub und abgesoffen!
das man in alles immer so viel interpretieren kann.
der track definiert sich ganz einfach. tighter beat, strophen geschrieben, aufgenommen.
is doch nur RAP man, RAP !!!!!!
kritik is cool. aber Deeuutschlääänd (Mr. Banjo said so) hört auf mit pseudo intellektuellen phrasen irgendwelche tracks zu analysieren.
feier doch einfach den track. (@frank)

@rick
HAALLLOOOO
H.E.C.K.L.A.H. & C.O.C.H – 99% Treffsicherheit
– deutsche parade waffe – FlexRap
-------------GUNZ auf dem Cover!!!!

25. Timm – 17.39
ach ja,
http://www.grundausbildung.com/
und wer nen freshen bootleg hören will:
http://[…].com/ in der mp3-area
hauta klabauta

26. Frank – 17.43
Was gibts da zu feiern Timm?
Ich finde diesen Track langweilig.
Wenn Du Dich über unreflektierten Konsum freuen kannst,
dann wünsche ich Dir viel Vergnügen. Ich kanns nicht.
Hilfe.
Ich bin Student.

27. Dennis – 22.36
Ya so mag ich das: Berlinrap wie ihn mag
Krawall Peace

28. Willy – 22.56
Hey,
track ist sicherlich nicht schlecht … beat ist geil, raps sind auch gut … Aber alles in einem recht nett. Aber bitte wechselt dieses peinliche Foto … sieht aus wie so 2 möchtegern gangsta
Peace and respect
Bad Grade Click

29. Mark – 08.31
Frank schrieb am (DATUM):
[Vollzitat von 22]
geh nach hause und höhr fanta4

Während die bisherige Diskussion in einem für Foren üblichen Stil verlief – kurze Beiträge, einfache Sätze, viel Kleinschreibung, Musikjargon und jugendsprachliche Bewertungen –, folgt der 22. Beitrag einem markant anderen Stil: Er ist überdurchschnittlich lang und syntaktisch komplex, folgt der Rechtschreibnorm und enthält mehrere Fremd- bzw. Bildungswörter, die man in diesem Forum ansonsten nicht sieht:

»rangiert, unterhalb der Mittelmäßigkeit, vergeblicher Profilierungsversuch, beneidenswert unkompliziertes, beinahe humorvoll«. Er ist unpersönlich gehalten (bis auf die Formel »in meinen Augen«), während die meisten anderen Einträge persönlich und/oder dialogisch ausgerichtet sind. Die sprachliche Form unterstreicht den inhaltlichen Anspruch des Schreibers auf Objektivität. »Franks« Beitrag ist gerahmt weniger als persönliche Wertung denn als eine Art Ideologiekritik, die Hecklah & Coch einen Mangel an Authentizität, Gefühl und Humor zuschreibt.

Erwartungsgemäß stößt der Eintrag auf Reaktionen der Berliner Jugendlichen: Einige Minuten später weist »Andy« »Franks« Analyse mit einem lapidaren Kommentar zurück. »Timm« eröffnet den nächsten Beitrag mit einer Wiederholung und Variation dieses Kommentars und demonstriert dadurch seine Übereinstimmung mit »Andy«. In seiner Stellungnahme lehnt »Timm« jeden Versuch ab, Rapmusik intellektuell zu interpretieren, und lenkt die Aufmerksamkeit auf die Stimmigkeit von Sound und Text. Er unterstreicht seine Position durch Verweis auf einen aktuellen Rapsong (»Deutschland« von Olli Banjo) und vergegenwärtigt dessen kritisches Deutschlandbild durch ein Zitat: »Deeuutschläänd (Mr. Banjo said so)«. Anschließend liefert »Timm«, auf einen vorigen kritischen Beitrag reagierend, eine alternative Lesart des Waffenfotos. Während für die Kritiker die Waffen eine mit der lokalen Realität inkongruente Pose sind, hebt »Timm« auf eine metaphorische Lesart des Fotos ab: Als visuelle Metapher verstanden, übertragen »GUNZ auf dem Cover« (genauso wie der Bandname) bestimmte positiv gewertete Qualitäten des Waffenherstellers (»99% Treffsicherheit«) auf die Band. Mit der Kategorie »Flex Rap« deutet er die Waffenmetapher als ein legitimes Stilmittel im Kontext des Battle Rap, der auf aggressiven verbalen Wettbewerb abzielt.

»Franks« Reaktion hält an der Position und dem Stil seines ersten Beitrags fest. Er weist »Timms« Aufforderung zurück und lehnt seinen »unreflektierten Konsum« ab. »Frank« schließt seinen Beitrag mit einem Hilferuf und einer Selbstkategorisierung als »Student« ab. In der gegenwärtigen Jugendsprache ist *Student* eine negative Kategorisierung für junge Erwachsene mit einer intellektuellen Haltung, denen wirkliche Lebenserfahrung fehlt. »Franks« Selbstkategorisierung kann gelesen werden als ironische Aneignung seines vermuteten Fremdstereotyps: Indem er die Kategorie, die ihm die Verteidiger von Hecklah &

Coch vermutlich zuschreiben, für sich selbst beansprucht, nimmt er ihnen sozusagen den Wind aus den Segeln. Lob und Kritik wechseln sich in den darauf folgenden Beiträgen ab. »Dennis« lobt den lokalen Stil der Band, während »Willy« dem Song zustimmt, aber das Bandfoto ablehnt. Noch eine Kritik an »Frank« kommt im 29. Beitrag. »Mark«, der ebenfalls aus Berlin kommt, zitiert den gesamten Beitrag »Franks« und kommentiert ihn mit einer abschätzigen Aufforderung, deren Sinn sich erst im Kontext der deutschsprachigen Rapgeschichte erschließt: »geh nach hause und höhr fanta4«. »Franks« Beitrag wird hier mit einer Band verglichen, die heute vielerorts als überholt, kommerziell und zu »weich« gilt. Die Kürze der Aufforderung und der Rechtschreibfehler bei »höhr« lassen auch diesen Beitrag als formalen Kontrast zu »Franks« Analyse erscheinen.

Ich habe versucht zu zeigen, wie die Diskursanalyse einer Forumsdiskussion das problematische Verhältnis der jugendlichen Akteure zu globalen jugendkulturellen Kategorien sichtbar macht. Die Aneignung von Rap in Deutschland geht nicht automatisch mit einer unkritischen Übernahme aller damit verbundenen Stereotype einher. Im deutschsprachigen Kontext erscheint *Gangster* durchgehend als eine Fremdzuschreibung, die für eine misslungene kulturelle Aneignung steht. Allerdings hindert dies manche Akteure nicht daran, Stilmittel aus dem afroamerikanischen *Gangster*-Kontext zu übernehmen. Jugendliche aus der Berliner Szene konstruieren für sich eine symbolische Entsprechung zwischen Globalem und Lokalem, die von anderen Mitgliedern des Forums als eine unpassende Nachahmung afroamerikanischer Klischees zurückgewiesen wird. Die Analyse der Forumsdiskussion hat exemplarisch gezeigt, wie diese Debatte geführt wird und welche Rolle der Schreibstil dabei spielt. In solchen Debatten, die jeden Tag in zahllosen Forenbeiträgen ausgetragen werden, entsteht der Sinn der Jugendmusikkultur für die Beteiligten. Und in diesem Sinne ist eine Diskursanalyse von Online-Kommunikation ein unumgänglicher Zugang zur kreativen, außerinstitutionellen Aneignung der Neuen Medien durch Jugendliche.

V.
Real Time
Zeit

Jürgen Zinnecker

Alles ist möglich und nichts ist gewiss

Deutschlands erste Jugendgeneration im 21. Jahrhundert

Wir haben uns angewöhnt, Jung und Alt mit öffentlichen Medienbildern zu belegen: Beiden Altersgruppen werden eindeutige Rollen zugeschrieben; diese Rollen repräsentieren polar einander entgegengesetzte soziale Charaktere. Der jungen Generation fällt dabei die Rolle zu, gegen die überlieferten Ordnungen der Väter und Mütter zu rebellieren. Die ältere Generation tritt, am anderen Pol, als Bewahrer dieser Ordnungen auf. Eine solche stereotype Entgegensetzung von Jung und Alt hat archaische Qualität, die in Europa bis in die Antike hinein überliefert ist. Die Rollenzuweisung bestimmte aber insbesondere unsere Vorstellung von Jugend in den Umbrüchen der Moderne im vergangenen Jahrhundert. Das lässt sich am Beispiel der jüngeren deutschen Geschichte illustrieren. So markiert die jüngere Generation in der bewegten politischen Geschichte Deutschlands der letzten 100 Jahre jeweils die radikalen und fundamentalistischen Positionen. Die Jugendbewegung um 1900 lehnte sich gegen das Patriarchat der bürgerlichen Väter und die im Entstehen begriffene urbane Zivilisation auf. Stattdessen suchte sie brüderliche Gemeinschaft und Naturbegegnung jenseits der großen Städte. Die radikalen politischen Parteien der 1920er- und 1930er-Jahre, auf dem linken Flügel die Kommunisten und auf dem rechten die Nationalsozialisten, waren, was ihre Anhänger betrifft, ausgesprochen ›junge‹ Parteien. Die bürgerliche Mitte, einschließlich der deutschen Sozialdemokratie, wurde von der älteren Generation besetzt gehalten. Die Studenten- und Schülerbewegung der 1960er- und 1970er-Jahre opponierte international gegen Kapitalismus und Imperialismus und empörte sich national gegen die Verdrängung der jüngeren Vergangenheit – Historische Arbeiterbewegung; Nationalsozialismus und Holocaust – in der deutschen Nachkriegsgesellschaft unter Adenauer. Anfang der 1980er-Jahre bildeten junge Leute in Deutschland den Kern verschiedener sozialer Protestbewegungen, so der Ökologiebewegung und der Friedensbewegung, aus deren Mitte eine ›Jugendpartei‹ neu gegründet wurde, die Grünen.

Zu Beginn des 21. Jahrhunderts stimmen die alten Zuschreibungen und die alten Erfahrungen des vergangenen Jahrhunderts nicht mehr. Gegenwärtig formiert sich in Deutschland eine junge Generation, deren Orientierungen, deren Mentalität anders sind. Der radikale Wandel von Jugend wird, neben vielen anderen Hinweisen, nachdrücklich durch zwei groß angelegte und für Deutschland repräsentative Jugendstudien dokumentiert, welche die aktuellen Werte und Lebensweisen der jungen Generation zu Beginn des neuen Jahrhunderts mit sozialwissenschaftlicher Akribie rekonstruieren. Deren Ergebnisse liegen diesem Essay zugrunde.

Es handelt sich zum einen um eine mehrstündige schriftliche Befragung von rund 8 000 10- bis 18-jährigen Kindern und Jugendlichen, die im Herbst 2001 stattfand. Zum anderen handelt es sich um die jüngste der nationalen Jugendstudien, die seit Mitte der 1950er-Jahre von der Deutschen Shell gefördert werden. In dieser Jugendstudie, die Frühjahr 2002 stattfand, wurden rund 2 500 Jugendliche zwischen 12 und 25 Jahren in mündlichen, standardisierten Interviews befragt. Beide Jugendbefragungen lassen Vergleiche zu Jugendstudien aus den letzten Jahrzehnten des vergangenen Jahrhunderts zu.

Ein Porträt der neuen Jugendgeneration – nicht ohne Schattenseiten

Einige Blitzlichter können die Grundstimmung in der jungen Generation zu Beginn des neuen Jahrhunderts beleuchten:

- Die Mentalität der Jugend hat sich in Richtung bürgerlicher Mitte der Gesellschaft verschoben. Ihre Sache ist nicht mehr, wie noch in den 1980er-Jahren, Systemkritik und utopischer Gegenentwurf zur bestehenden gesellschaftlichen Ordnung. Stattdessen äußern sie sich in den Befragungen mehrheitlich systemloyal. Jenseits ausgearbeiteter ideologischer Systeme suchen sie pragmatisch nach Lösungen für die großen gesellschaftlichen und für ihre persönlichen Probleme. Sie halten zwar in ihrer Mehrheit die globalen Probleme der Welt, Krieg, Armut, Umweltzerstörung und Arbeitslosigkeit für nicht lösbar – für machbar halten sie dagegen einiges. Sie blicken daher optimistisch in eine ungewisse Zukunft der Moderne und suchen nach privaten Lösungen für ihren eigenen Lebensweg: »Man sollte sein Leben leben und froh sein, wenn man nicht von außen belästigt wird.« Vor zwei Jahrzehnten war ein solches Credo des Privatismus, das die Einschränkung auf den eigenen Lebensweg propagiert, unter jungen Leuten noch sehr unbeliebt.

- Alte Werte werden in der neuen Jugendgeneration sehr geschätzt. Sie setzen mehrheitlich auf Leistung, sind auf gute Bildungsabschlüsse bedacht. »Karriere machen« oder »Treue« stehen ganz oben auf der Skala der Werte, die von den heutigen Jugendlichen als *in* bezeichnet werden. Ihr Bedürfnis nach Sicherheit ist außerordentlich stark entwickelt. Damit haben sich die Prognosen der Werteforscher aus den 1980er-Jahren als falsch erwiesen, die – wie beispielsweise Roland Inglehart – vor zwei Jahrzehnten davon ausgingen, dass künftige junge Generationen zunehmend zu Trägern neuer postmaterialistischer und Selbstverwirklichungswerte würden. Ganz im Gegenteil. Die jungen Leute sind konsumfreudig und an materiellen Genüssen orientiert wie nie zuvor und verschränken ungeniert alte und neue Werte: So verschmilzt in der neuen Jugendgeneration die Hochschätzung konventioneller und materieller Werte wie »Gesetz und Ordnung respektieren«, »nach Sicherheit streben«, »fleißig und ehrgeizig sein«, »einen hohen Lebensstandard haben« mit hoher Zustimmung zu Werten der Kreativität (»seine eigene Phantasie und Kreativität entwickeln«) und Toleranz (»auch solche Meinungen tolerieren, denen man eigentlich nicht zustimmen kann«). Beide Seiten zusammen bilden eine zentrale Orientierungsdimension für die junge Generation heute. Eine solche Melange wäre für die Mehrheit der Jugendlichen in den 1980er-Jahren ganz und gar nicht denkbar gewesen. Damals gingen Kreativität und Toleranz v. a. mit politischem und sozialem Engagement zusammen, wie die empirischen Vergleichsstudien ausweisen.
- Welche Wertegruppen dominieren in der aktuellen Jugendgeneration? Es lassen sich vier soziale Gruppen mit unterschiedlichen Werthaltungen identifizieren. In der Jugendstudie von 2002 werden diese mit den einprägsamen Etiketten »Pragmatische Idealisten«, »Selbstbewusste Macher«, »Robuste Materialisten« und »Zögerliche Unauffällige« belegt. Jede der vier Wertegruppen repräsentiert etwa ein Viertel der deutschen Jugendgeneration zu Beginn des Jahr-

hunderts, wobei die vier Gruppen im sozialen Raum unterschiedlich verortet sind. Auf der Seite der ersten beiden Wertegruppen finden wir die möglichen zukünftigen Gewinner, unter den beiden letzten Gruppen möglicherweise die Verlierer überhäufig vertreten. Als »Pragmatische Idealisten« präsentieren sich v. a. die bildungsprivilegierten Jugendlichen, die aus bildungsprivilegierten Elternhäusern stammen und etwas häufiger weiblich sind. Sie sind systemloyal, betonen die ideelle Seite des Lebens, sind jedoch alles andere als »postmaterialistisch« ausgerichtet. Sie repräsentieren die beschriebene Synthese alter und neuer Werte, von Ordnung, Sicherheit und kreativem Engagement in besonderer Weise. Man könnte sie als die Engagement-Elite der jüngeren Generation bezeichnen, die besonders häufig unter Studierenden und Gymnasiasten zu finden ist. Die »Selbstbewussten Macher« bilden, als Pendant, die Leistungselite unter den Jüngeren. Sie bringen den Trend der heutigen Jugendgeneration, sich aktiv und erfolgreich der aktuellen gesellschaftlichen Agenda zu stellen, besonders klar zum Ausdruck. Unter ihnen finden wir besonders häufig Jugendliche, die im Begriff stehen, durch Bildung, Ausbildung und Berufstätigkeit aus einer breiten sozialen Mitte erfolgreich aufzusteigen. »Robuste Materialisten« und »Unauffällige« repräsentieren demgegenüber eher die Verliererseite der Moderne. Sie kommen mit den Leistungsanforderungen in Schule und Ausbildung weniger gut zurecht, befinden sich gehäuft in benachteiligten Bildungsgängen (insbesondere in der deutschen Hauptschule) oder sind arbeits- bzw. erwerbslos. Beide Gruppen blicken eher skeptisch in ihre persönliche Zukunft und äußern eine diffuse Unzufriedenheit mit dem gesellschaftlichen System. Dabei treten die »Robusten Materialisten«, unter denen männliche Jugendliche überwiegen, öffentlich stärker hervor, da einige unter ihnen zu politischem Radikalismus und Fremdenfeindlichkeit neigen.

- Die neue Jugendgeneration als Ganze hat mehrheitlich mit der Generation der Erwachsenen ihren persönlichen, sozialen und politischen Frieden geschlossen. Im Verlauf der zweiten Hälfte des vergangenen Jahrhunderts verfielen die erwachsenen Vorbilder von Generation zu Generation mehr – jetzt werden sie unvermittelt von mehr als der Hälfte der Jugendlichen wieder hochgehalten. Aus der Krise der Expertenherrschaft gingen zwei Berufsgruppen als klare Sieger hervor: die Ärzte und die Polizisten. Die heutige Jugend vertraut diesen Helfern am meisten von allen, ganz im Gegensatz etwa zu den Politikern, den aktuellen Chef der Regierung eingeschlossen, deren Autorität unter den jungen Leuten endgültig zu zerfallen scheint. Überhaupt betrachten die jungen Leute diejenigen Erwachsenen mit einigem Misstrauen, die ihnen etwas ›verkaufen‹ – und d. h.: vormachen – wollen, ob das nun Nachrichtensprecher sind, Lehrpersonen in der Schule oder reale Verkäufer im Warenhaus.

– Die wahren Gewinner in der erwachsenen Generation sind aber die eigenen Eltern. Sie werden am häufigsten als persönliche Vorbilder genannt – eine Hochschätzung, die sie heute nur noch mit bestimmten Medienprominenten aus der Musikbranche (Sängerinnen bei den Mädchen) und aus dem Profisport (Fußballspieler bei den Jungen) teilen müssen. Heutige Jugendliche schätzen die Erziehung im eigenen Elternhaus als vergleichsweise liberal ein. Das Verhältnis zu den Eltern wird von ihnen mehrheitlich als »stressarm« angesehen, selbst in den Jahren der Pubertät. Sie sind überwiegend einverstanden mit dem Verhalten ihrer Mütter und – mit gewissen Einschränkungen – ihrer Väter ihnen gegenüber und stellen sich vor, dass sie ihre eigenen Kinder später einmal genauso erziehen werden, wie ihre Eltern es ihnen vorgelebt haben. Das Einverständnis mit der Elterngeneration geht Hand in Hand mit einem allgemeinen Einverständnis mit der Institution der Familie. Dabei sieht die Mehrheit der Jugendlichen die Familie nicht als Kleinfamilienhaushalt an, der auf Eltern und Kinder beschränkt ist, sondern als ein dichtes soziales Netzwerk, das über den eigenen Haushalt hinausweist. Dazu gehören in erster Linie die noch lebenden Großeltern und (für 9 von 10 Jugendlichen) die eigenen Geschwister, ferner ältere und gleichaltrige Verwandte, die Freunde des Hauses – und nicht zuletzt die geliebten Haustiere, die besonders für die jüngeren Jugendlichen wichtig sind. Die meisten Jugendlichen erträumen sich eine geglückte Standardbiografie in der Familie, die Ehepartner, Kinder, eigenes Haus mit Garten, Auto, Urlaubsreisen und Geld einschließt – das gilt zunehmend auch für die männlichen Jugendlichen. Die eigenen Kinder gut zu erziehen wird von vielen als erstrebenswerte Lebensleistung ausgelobt.

Zum vollständigen Profil der ersten Jugendgeneration im neuen Jahrhundert gehören bestimmte Schattenseiten und Untiefen. Erst wenn wir diese, gleichfalls durch die aktuellen Jugendstudien belegte Seite ausleuchten, gewinnt das Profil an Schärfentiefe, und auch einige ungeklärte Paradoxien in Mentalität und Lebensentwurf dieser Generation werden sichtbar.

- Ihr Blick in die eigene Zukunft ist von ambivalenten Gefühlen und Erwartungen durchzogen. In den Identitätsentwürfen lavieren, taktieren und ›schwimmen‹ sie teilweise erheblich. Sie sind sich weder ihrer beruflichen noch ihrer privaten Zukunft sicher.
- Sie sind zwar stark auf Bildungs- und Ausbildungsabschlüsse hin orientiert, vielfach fehlen ihnen jedoch Kenntnisse und Fähigkeiten, wie man zum gewünschten Bildungsziel gelangt. Lernfreude und Lernkultur sind insgesamt wenig entwickelt; Lehrer gehören nicht zu den wirklich wichtigen Bezugspersonen ihres Lebens.
- Sie akzeptieren zwar einige erwachsene Vorbilder und Experten, insgesamt trauen sie den Autoritäten der Erwachsenengeneration jedoch nicht viel zu. Sie meinen, viele Erwachsene verstünden die Probleme von Jugendlichen nicht wirklich.
- Sie setzen zwar ganz auf die private Welt der Familie, wissen aber aus eigener Erfahrung darum, wie zerbrechlich diese Ordnung sein kann. Sie haben sehr häufig Krankheit und Tod in der Familie erfahren, manche haben auch gewaltsame Erziehung, Probleme der Eltern und Scheidung miterlebt.
- Zwar genießen viele das Jungsein in einer reichen Konsumgesellschaft als Erlebnis und Lebenslust. Aber viele erfahren auch schon als Kinder und Jugendliche, wie gefährdet sie als Personen sind. Sie berichten von Stress, von psychosomatischen Störungen, von chronischen Krankheiten, von Situationen als soziale Außenseiter, von Verkehrsunfällen und Leistungsversagen, von Gefühlen des Alleingelassenseins und vom frühen Zweifel am Sinn des ganzen Lebens.

Prägende Jugendjahre: Die 1990er

Durch welche zeitgeschichtlichen Erfahrungen, durch welche Umbrüche der voranschreitenden Moderne wurde die erste Generation des neuen Jahrhunderts geprägt? Welche Geburtsjahre repräsentieren die befragten Jugendlichen, die zum Zeitpunkt der Befragungen, 2001 und 2002, zwischen 10 und 25 Jahre zählten? Es sind die Jahrgänge, die überwiegend in den 1980er-Jahren geboren wurden, genauer: zwischen 1977 und 1991. Ihre ersten prägenden Jahre, die Grundschul- und Sekundarschulzeit, durchlebten sie in den 1990er-Jahren. Was war kennzeichnend für die kulturelle, ökonomische und politische Geschichte und die Mentalität dieses Jahrzehnts? Woran nahmen sie in ihren frühen Jahren teil, was berührte sie, welche Umbrüche hatten sie zu verarbeiten? Es wird gleich deutlich werden, dass es sich überwiegend um Entwicklungen handelte, die ganz Westeuropa und alle entwickelten Industriegesellschaften betrafen. Zum Teil erfuhr diese junge Generation aber auch spezifisch deutsche Prägungen.

Nach dem Umbruch der Werte. Leben in postautoritären pädagogischen Milieus

Die Kinder und Jugendlichen wuchsen in einer Welt auf, deren Standards und Umgangsweisen sich seit den 1970er-Jahren dauerhaft gelockert und liberalisiert hatten. Das gilt auch für den Umgang von Jung und Alt miteinander, insbesondere für die Art des rechten pädagogischen Umgangs. Alte Tugenden wie Ordnung, Disziplin, Gehorsam oder formelle Höflichkeitsregeln galten als *outdated*. Zumindest folgte man ihnen nur noch in lockerer, informeller Art und Weise. Für Familie oder Schule galt: Das Erziehungsklima hatte sich liberalisiert; die Autorität der pädagogischen Bezugspersonen abgeschwächt; das Verhältnis von Jung und Alt in Pädagogik und Unterricht hatte sich entspannt. Im Verlauf der 1990er-Jahre wurde wiederholt versucht, dieser Auflösung pädagogischer Autorität und Institution entgegenzuwirken. »Verlässliche« Schulen wurden propagiert, Ratgeber wiesen Eltern darauf hin, dass sie den Mut aufbringen müssten, Kindern und Jugendlichen »Grenzen« zu setzen; man versuchte Lehrer und Lehrerinnen zu ermuntern, neben dem Unterrichten auch wieder pädagogische Aufgaben gegenüber ihren Schülern und Schülerinnen wahrzunehmen. Die Erfolge eines solchen *Rollback* waren eher bescheiden. Die Kinder und Jugendlichen erfuhren in der postautoritären pädagogischen Welt v. a. die Grenzen der pädagogischen Autorität: überlastete und überforderte Eltern und Lehrer und eine ungewisse, ungesicherte pädagogische Ordnung in Familie und Schule. Die Verfügungsgewalt der Pädagogen und Pädagoginnen als Vertreter der älteren Generation wurde zunehmend rechtlichen Normen und Einschränkungen unterworfen, während die Rechte der Kinder und Jugendlichen auf Schutz und Partizipation in wachsendem Maße politisch propagiert, rechtlich sanktioniert und durchgesetzt wurden.

Nach dem Verlust der globalen Alternative. Leben mit einem postideologischen Zeitalter

Die junge Generation wuchs in einem Jahrzehnt auf, das durch den Zusammenbruch des »realen« Sozialismus in Osteuropa die große ideologische Alternative zur kapitalistischen Ökonomie und Gesellschaftsform westlicher Prägung bereits verloren hatte. In Deutschland wurde das für die Jüngeren durch die Wende in der ehemaligen DDR auf nationaler Ebene erfahrbar. Sie erlebten ein postideologisches Jahrzehnt, in dem nur noch die radikale Rechte eine gewisse Stoßkraft verriet, während die ›linke‹, an der europäischen Aufklärung orientierte Seite der radikalen Utopie zunächst einmal weggebrochen und nahezu verstummt war. Auf der Ebene der Jugendkultur mussten die Kinder und Jugendlichen sich mit der Gewalt der rechtsradikalen Skinheads auseinander setzen. Punks, Hausbesetzer oder radikale Friedensbewegte gerieten bei den Jüngeren zunehmend in Vergessenheit. Gleichwohl erlebten sie globale Debatten um die Gefährdung des Weltklimas, die Gefährdung der Tierarten, des Regenwaldes, letztlich der Gefährdung ihrer Zukunft und der Zukunft der nächsten Generationen.

Umbrüche digital und multimedial. Leben in einer globalen Medienkultur

Es ist eine Generation, die den Umbruch des Massen- und Leitmediums TV von Kindesbeinen an miterlebte. In Deutschland wuchs sie zusammen mit dem neu geschaffenen dualen Rundfunksystem auf, zwischen dem öffentlich-rechtlichen Fernsehen (ARD/ZDF) auf der einen und den neu geschaffenen kommerziellen Privatsendern (RTL/Super RTL u. a.) auf der anderen Seite. Comics und Werbespots für Kinder gehörten zu ihren ersten Fernseh-Erlebnissen; ebenso wie die Verkabelung, die Fernbedienung und das Zappen zwischen den Programmen. Neue Formate, für ein junges Zielpublikum konzipiert, erreichten den

Markt: Doku-Soaps wie *Big Brother*, Daily Soaps wie *Schloss Einstein* oder *GZSZ*, Daily Talks, schließlich Unterhaltungsformate wie die Millionen-Quiz Shows. Es ist auch die historisch erste Generation, die zusammen mit den neuartigen elektronischen und multimedialen Kommunikationsgeräten und -verfahren aufwuchs: Handys, SMS, E-Mail, Chats und E-Commerce im Internet, Videospiele und Spielkonsolen. Ihre Gefühle und ihre Moral wurden – mehr als jemals in einer Generation davor – durch medial vermittelte und inszenierte Großereignisse geprägt, von Unglücken und Naturkatastrophen bis hin zum 11. September und Afghanistan-Krieg. Wenn man die gesamte Figuration dieser neuartigen kindlichen und jugendlichen Medienerfahrungen berücksichtigt, dann lässt sich ermessen, welche Welten diese neue »Mediengeneration« von vorangegangenen »Gutenberg-Generationen«, die noch mit dem Buch als Hauptmedium aufwuchsen, trennen.

Krise der Erwerbsarbeit und des Wohlfahrtsstaates. Leben mit Brüchen der prosperierenden Systeme

Während die globale Ökonomie weiter expandierte und prosperierte, gerieten Erwerbsarbeit und Wohlfahrtsstaat, die Stützen des Systems, historisch ins Abseits. Die Kinder und Jugendlichen erlebten nahezu synchron das Gründungsfieber im E-Commerce, das Aktien- und Spekulationsfieber und den darauf folgenden Crash, schließlich die Einführung des Euro. Es war eine Phase der neu eröffneten Berufsfelder und Studiengänge, einer weiteren Expansion des Wachstumssektors Dienstleistung. Auf der anderen Seite wurden – gegen Ende des Jahrzehnts – die Ausbildungsplätze erneut knapp, das Duale System der Berufsausbildung, also der Besuch einer Berufsschule während der beruflichen Lehre im Betrieb, geriet in Deutschland zunehmend in die Kritik, die Ausbildungswege wurden unübersichtlicher, der Einstieg in das reguläre Erwerbssystem ungewisser und unplanbarer, Phasen der Arbeitslosigkeit drohten auch der jungen Generation. Eine bevölkerungspolitische Debatte um die alternde deutsche (und europäische) Gesellschaft setzte ein, der drohende Kollaps des Rentensystems wurde offenkundig ebenso wie die erwartbare Tatsache, dass die junge Generation künftig die wachsenden Kosten des Sozialstaates zu erwirtschaften habe.

Der öffentliche Ort der Familie. Großeltern, Eltern und Kinder im politischen Dialog der Generationen

Die Generation der heutigen Kinder und Jugendlichen wurde nicht nur durch das Jahrzehnt der 1990er-Jahre geprägt, das sie selbst durchlebte. Die Erfahrungen der anderen noch lebenden Generationen spielen gleichfalls eine wichtige Rolle. Generationelle Lebenserfahrungen werden, parallel zu den öffentlichen Mediendiskursen, auch im privaten Raum der Familie weitervermittelt. Die dort miteinander kommunizierenden Abstammungsgenerationen – Großeltern, Eltern und Kinder – repräsentieren jeweils einen einprägsamen Ausschnitt aus dem Gesamtgefüge der gesellschaftlich-politischen Generationen, die innerhalb eines Zeitfensters zusammenleben. Es ist ein für die Sozialisation der jungen Generation entscheidender Ausschnitt. Die direkten eigenen Erfahrungen der Kinder und Jugendlichen werden fokussiert und gewertet im Brennspiegel der in der Familie präsenten Erwachsenengenerationen. Wollen wir die jüngste Generation angemessen verstehen, müssen wir also auch danach fragen, welche historisch-politischen Generationen im Raum der Familie heute zusammentreffen.

Die Eltern der heutigen Jugendlichen wurden in ihrer Mehrheit im Jahrzehnt zwischen 1955 und 1965 geboren. Sie durchlebten ihre Jugend in den 1970er-Jahren und Anfang der 1980er-Jahre. Es handelt sich somit um Vertreter der »No future«- oder »Null Bock«-Generation. So wurden in Deutschland jene protestbereiten jugendlichen Idealisten genannt, die das Vermächtnis der Studentenbewegung der 1960er-Jahre in die Gesellschaft hineintrugen. Ihre öffentlich dominanten Repräsentanten waren pessimistisch, links-ökologisch und konsumkritisch engagiert – eine grüne Generation, die auch der entsprechenden Partei auf die Beine half. Sie profitierten vom Schwungrad der Befreiung von alltäglichen Zwängen und Konventionen, das von der Generation der 68er in Gang gesetzt worden war. Zugleich waren es in der historischen Demografie Deutschlands besonders geburtenstarke Jahrgänge, die starke Einschränkungen bei der Einfädelung in den Ausbildungs- und Berufsmarkt erfuhren.

Welche Botschaften konnte diese Elterngeneration an die Generation ihrer Kinder übermitteln? Gewiss war darunter ihr liberales Erbe, der entspanntere Umgang zwischen den pädagogischen Generationen.

Auch das tiefe Misstrauen gegenüber der Politik und ihren Möglichkeiten dürfte sich darunter befinden. Eine Botschaft könnte gelautet haben: Idealistisches Engagement für globale Probleme zahlt sich letztlich nicht aus, es verändert wenig. Auch der pragmatische, verzögerte, lavierende Übergang in Elternschaft und Beruf zählt wohl zu den Erfahrungen, die die Elterngeneration im Reisegepäck für ihre Kinder bereithielt.

Die Großeltern der heutigen Jugendgeneration wurden in der Mehrheit in dem Jahrzehnt zwischen 1930 und 1940 geboren. Sie durchlebten ihre Jugend nach dem Zweiten Weltkrieg und in den 1950er-Jahren. Die Älteren unter ihnen bezeichnen ihre Jugendjahre – nicht zuletzt im Vergleich zu den folgenden Jugendgenerationen – als »Jugend ohne Jugend«. Die Jüngeren hatten dagegen noch die Chance, als Teenager und Rock 'n' Roll-Anhänger die ersten Anfänge moderner kommerzieller Popkultur mitzuerleben. Bei der Großelterngeneration konnten die Enkel etwas über den Optimismus der Aufbaujahre der Bundesrepublik, mit einem nicht enden wollenden Wirtschaftswachstum, lernen. Die Erzählungen dieser Generation hielten aber auch – zumindest als Kindheitserfahrung – die Allgegenwärtigkeit eines Krieges in Deutschland und Europa wach, ebenso wie den Schrecken des Hungers, der Vertreibung, der Bombardierung und der Armut der ersten Jahre danach. Die Großeltern waren, nach ihren enttäuschenden Erfahrungen mit der nationalsozialistischen Erziehung und Politik, ausgesprochene Gegner von ideologischen Heilslehren und pflegten eine skeptische Distanz zur Politik. Sie waren, im Vergleich zur Gegenwart, in einer ausgesprochen militanten, später autoritär-rauen und konfessionell-bigotten Erziehungsumwelt aufgewachsen, die sie seinerzeit fast ausnahmslos ohne Protest hingenommen hatten. In Auseinandersetzung mit der antiautoritären 68er-Generation hatten sie allerdings gelernt, sich davon zu distanzieren und neigten seitdem zu etwas liberaleren Auffassungen, was den Umgang zwischen Jung und Alt angeht. Auf unterschiedliche Weise konnte die heutige Kinder- und Jugendgeneration bei beiden Generationen, den Eltern wie den Großeltern, etwas lernen und sich zugleich auch von ihnen distanzieren bzw. sich ihnen gegenüber profilieren. Anknüpfungspunkte bei den Großeltern fanden sie in deren pragmatischer, antiideologischer Haltung, in ihrem unverbrüchlichen Glauben an das ökonomische Wachstum und in ihrem Interesse an materiellen Gütern. Trennend war das autoritäre Milieu, in dem die Großeltern aufgewachsen waren, die Strenge der Autoritäten Elternhaus, Schule und Kirchengemeinde. Für die heutige Generation lebten die Großeltern in einer vormodernen Welt, ohne Medienkultur und ohne die Konsumgegenstände, die in den Jugendjahren zählen (Mode, Musik, Automobil, Urlaubstourismus).

Die Zwischengeneration der Eltern bot der heutigen Generation viele Berührungs- und Anknüpfungspunkte, aber auch einige charakteristische Reibungsflächen, um sich abzugrenzen: von deren idealistischem Engagement, von deren konsumkritischer Haltung, von deren zur Schau getragenem Zukunftspessimismus. Das erschien aus der Sicht derer, die in den 1990er-Jahren aufwuchsen, als ausgesprochen konservativ und starrsinnig. Ein zeitgemäßerer Umgang mit der Moderne war es in ihren Augen, die sich bietenden ökonomischen Gelegenheiten individuell für sich zu nutzen und sich ansonsten flexibel auf die unregierbare und unvorhersehbare Zukunft einzustellen. V. a. aber wollten die Jüngeren die Möglichkeiten der Erlebnisgesellschaft in vollen Zügen – und ohne ideologische Bedenken – auskosten. Dazu musste Geld herbeigeschafft und Zeit eingeplant werden. Die Gegenwart eines verlängerten Jungseins, das möglichst früh in der Kindheit begann und weit bis ins dritte Lebensjahrzehnt andauerte, verstanden sie entsprechend keineswegs nur als Belastung, sondern auch als Chance, die frühere Generationen – insbesondere die Großeltern – so nicht hatten. Die Höhepunkte des jungen Lebens sollten neu ritualisiert und gefeiert werden. Die informelle Kultur der Elterngeneration aus den 1970ern und 1980ern war ihrer Meinung nach wenig geeignet für eine solche Re-Inszenierung des eigenen Lebensstils.

Pragmatische Sucher nach neuen Ordnungen und Gelegenheiten

Abschließend soll versucht werden, das Profil der jungen Generation in Deutschland, so wie wir es in den aktuellen Jugendstudien ausmachen konnten, in einen deutenden Rahmen zu stellen. Dabei geht es um eine Deutung, die sich an der Dynamik einer weit vorangeschrittenen – und weiter voranschreitenden – gesellschaftlichen und kulturellen Moderne orientiert.

Die jüngste Generation an der Wende des Jahrhunderts ist eine Generation der Ordnungssucher. Sie ist an verlässlichen sozialen und kulturellen Ordnungen interessiert. Sie übernimmt damit eine gesellschaftliche Perspektive und Funktion, die – wie eingangs hervorgehoben – traditionell der älteren Generation zugedacht wird. Warum dieses Interesse an Ordnung und Sicherheit? Der Schlüssel für diese Umorientierung der jungen Generation sollte in der politischen Ökonomie der Moderne liegen. Ordnung und Sicherheit sind in der entfesselten, globalen Moderne zur Jahrhundertwende Mangelware geworden. Die Jugendlichen benötigen aber zur Planung und Steuerung ihres Lebenslaufes und ihrer Zukunft gewisse verlässliche Ordnungen und Orientierungen, denen sie vertrauen können. Sie halten daher Ausschau und verbünden sich mit denjenigen Gruppen von Erwachsenen, die ihnen noch hinreichend verlässlich erscheinen. Daher leitet sich auch das hohe Ansehen ab, das ehemals geschmähte professionelle Expertengruppen wie Ärzte oder Polizisten bei heutigen Kindern und Jugendlichen genießen. Sie haben auch verstanden, dass sie selbst dazu beitragen können und müssen. Die aktuelle Jugendgeneration ist in ihrer Mehrheit bereit, sich für die Stützung und den Neuaufbau solcher »kleinen Ordnungen« zu engagieren. Die Generation der Erwachsenen erwartet das auch von ihnen. Viele Stichworte der aktuellen Pädagogik weisen darauf hin: Selbstbildung, Selbsterziehung, Selbstorganisation, Selbstmanagement und ähnliche Eigenaktivitäten der Lernenden und Heranwachsenden stehen seit einiger Zeit in den politischen Bildungsdebatten hoch im Kurs.

Die jungen Ordnungssucher sind in ihrer Kindheit und Jugend in poststabile Gesellschaftsordnungen hineingewachsen. Ihr Engagement für bestehende Ordnungen ist pragmatisch, nicht ideologisch motiviert. Sie folgen – sieht man von den kleinen fundamentalistisch ausgerichteten Gruppen in dieser Generation einmal ab – mehrheitlich keiner ausgearbeiteten konservativen Ideologie. Die legendäre 68er-Generation, die ihre direkten Nachfolger in der Jugendgeneration der 1970er- und 1980er-Jahre – der beschriebenen Elterngeneration – fand, fühlte sich als bislang letzte Jugendgeneration innerhalb der westlich-christlichen Kultur dazu berufen, die Welt zu befreien. Sie wollte bestehende Ordnungen umstürzen – seien es verknöcherte Organisationen, überlebte alte Werte oder überholte ständische Privilegien von Eliten. Die entfesselte Moderne besorgt das Bilder- und Denkmalstürmen, das Niederlegen traditionaler Ordnungen mittlerweile viel radikaler und effektiver. In Zeiten des sich verbreitenden

Qualitätsmanagements, der auf Dauer gestellten Reorganisation der Organisationen, der Effektivitätsprüfungen ist eine Organisationskritik seitens der jüngeren Generation nicht mehr gefragt und nicht mehr angebracht. Die heutige Jugendgeneration leidet in erster Linie nicht mehr unter mächtigen, festgezurrten ideologischen und institutionellen Ordnungen, wie es noch die 68er-Generation (und deren Nachfolger) tat, die sich mit der Rekonstruktion der bürgerlichen Welt durch die Aufbaugeneration der Väter und Mütter auseinander setzen musste. Die Bedrohung, die die heutigen Kinder und Jugendlichen in ihrem Leben erfahren, ist die vorzeitige Auflösung und Transformation der Ordnungen, in die sie hineinwachsen sollen oder wollen, bevor sie überhaupt eine Chance dazu erhielten. Wenn auf diese Weise die Zukunft die Handlungsmöglichkeiten der Gegenwart bedroht, so verringert das den Bedarf an kühnen gesellschaftlichen Utopien. Nicht nur den Intellektuellen, auch der jungen Generation scheint gegenwärtig die Lust an solchen Zukunftsentwürfen vergangen zu sein.

Immer weniger Erwachsene fühlen sich dazu imstande, der jungen Generation sichere und stabile Bedingungen des Aufwachsens und eine ebensolche Zukunft für ihr Leben zu garantieren. In vielen Lebensbereichen vermittelt ihnen die ältere Generation, dass sie selber Angst hat, dass sie vieles nicht (mehr) versteht, dass sie ratlos ist, nicht genau weiß, wie Probleme gelöst werden könnten. Problemlösungen werden vielfach auf eine ungewisse Zukunft hin verschoben. Stellvertreter und Sündenböcke für die Unfähigkeit der erwachsenen Generation, eine verlässliche Ordnung des Lebens zu bewahren bzw. wieder herzustellen, sind die Politiker und deren Institutionen. Durch ihre Unfähigkeit, Konsens unter Erwachsenen herzustellen, werden sie selbst zu einem Faktor der Instabilität und Unordnung. Die jüngste Generation fühlt sich daher dazu aufgerufen, die im Modernisierungsprozess bedrohten Ordnungen durch eigenes Engagement zu stützen. Das gelingt natürlich am ehesten in der privaten Welt, in der die Kinder und Jugendlichen zu Hause sind, bei der Familie, den Freunden, in der persönlich erlebten Nahwelt. Auch situative Ordnungen lassen sich leichter herstellen als zeitübergreifende. Die jüngste Generation versteht situative Ordnungen herbeizuführen, die den Alltag übergreifen. Sie sind Befürworter und kleine Meister der Fest- und Feierkulturen, der privaten und medial herbeigeführten Events.

Die zentrale Lebenswelt der heutigen Jugendgeneration ist mittlerweile das Bildungssystem geworden. Sie kooperiert daher auf sehr pragmatische Art und Weise mit dem Ordnungssystem der Bildungslaufbahnen und Bildungsabschlüsse. Sie stellt beispielsweise mehrheitlich das Abitur als Eintrittsbillett in das erwachsene Leben nicht in Frage, sondern strebt diesen Bildungstitel gemeinsam mit den Eltern an. Sie schätzt verlässliche Helfer bei ihrem Versuch, die Angebote dieses ordnungsstiftenden Systems erfolgreich zu nutzen. Daher zieht sie Faktenwissen einem vagen Problemwissen vor und schätzt eindeutige Prüfungsordnungen, auf die man sich verlassen kann. Anders als das unübersichtliche, sich umstrukturierende Erwerbssystem der Moderne bietet das Ordnungssystem Bildung verlässliche Laufbahnen an, auf denen man durch eigene Anstrengungen sichtbar voranschreiten kann. Die jüngste Generation verzichtet angesichts der vielfach bedrohten Ordnungen häufig darauf, ihrerseits Unordnung und Unsicherheit zu stiften. Sie stellt keine verunsichernden Sinnfragen, etwa über das schulische Lernen, und sie rebelliert nicht offen gegen die ihnen verbliebenen Integrationsangebote der Erwachsenengesellschaft. Stattdessen ist sie darum bemüht, die bestehende Ordnung optimal für sich und das eigene Leben zu nutzen. Dazu gehört auch, es sich erträglich bis komfortabel in den bestehenden Ordnungen einzurichten. So wird nicht gegen Schule und Unterricht rebelliert, sondern die Institution wird bestmöglich zu einem Treffpunkt, einem Kommunikationsraum der Gleichaltrigen ausgebaut, wobei das System des Unterrichts zudem den Vorzug hat, dass der jugendliche Tageslauf werktags optimal reguliert wird.

Die jüngste Jugendgeneration hat noch ein zweites Gesicht. Sie ist nicht nur motiviert, bedrohte Ordnungen des Sozialen und Kulturellen zu stützen und zu restaurieren. Sie ist auch eine Generation der Gelegenheitsjäger. Die Angehörigen dieser Generation wissen noch um eine zweite Eigenschaft der Moderne. Diese entfesselt bestehende Ordnungen, gewiss; sie entfesselt zugleich aber auch neue Möglichkeiten. Auf diese Möglichkeitsräume wartet die jüngste Generation. Niemand weiß, wann genau und wo sie sich eröffnen werden – aber sie werden sich eröffnen. Es kommt darauf an, zur rechten Zeit am rechten Ort zur Stelle zu sein und zuzugreifen. In diesem Sinn ist die jüngste Generation eine Generation von »Schnäppchenjägern«. Wir finden sie überall dort, wo sich Neues ankündigt: aktuelle Moden und Trends in der Bekleidungs- und Musikindustrie, überraschende Spiel- und Kommunikationsgeräte, neue Trendsportarten und dazu gehörende Sportgeräte, Erfindung noch nie gesehener Sendeformate, neu entwickelte Fächerkombinationen und Studienrichtungen, neuartige Jobs und Berufsfelder. Der sprichwörtliche Optimismus der jungen Gelegenheitsjäger, was die Zukunft des eigenen Lebens anlangt, basiert darauf, dass sie – durch Erfahrung gewitzt – sicher sind, dass sich solche neuartigen Gelegenheitsräume für sie auftun werden. Sie sind sich zudem sicher, dass sie besser als die vorangegangenen, mittlerweile älter gewordenen Generationen für die künftige Jagd nach Gelegenheiten gerüstet sind. Sich zu entspannen, hier und dort zu experimentieren, alles einmal anzufassen, auszuprobieren und wieder fallen zu lassen – das erscheint ihnen insgesamt die bessere Vorbereitung auf die Gelegenheitsjagd. Sich langfristig und einseitig in jungen Jahren festzulegen, birgt die Gefahr in sich, beim zu erwartenden Aufbruch zu unbeweglich, unflexibel zu sein. Viele von ihnen häufen deshalb mit einer gewissen Langmut Bildungstitel auf Bildungstitel an, Gelegenheitsjob auf Gelegenheitsjob – wahrscheinlich nützliche ebenso wie wahrscheinlich nutzlose: Man kann eben nie wissen. Gemäß der Philosophie der Moderne: Alles ist möglich, doch nichts ist gewiss.

Gerd Hurm

Neue Grenzen?

Die affirmative Rebellion der Gründerväter der Beat- und Pop-Jugendkultur

I.

Nicht erst seit Donald Rumsfelds gezielten Sticheleien gegen das »alte Europa« während des Irak-Konfliktes ist augenscheinlich, dass sich US-amerikanische nationale Identität maßgeblich auch über einen Jugend- und Generationendiskurs definiert. Gleichwohl wird häufig übersehen, dass die vermeintlichen Gegensatzpaare von Jung und Alt, modern und traditionell, neu und verbraucht in diesem Zusammenhang inhaltlich keineswegs streng dualistisch zu verstehen sind, sondern einer eigensinnigen angloamerikanischen Dialektik folgen. Im Kontext der vielfach vorschnell parallel gesetzten Oppositionen von Jugend und Alter, Rebellion und Affirmation soll im Folgenden dieser Begriffsverschiebung nachgegangen werden, wie sie auch unnachahmlich-verwirrend in Bob Dylans Widerstandssong *My Back Pages* (1964) aufscheint: »Ah, but I was so much older then, I'm younger than that now« (Oh, doch war ich viel älter damals, heute bin ich jünger).

II.

Pop ist global, Pop ist universell. Popmusik verbindet die Jugendkulturen der Welt. Früher vereint im Kampf gegen das Establishment, heute vereinnahmt im Konsum für das Establishment. So lautet grob verkürzt, wohl aber nicht verfälscht, eine der Grundthesen zum Spannungsverhältnis von Popmusik und Jugendkultur zu Beginn des 21. Jahrhunderts.

Beat und Pop mögen zwar heute ein (fast) globales Phänomen sein, doch ursprünglich sind sie dies keineswegs. Der zugrunde liegende Diskurs ist zunächst nicht universell, sondern zeitgebunden, lokal und partikular. Beat und Pop sind im Wesentlichen in der angloamerikanischen Kultur der 1950er- und 1960er-Jahre entstanden und zeugen deutlich von diesem diskursiven Umfeld. Da in diesem Essayband auf verschiedenen Ebenen lokalen Praktiken der Aneignung global produzierter und vermarkteter Popmusik in zeitgenössischen Jugendkulturen nachgegangen wird, soll in diesem Beitrag in einer Umkehrbewegung den historischen, lokalen Wurzeln des inzwischen globalisierten Beat- und Popphänomens nachgespürt werden. Im Kontext des Leitmotivs »Zeit« soll dies einen etwas anderen, diachronen Blick auf die Thematik ermöglichen. Die Leitthese des Essays ist dabei, dass der aus verklärender zeitlicher Distanz scheinbar so radikale, unbändige Popprotest der jungen Wilden bereits in den 1950ern durch eine kulturspezifische Dialektik von Affirmation und Rebellion durchdrungen und geprägt ist. Die Befreiungsrhetorik der angloamerikanischen Jugend- und Gegenkultur ist auch in den ersten Jahren der Beat- und Popbewegung keineswegs frei von Vereinnahmungen durch systemstabilisierende Mainstream-Diskurse.

Es ist diese spezifische Dialektik, die jene für Außenstehende frappierende rhetorische Kongruenz von Mainstream und Gegenkultur, Patriotismus und Antiimperialismus, Gemeinschaftsbewahrern und Gemeinschaftsveränderern in der US-amerikanischen Kultur zu erklären vermag. Diese Übereinstimmung führte u. a. dazu, dass in den späten 1950er-Jahren der Beat-Rebell Lawrence Ferlinghetti in seinem Gedicht »I am Waiting« durch die Entdeckung einer »new symbolic western frontier« von der subversiven Hoffnung zu träumen wagte »to make the world safe for anarchy«, wenig später aber John F. Kennedy Teile der konservativen Wählerschaft und der amerikanischen Jugend mit demselben Leitspruch einer »new frontier« begeistern und damit die Präsidentschaft für sich gewinnen konnte. Die Verwendung der Leitmetapher der »new frontier«, der neuen Grenze, durch zwei politisch diametral konträre gesellschaftliche Gruppierungen ist keine belanglose Koinzidenz, sondern Beleg einer tieferen diskursiven Übereinstimmung. Dieser spezifisch angloamerikanische Diskurs, bei dem Nonkonformismus, Unabhängigkeit und Freiheit als rückwärts gewandte, systemstabilisierende Werte postuliert werden, soll im Folgenden genauer beleuchtet werden. Er kann m. E. als präzises Erklärungsmodell für viele der vorherrschenden Formen des künstlerischen und politischen Widerstands innerhalb der Jugend- und Popkultur dienen. Wie zu zeigen sein wird, erlaubt es der Diskurs indes nicht, eine nostalgisch-romantische Glorifizierung der frühen Popkultur und deren

Heroen als Inkarnationen des reinen, uneingeschränkt authentischen und nicht vereinnahmten Widerstands vorzunehmen.

III.

Die im Jahr 2004 anlässlich der Rock 'n' Roll-Jubiläumsausgabe des *Rolling Stone* neu aufgelegte Liste der »Unsterblichen 50« der Beat- und Rockmusik bot Eingeweihten wenig Überraschendes. Sie bestätigte, was diese immer schon wussten. Die Beatles, Bob Dylan, Jim Morrison, Patti Smith, John Lennon oder The Clash zählten und zählen zum engsten Kreis wegweisender Pop- und Rockmusiker. Weniger bekannt dürfte allerdings für die hier ausgewählten Elite-Rocker sein – im *Rolling Stone* kommen die Beatles auf Platz eins der Wertung, Bob Dylan auf Platz zwei, John Lennon ist als einziger Künstler mit Doppelnennung vertreten, Patti Smith ist eine der wenigen Frauen –, dass sie in einem markanten literarischen Merkmal übereinstimmen. Alle der hier genannten Musiker haben sich direkt oder indirekt auf die Beats und besonders auf Allen Ginsberg als Vorbild für ihr Schaffen bezogen. Dieser Nexus zwischen Beat-Literaten und Popmusikern ist zwar nicht neu, er ist regelmäßig erwähnt und teilweise auch untersucht worden. Dennoch ist er auf der Ebene diskursiver Verstrickungen noch nicht eingehend diskutiert worden.

Das vielfältige Zusammenwirken von Beat-Literaten und Popmusikern ist umfassend dokumentiert. Der Essay kann sich hier auf ein kleines, wenngleich prominentes Beispiel beschränken. So hat Bob Dylan, der wohl einflussreichste Musiker in der frühen Phase politisch engagierter Popmusik, wiederholt auf die Bedeutung der Beats für seine Entwicklung hingewiesen: »I came out of the wilderness, and just naturally fell in with the Beat scene ... it was Jack Kerouac, Ginsberg, Corso and Ferlinghetti ... I got in at the tail end of that and it was magic.« (Ich kam aus der Wildnis und schloss mich wie selbstverständlich der Beat-Szene an ... da waren Jack Kerouac, Ginsberg, Corso and Ferlinghetti ... Ich bin am Ende dazugestoßen und es war wunderbar.) Dylan zeigte sich besonders beeindruckt von »Howl« (Geheul), dem zentralen Langgedicht Ginsbergs, aber auch von Kerouacs Jazzgedichten in »Mexico City Blues«. 1963 lernte Dylan Ginsberg persönlich kennen. Sie traten zusammen auf, führten gemeinsame Musik- und

Filmprojekte durch und blieben bis zu Ginsbergs Tod 1997 enge Freunde. 1965 nannte Dylan auf die Frage, welche Dichter er besonders gut verstehe, Dante und Ginsberg.

Man könnte nun Ginsbergs wichtige Impulse für John Lennons psychedelische Texte, seinen Einfluss auf Patti Smiths Sprechgesang oder sein Auftreten mit Bob Dylan, den Clash und anderen detailliert ausbreiten, man könnte der Verwendung von Kerouacs Texten bei Jim Morrison nachgehen oder die immense Bedeutung seines Ur-Roadmoviekripts *On the Road* als Bibel der amerikanischen Jugendkultur herausstreichen. Doch ist mit den wenigen Beispielen bereits belegt: Die frühe Popmusik erhielt entscheidende Impulse von amerikanischen Beat-Literaten. Da die erwähnten Musiker wiederum zu den herausragenden Künstlern zählten, die die Popgeschichte durch ästhetisch innovative und politisch provozierende Impulse maßgebend beeinflussten, dürfte es hilfreich sein, einen neuen Blick auf den zugrunde liegenden Diskurs zu werfen, den diese Beat-Autoren verkörperten und propagierten.

Bevor aus drei kurzen, gleichwohl exemplarischen Gedicht- und Textkommentaren zentrale diskursive Muster der Beats hergeleitet werden sollen, ist es sinnvoll, den gemeinsamen diskursiven Nenner der angloamerikanischen Dialektik aus Affirmation und Rebellion kursorisch vorzustellen. Dieses Denkmuster ist nicht nur für die Beat- und Pop-Künstler der 1950er und 1960er traditionsstiftend und gemeinschaftsbildend gewesen, sondern liefert heute noch die Grundlage vieler Einschätzungen der Popmusik. Auch hier soll ein exemplarischer Fall als Beleg genügen. Der kalifornische Musikkritiker Greil Marcus gilt gemeinhin als einer der hintergründigsten amerikanischen Rockjournalisten und Pophistoriker. Aus seinen Büchern ragt eine Dylan-Analyse aus dem Jahr 1997 mit dem Titel *Invisible Republic. Bob Dylan's Basement Tapes* heraus. Die dort beschriebene »unsichtbare Republik«, die mit dem »alte[n] freie[n] Amerika« (S. 99) in Verbindung gebracht wird, legt in der Deutung von Dylans Vermächtnis genau jene diskursiven Muster an, die im Folgenden skizziert werden.

IV.

Wo Ginsberg und die Beats von Rebellion reden, tun sie dies, indem sie auf Vorbilder verweisen, und zwar auf die Tradition jener revolutionären Gründergeneration, die im antikolonialistischen Unabhängigkeitskrieg die Loslösung von der Alten Welt erkämpften und die Schaffung eines heterogenen, modernen Staatsgebildes durchsetzten. Die Dialektik, die der Begründung der Rebellion zugrunde liegt, unterscheidet sich grundlegend von kontinentaleuropäischen Mustern.

Zentrale Triebkraft der Dialektik ist dabei die von Thomas Jefferson 1776 konzipierte *Declaration of Independence* und die darin entworfene doppelte Begründungsstrategie für die Notwendigkeit einer Rebellion. Die Forderung nach Freiheit, Gleichheit und dem Recht auf Glückstreben in der Unabhängigkeitserklärung wird aus zwei ganz unterschiedlichen und letztlich nicht kompatiblen Quellen abgeleitet. Da ist die wohl bekannte imperial-metaphysische Herleitung aus Gott und dessen Schöpfung, aus »Nature's God«. In der puritanisch-calvinistischen Deutung der Menschheitsgeschichte ist es die Vorhersehung Gottes, die dem auserwählten amerikanischen Volk die Freiheitsrechte zukommen lässt. Wie Israel sich im Exodus aus der ägyptischen Versklavung befreit, so soll sich Amerika aus englischer Abhängigkeit lösen. Der englische König ist der Tyrann, die negierende diabolische Kraft, gegen den die Untertanen die vorgegebene moralische Pflicht haben zu rebellieren.

Der zweite Begründungsstrang in der Unabhängigkeitserklärung ist ein philosophisch-kulturhistorischer, der einer Besonderheit der angelsächsischen politischen Tradition entspringt. Wie Iring Fetscher und andere wiederholt betont haben, sind angelsächsische Freiheitsrechte, im Gegensatz zu kontinentaleuropäischen, keine absoluten aus der Natur abgeleiteten Rechte, sondern sind Rechte, die sich die Mitglieder der Gemeinschaft vertraglich gegenseitig zugestehen. Wird dieser Vertrag verletzt, ist auch die gegenseitige Achtung der Rechte nichtig. Die große rhetorische Leistung Jeffersons in der Unabhängigkeitserklärung ist es, die Rebellen als staatstragende, die Tradition verteidigende Mitglieder der Gemeinschaft darzustellen, die gar keine andere Wahl haben, als sich vom Unheil schaffenden Despoten zu lösen. Die Rebellen stehen für ordnungsliebende Bürger, die das vom König kreierte Chaos wieder beheben wollen. Rebellion wird somit zur staatstragenden Tugend, die die Verpflichtung auf traditionell zugesicherte Werte wie Freiheit und Gleichheit einklagt. Damit ist in der *Declaration* eine produktive Dialektik angelegt, die den Verlauf der amerikanischen Geschichte entscheidend beeinflussen sollte. Die Unabhängigkeitserklärung etabliert die dialektische Notwendigkeit des Widerstands und der Rebellion im Dienste des Gemeinwohls.

Schon früh eignet sich auch die amerikanische Gegenkultur dieses Muster an. Die von den patriarchal denkenden und kolonial handelnden Gründervätern zunächst ausgeschlossenen Frauen, die afroamerikanischen Sklaven und indianischen Ureinwohner nutzen die Formulierungen der *Declaration*, um ihre Rechte einzuklagen. So findet 1848 der erste moderne Frauenrechtskongress in Seneca Falls statt, der sich ausdrücklich auf diese Tradition des Widerstands bezieht. Diese Dialektik prägt auch den Kampf amerikanischer Intellektueller gegen Sklaverei, Konformismus und Materialismus im 19. Jahrhundert. In den Schriften der einflussreichen Transzendentalisten Ralph Waldo Emerson, Walt Whitman und Henry David Thoreau, die in den Texten der Beats immer wieder als die jungen Gründerväter der Gegenkultur gefeiert werden, ist die spezifische amerikanische Dialektik – der Rückgriff auf Rebellion als gemeinschaftsfördernde Tradition – allgegenwärtig. Thoreau beispielsweise zieht sich am 4. Juli 1845, am Unabhängigkeitstag, in eine Blockhütte am Waldensee bei Concord zurück, boykottiert Steuern für die Finanzierung eines in seinen Augen imperialistischen Krieges gegen Mexiko und wandert dafür freiwillig ins Gefängnis. Seine Affirmation amerikanischer Rechte auf Nonkonformismus, Unabhängigkeit und Integrität wird durch seinen Essay über den zivilen Ungehorsam traditionsbildend für die politische Gegenkultur der Moderne. Im 20. Jahrhundert schließen sich Rebellen und Widerständler wie Mahatma Gandhi, Martin Luther King, Nelson Mandela, die Öko- und die Friedensbewegung seinen Überzeugungen an und entwickeln seine Grundprinzipien für ihre jeweiligen Zwecke weiter.

Dieser angloamerikanischen Dialektik aus Rebellion und Affirmation fühlen sich auch die Beats im Kampf gegen schalen Konformismus und schicken Konsumkapitalismus in den 1950ern verpflichtet. Für alle, die es hören wollten, hatte Allen Ginsberg wiederholt darauf hingewiesen, dass der Protest der Beats keine Negation des Bestehenden sei, sondern die Affirmation höherer, älterer Werte der Gemeinschaft.

In einem Brief an seinen Vater etwa führt er bereits 1957 aus, dass in seinem epochalen Gedicht »Howl« das Zerstörerisch-Rebellische, im Gegensatz zu dem, was Kritiker darüber behaupteten, nur ein geringfügiger Aspekt sei. Es gehe ihm vorrangig in seinen Schriften um die Affirmation alter demokratischer Prinzipien. Durch eine »kind of spiritual infusion« (»Art geistiger Infusion«), die der junge Whitman angesichts des hohlen Mainstream-Materialismus schon im 19. Jahrhundert gefordert hatte, soll das »alte freie Amerika« erneuert werden.

V.

Im Folgenden soll die Dialektik an drei Texten kurz veranschaulicht werden. Eines der wichtigsten und bekanntesten Gedichte des jungen Ginsberg ist »America« (1956). Es ist ein Text, bei dem der Titel Programm ist. Hier sind die Anfangszeilen:

America

America I've given you all and now I'm nothing.
America two dollars and twentyseven cents January 17, 1956.
I can't stand my own mind.
America when will we end the human war?
Go fuck yourself with your atom bomb.
I don't feel good don't bother me.
I won't write my poem till I'm in my right mind.
America when will you be angelic?
When will you take off your clothes?
When will you look at yourself through the grave?
When will you be worthy of your million Trotskyites?
America why are your libraries full of tears?
America when will you send your eggs to India?
I'm sick of your insane demands.
When can I go into the supermarket and buy what I need with my good looks?
America after all it is you and I who are perfect not the next world.
Your machinery is too much for me.
You made me want to be a saint.

There must be some other way to settle this argument.
Burroughs is in Tangiers I don't think he'll come back it's sinister.
Are you being sinister or is this some form of practical joke?
I'm trying to come to the point.
I refuse to give up my obsession.
America stop pushing I know what I'm doing.
America the plum blossoms are falling.[...]«

(Amerika / Amerika, ich hab' dir alles gegeben, und jetzt bin ich nichts. / Amerika, zwei Dollar und siebenundzwanzig Cents, 17. Januar 1956. / Ich halt's im Kopf nicht aus. / Amerika, wann machen wir dem Krieg der Menschen ein Ende? / Fick dich doch selber mit deiner Atombombe. / Mir ist nicht gut, lass mich in Ruh. / Ich schreib mein Gedicht erst, wenn ich bei Trost bin. / Amerika wann wirst du engelgleich? / Wann ziehst du dich nackt aus? / Wann machst du dir klar, dass du sterblich bist? / Wann wirst Du deiner Million Trotzkisten würdig sein? / Amerika, warum sind deine Bibliotheken voller Tränen? / Amerika, wann schickst du deine Eier nach Indien? / Ich hab deine unsinnigen Ansprüche satt. / Wann kann ich mir im Supermarkt mit meinem guten Aussehen kaufen, was ich brauche? / Amerika, schließlich sind es wir beide, die vollkommen sind, und nicht das Jenseits. / In deinem Räderwerk wird mir's zuviel. / Du hast mich so weit gebracht, dass ich ein Heiliger sein will. / Es gibt bestimmt noch eine andere Lösung, auf die wir uns einigen können. / Burroughs ist in Tanger, ich glaube er kommt nicht mehr wieder, es ist zum Fürchten. / Willst du mir Angst machen, oder soll das nur ein Jux sein? / Ich versuche zur Sache zu kommen. / Ich geh von meiner Zwangsvorstellung nicht runter. / Amerika, hör auf mich zu drängeln, ich weiß was ich tue. / Amerika, die Pflaumenblüten fallen ab. [...])

Das Gedicht wirkt in seiner prononcierten Spontaneität bewusst konfus. Es soll die Verwirrung des Redners spiegeln, der sein Land unverständlich findet. Das Gedicht greift Mittel der politischen Rhetorik auf, schleudert »Amerika« in einer ironisch gehaltenen Jeremiade, einer humorvoll-zynischen Strafpredigt, jene Forderungen entgegen, die mit der Jugendrebellion der 1950er und 1960er verbunden werden: »Go fuck yourself with your atom bomb«. Diese kritische Haltung ist im Gedicht deutlich ausgeprägt. Worauf hier der Blick gelenkt werden sollte, sind die implizierten Werte, die direkt und indirekt die Aussagen im Gedicht beeinflussen. Das Gedicht feiert bei aller Ablehnung Amerikas den Sprecher der Zeilen gleichzeitig auch als Verkörperung Amerikas: »It occurs to me that I am America« (Mir fällt ein, dass ich Amerika bin), heißt es an einer Stelle im Gedicht und weiter »I'm talking to myself again« (Ich führe wieder ein Selbstgespräch). Die Spontaneität des Gedichts kann somit auch als affirmativer Ausdruck eines Freiheitsverlangens und eines Willens zur Unabhängigkeit gedeutet werden. Hier lässt sich jemand nicht vorschreiben, was er sagen soll und wie er es sagen soll. Das Gedicht bezieht sich in seiner Umsetzung rebellischer Unabhängigkeit in ironisch gesetzten Gegensätzen immer wieder auf Werte und Traditionen der kritisierten Gemeinschaft. Die wild assoziierten Gedanken können auch als eine Umsetzung des Ratschlags Emersons an die amerikanische Jugend in seinem Essay *Self-Reliance* (1841) gedeutet werden. Man solle sich stets unabhängig und nonkonformistisch verhalten, verlangt dort Emerson, stimmiges Handeln sei nicht oberste Priorität. Konsistenz und Logik könne man Kleingeistern überlassen.

Auch im zweiten Text, in Ferlinghettis Gedicht »I am Waiting« (1958), finden sich hinter offensichtlich kritischen Tönen ähnlich affirmative Grundzüge. Der Anfang des Gedichts lautet wie folgt:

I am Waiting

I am waiting for my case to come up
and I am waiting
for a rebirth of wonder
and I am waiting for someone
to really discover America
and wail
and I am waiting
for the discovery
of a new symbolic western frontier
and I am waiting
for the American Eagle
to really spread its wings
and straighten up and fly right
and I am waiting

for the Age of Anxiety
to drop dead
and I am waiting
for the war to be fought
which will make the world safe
for anarchy
and I am waiting
for the final withering away
of all governments
and I am perpetually awaiting
a rebirth of wonder

I am waiting for the Second Coming
and I am waiting
for a religious revival
to sweep thru the state of Arizona
and I am waiting
for the Grapes of Wrath to be stored
and I am waiting
for them to prove
that God is really American
and I am waiting
to see God on television
piped onto church altars
if only they can find
the right channel
to tune in on
and I am waiting
for the Last Supper to be served again
with a strange new appetizer
and I am perpetually awaiting
a rebirth of wonder [...]

(Ich warte / / Ich warte, dass mein Fall drankommt / und ich warte / auf eine Wiedergeburt des Wunders / und ich warte auf jemanden, / der Amerika wirklich entdeckt / und klage / und ich warte / auf die Entdeckung / einer neuen symbolischen Westgrenze / und ich warte, / dass der amerikanische Adler / wahrhaftig seine Flügel öffnet / und sich erhebt und wahrhaftig fliegt / und ich warte, / dass das Zeitalter der Angst / der Schlag trifft / und ich warte / auf den zu kämpfenden Krieg, / der die Welt sicher macht / für Anarchie / und ich warte / auf das letzte Absterben / aller Regierungen / und ich erwarte ununterbrochen / eine Wiedergeburt des Wunders / / Ich warte auf die Wiederauferstehung / und ich warte / auf eine religiöse Erweckung, / die durch den Staat Arizona fegt / und ich warte, / dass die Früchte des Zorns gelagert werden / und ich warte, / dass sie beweisen, / dass Gott wirklich Amerikaner ist / und ich warte, / Gott im Fernseher zu sehen / installiert auf Kirchenaltären / wenn sie nur / den richtigen Kanal finden könnten / um ihn einzuschalten / und ich warte, / dass das letzte Abendmahl wieder aufgetischt wird / mit einem neuen fremden Appetitanreger / und ich erwarte ununterbrochen / eine Wiedergeburt des Wunders. [...])

Wie bei Ginsberg steht auch bei Ferlinghetti das spontan denkende, kritisch-rebellische Individuum im Zentrum. Allerdings ist in »I am Waiting« die religiös-prophetische Dimension stärker ausgeprägt. Das Gedicht entwickelt mit seinem Refrain »I am waiting for a rebirth of wonder« eine Gebetsstruktur und greift so den für Amerika wichtigen Gedanken der religiös-mythischen Erneuerung auf. Dies geschieht zwar ironisch gebrochen, dennoch wird auch hier nicht am Glauben an den amerikanischen Exzeptionalismus gerüttelt, sondern das heilige Individuum als Wille Gottes wird hier im Sinne der Transzendentalisten gepriesen. Der Wunsch nach Anarchie ist im Gedicht keine Zerstörung oder Auflösung von Ordnung, sondern das Verlangen nach einem neuen, utopischen Staat, bei dem das Individuum an oberster Stelle steht. Genau dies hatte auch Henry David Thoreau in den Schlusszeilen seines 1849 veröffentlichten Essays über zivilen Ungehorsam angemahnt: Die Gemeinschaft hat zuvörderst die Unabhängigkeit des Einzelnen zu sichern. Bob Dylans Kehrtwende in den frühen 1960ern, bei der er verlauten ließ, er wolle nicht weiter Sprachrohr für andere sein, auch nicht für die eigene Folkgemeinschaft linker Weltverbesserer, greift ebenfalls auf diese Tradition individueller Unabhängigkeit der Transzendentalisten zurück.

In diesem Kontext ist auch Ferlinghettis lyrische Beschwörung der *Frontier*, der mythischen Grenze im Westen, kein Zufall, sondern erscheint aus zweierlei Gesichtspunkten als folgerichtig. Der Diskurs über die Frontier, der im 19. Jahrhundert einsetzt, ist zunächst ein Mainstream-Diskurs. Der Westen steht für die glorreiche Leistung der Puritaner und Pioniere, die das traditionell im Westen liegende Paradies für sich und ihr Land gewonnen haben. Aber die Wildnis im Westen steht ebenso als Zufluchtsort und Ventil für die Erneuerung und Regeneration der amerikanischen Prinzipien von Freiheit, Unabhängigkeit und Demokratie. Die Frontier ist dabei als Diskurs zeitlich und räumlich eng mit dem Entstehen der modernen amerikanischen Popkultur verknüpft. Gäbe es den mythischen Geburtsort der Popkultur nicht, an dem Softdrinks, Hamburger und Disneyland-Attrappen zum ersten Mal Millionen von amerikanischen Konsumenten beglückten, man müsste ihn erfinden. Aber es gibt ihn. Diese symbolische Geburt der amerikanischen Popkultur findet 1893 auf der Weltausstellung in Chicago statt. Die Columbian Exposition sollte das größte Volksfest und Massenspektakel werden, das die USA je erleben sollten – keine spätere Inszenierung politischen Patriotismus und technischen Fortschrittsglaubens würde mehr Menschen anziehen. In Chicagos Ausstellungsterrain, der White City, wurde 1893 das erste Riesenrad in Betrieb genommen, es wurden Softdrinks und Hamburger zum ersten Mal massenweise abgesetzt. Das Jahrmarktsarrangement der Chicagoer Ausstellungshallen wurde zum Vorbild für die Vergnügungsparks der Jugend im 20. Jahrhundert, für Coney Island, Disneyland und andere nun auch global vermarktete Themenparks.

In diesem frühen popkulturellen Kontext wird der Mythos der Grenze zelebriert und zementiert. Drei Jahre nachdem das Statistische Büro 1890 das Ende der Grenze, d. h. die vollständige Besiedelung der USA verkündet hatte, tritt der Historiker Frederick Jackson Turner auf der Weltausstellung an die Öffentlichkeit und verkündet in einer Grundsatzrede die zentrale Bedeutung der Grenze für den Nationalcharakter Amerikas. Turners Chicagoer Darstellung der Erfahrung an der Grenze sollte die einflussreichste Deutung der amerikanischen Geschichtsschreibung in der ersten Hälfte des 20. Jahrhunderts werden und den populären Mythos des Westens als Ursprungsort Amerikas wissenschaftlich sanktionieren. Amerikas Freiheitsliebe, Unabhängigkeit und Pragmatismus werden mit dem Gewinn des Paradieses im Westen des Kontinents in Verbindung gebracht. Der so genannte liberale Konsens über Werte wie Freiheit, Gleichheit und Unabhängigkeit, den Louis Harz in den 1950ern formulieren und den John F. Kennedy verkörpern sollte, wird ebenfalls aus diesen Bedingungen des Pioniererlebnisses abgeleitet. Dies ist also die ehrwürdige Tradition der Frontier, auf die sich Ferlinghetti und Kennedy subversiv bzw. affirmativ berufen.

Die Frontier ist so wichtig für die Entwicklung der Popkultur in den 1960ern, weil sie den diskursiven Subtext zum dritten literarischen Beispiel liefert, dem wohl einflussreichsten Werk der Beats, Jack Kerouacs Roman *On the Road* (1957). Die bizarren, pikaresken Reisen des Salvatore, »Sal« Paradise, sprich des Mannes, der das amerikanische Paradies im Westen retten soll, wurden zur Grundlage eines der wichtigsten Popmythen. *On the Road* ist das diskursive und atmosphärische Vorbild für den Film *Easy Rider* (1969), für den Traum von motorisierter Freiheit und Unabhängigkeit. Es gibt kaum ein Road-Movie der Zeit, das nicht in irgendeiner Form auf Kerouacs Beat-Roman rekurrierte.

On the Road ist letztlich eine traditionelle Frontier-Erzählung, bei der die Mobilität der jugendlichen Reisenden und Suchenden zum Sinnbild der progressiv rückwärts gewandten Selbsterforschung des Individuums und seines Entwicklungspotentials wird. Bei Kerouac ist der Weg zur Selbsterkenntnis als eine nie endende *Quest* dargestellt, bei der die Reiseroute jedoch zugegebenermaßen mehr den Linien eines Drip-Paintings Jackson Pollocks ähneln. In der Trance der Mobilität wird bei Kerouac der Kern des Authentischen erforscht. Der Roman schildert diese Suche immer wieder als eine Begegnung mit der ursprünglichen, primitiven Natur des Kontinents, dem *raw land*, dem unberührten Land, wie die USA im Roman bezeichnet werden. Der Glaube an eine Regeneration, ja an eine Wiedergeburt im Kontakt mit natürlichsten Gefühlen, die zentrale Heilsbotschaft der Moderne, wird in *On the Road* im Alltag und Kontext von *sex, drugs and jazz* zelebriert.

On the Road zeigt aber auch das zugrunde liegende imperiale Erbe der amerikanischen Emanzipations- und Befreiungsrhetorik. Der Glaube an den göttlichen Kern im Individuum, die Vorstellung, die Helden des Romans, Sal und Dean, müssten gottgleiche Heilige sein, geht auf den religiösen Diskurs des amerikanischen Exzeptionalismus zurück. Emerson, Thoreau und Whitman definierten den Kern menschlicher Natur in romantischem Sinne um: Wo die puritanischen Gründerväter in der inneren Natur der Menschen nichts als Erbsünde sahen, nahmen die Transzendentalisten im 19. Jahrhundert gottgleiche Immanenz wahr. In Bezug auf die äußere Natur, auf die Frontier, wird der fundamentalistische Diskurs der Auserwähltheit ebenso deutlich. Das von Hunderten von indianischen Sprachen, Gruppen und Kulturen geprägte Land wird im imperialen Akt diskursiver Unterwerfung in Wildnis zurückverwandelt. Die Metapher der Frontier produziert erst den mythischen Ur-Heilsraum zwischen Primitivismus und Zivilisation im Westen. Diesen unbesiedelten und unberührten Raum hat es so nie gegeben. Bei Kerouac basiert die Rhetorik der Befreiung in weiten Teilen auf dieser imperialen Aneignung und Umdeutung der Kultur der Anderen. Deren exotische Kultur wird vereinnahmt als naturgegebenes Spielfeld authentisch ausgegebener primitiver Instinkte und Impulse. Paradoxerweise, aber auch bezeichnenderweise gibt sich, bedingt durch die spezifische amerikanische Revolutionsrhetorik, diese imperiale Aneignung des Anderen als ein antikolonialer Befreiungsakt aus. Auch in der Analyse der Rebellion Dylans in Greil Marcus' *Invisible Republic* wird Freiheit mit diesem Pioniererlebnis assoziiert. In Dylans großartiger Musik hört Marcus etwa, wie »das Land noch immer neu, noch immer unbesiedelt« (S. 75) ist.

VI.

Das komplexe Nebeneinander von Affirmation und Rebellion, imperialem Habitus und antikolonial-emanzipatorischer Geste prägt die amerikanische Mainstreamkultur wie auch die Beat- und Pop-Jugendkultur der 1950er- und 1960er-Jahre. Sie prägt sie in einer Gratwanderung zwischen Fundamentalismus und Pluralismus und erklärt u. a., warum ein Michael Moore (bei zugegebenermaßen oberflächlichem Zuhören) zuweilen wie George W. Bush klingen kann.

Diese Vereinnahmung des rebellischen Impulses in der skizzierten amerikanischen Dialektik ist eine durchweg zweischneidige Angelegenheit. So ist eine Rebellion außerhalb der vorgegebenen diskursiven Grenzen, die die jungen Gründerväter vorgegeben haben, kaum vorstellbar. Schnell wird denjenigen, die versuchen, sich davon abzusetzen, das Stigma des *un-American*, des Unpatriotischen, verpasst, wie etwa während der antikommunistischen Hetzjagd des Senators Joseph McCarthy in den 1950ern. Ginsberg und die Beats nahmen damals den Kampf gegen die Kommunistenhasser zwar an und wehrten sich dagegen, blieben aber dennoch innerhalb des etablierten Diskurssystems, dadurch dass sie selbst ihrerseits dann die Kommunistenjäger als *un-American* definierten. Indem sie amerikanische Traditionen als ausschließliche Grundlage ihres Argumentationshorizonts wählten, verpflichteten sie sich auf eine einengende Dialektik. Das Recht auf Kritik der Jugend ist damit unzertrennlich an die Affirmation der Tradition gebunden. Und so ist das gemeinsame Photo von Ginsberg und Dylan (am Grab von Jack Kerouac) auf *Plymouth Rock* (1975), einem der mythischen Orte der Gründergeneration, keine nur rein plakativ gemeinte Geste. Sie verweist auf einen wichtigen Nexus für die amerikanische Jugend- und Gegenkultur.

Diese Dialektik, die im Zentrum der Entwicklung der Popmusik aus dem angloamerikanischen Geist affirmativer Rebellion entsteht, bietet keineswegs eine beruhigende Analyse angesichts gegenwärtiger Entwicklungen der militärischen und kulturellen Hegemonialmacht USA. In der Rhetorik der Emanzipation und Befreiung verbirgt sich fatalerweise immer noch jener oft imperial gesetzte Kern der Gründungsdialektik. Auserwähltheit als Privileg und Rechtfertigung von Machtausübung wird nicht hergeleitet oder begründet, sie wird nur postuliert. Allerdings ist dieser Diskurs aber auch kein Grund, nun defätistisch zu verzagen. Die eingangs zitierte These, nach der es die ersten Poprebellen und die Jugendlichen früher leichter und besser hatten, da die Linien klar und die Medienmacht nicht allgegenwärtig war, und nach der die Nachfolgegenerationen es schwerer haben, da sie scheinbar nur noch epigonal-sklavisch ein fröhliches »I can't get no satisfaction« anstimmen können, sollte so nicht stehen bleiben. Aus der Warte angloamerikanischer Denkmuster sind Relikte des Wandels, der Freiheit und des Widerstands durchaus in den Handlungen der Gründer und Gründerinnen früherer Rebellionen abrufbar aufbewahrt. Es müssen nur die gemeinschaftsstiftenden, emanzipierenden Prinzipien erneuert und dann adäquat umgesetzt werden. Auch diese Rückbesinnung auf fortschrittliche Impulse ist Teil derselben Dialektik.

Ob dieses partikulare angloamerikanische Denkmuster auch in Zukunft traditionsbildend und gemeinschaftsstiftend für Musiker, Popliteraten und Coolhunters sein wird, muss offen bleiben. Doch genau diese Offenheit, die Betonung pluraler Entwicklungsmöglichkeiten ist ja auch Teil des Vermächtnisses. Global haben wir das Erbe dieser angloamerikanischen Tradition angetreten, egal ob nun bewusst oder nicht, gewollt oder nicht. Jedenfalls kommt es jetzt v. a. darauf an, was die nächste Generation Jugendlicher daraus machen wird. Wie sagte 1958 der alte Lawrence Ferlinghetti dies doch so frisch und treffend: »I am waiting for the discovery of a new symbolic western frontier.«

Oliver Zybok

Aussichtslose Unabhängigkeiten. Kein Ende des Jugendwahns!

Das Wort ›Identität‹ hat einen vielfältigen Gebrauch und Missbrauch erfahren, seit es zur strapazierten Schlüsselvokabel für die Kennzeichnung im Leben des Menschen in der Moderne wurde. Es soll im Folgenden keine neue Theorie von Identität aufgestellt, sondern vielmehr auf die spezifische Variante des Identitätswahns eingegangen werden, die jeglicher Instrumentalisierung jugendkultureller Identität zugrunde liegt. Identität ist eine Beziehung und keine individuelle Eigenschaft. Aus diesem Grund lautet die Identitätsfrage nicht »Wer bin ich?«, sondern »Wer bin ich im Verhältnis zu den anderen, wer sind die anderen im Verhältnis zu mir?«. Das Konzept der Identität ist verbunden mit dem Konzept der Alterität. Es stellt eine soziale Realität dar, die durch die Erfahrung und Interaktion der Individuen kontinuierlich produziert wird. Doch wie gelingt jedem Einzelnen die Konstruktion von Identität, angesichts vielfältiger Selbsterfahrungen in unterschiedlichen sozialen Lebenswelten und Rollen, angesichts der Erwartungen der sozialen Umwelt? Identität ist offenbar beides zugleich: antizipierte Erwartungen der anderen und Begehren des Individuums. Der amerikanische Sozialphilosoph George Herbert Mead hat diesen doppelten Aspekt in seinem Begriff des Selbst berücksichtigt, der ein *me*, die von den anderen übernommenen Einstellungen, und ein *I*, die individuelle Antwort auf die Erwartungen der anderen enthält. Soziale Zuschreibungen sind eine Realität menschlichen Lebens. Es gibt verschiedene Rollenmodelle, die Verhaltenssicherheit bieten. Zuschreibungen können aber auch zu Problemen führen, wenn das Subjekt spürt, dass ›es selbst‹ auch ganz anders ist, als seine Rollen ihm vorgeben. Das Subjekt muss sich sozial integrieren und interaktionsfähig, aber auch ›es selbst‹ sein und nicht nur das Abziehbild relevanter Rollenmodelle. Jemand, der keine Individualität, keine individuelle Stellungnahme und Variation zu den vorgefundenen gesellschaftlichen Rollen liefert, erhält weniger Anerkennung. Identität geht nicht in den einzelnen Rollen auf, sondern entwickelt sich in Spannung zu ihnen. Ist diese Spannung, sind Widersprüche nicht vorhanden, entsteht Identitätswahn, da der Einzelne sich lediglich über die Rolle bzw. das Image der jeweiligen Gruppe identifiziert, um mehr Anerkennung zu erhalten. Die Grenzen der Machbarkeit des Körpers werden dabei durch eine überstilisierte Manipulation der äußeren Erscheinung überschritten. Identitätswahn bedeutet folglich eine Hyperinszenierung eines doktrinären Idealbildes. Verstärkt kann man diesen Identitätswahn in Jugendkulturen entdecken, wo die äußere Erscheinung besonders stark als individuelle Ikonographie die jeweilige Identität in der Öffentlichkeit bezeichnet. Jede Form von subkultureller Uniformierung wird zum Hilfsmittel der Inszenierung und Stilisierung der Persönlichkeit. Die Massenmedien verbreiten und etablieren den *Look* und das damit verbundene Image. Folgerichtig wird Identitätssuche erst dort zum Identitätswahn, wo sie ohne Distanz zu dem von außen geleiteten Image, ohne Empathie für die verschiedenartigen Rollen und Identitäten der anderen, ohne den Willen und die Fähigkeit, Ambivalenzen zu ertragen, in jedem Handlungsfeld nur ganz als dieselbe aufzutreten vermag. Der Drang, durch ein perfektes Image eine gelungene Identität zu erhalten und damit größere Aufmerksamkeit der anderen, ist paradox. In seiner *Philosophie der Lebenskunst* bemerkt Wilhelm Schmid, es gehe nicht um den Ausschluss des Widersprüchlichen aus dem Leben, und nicht primär um das Gelingen in einem vordergründigen Sinn, auch nicht um die ›Vollendung‹. Vielmehr kann das Scheitern Bestandteil sein. Schmid wendet sich gegen die Annahme, mit der Gestaltung des Lebens und des Selbst müsse zwangsläufig deren Gelingen oder gar eine Perfektionierung beabsichtigt sein. »Dem Gelingen muss das Misslingen gleichberechtigt zur Seite stehen, um das Selbst nicht auf das Gelingen festzulegen und es nicht unter Erfolgszwang setzen zu lassen.«

Identität schlägt durch derartigen Erfolgszwang in Identitätswahn um, d. h., sie wird sich ihrer selbst nur sicher, wenn sie in ihrer sozialen Umwelt nichts Andersartiges, Fremdes, Uneindeutiges, Widerständiges mehr erfahren muss, von dem sie sich in ihrem eigenen Anspruch herausgefordert, verunsichert oder in Frage gestellt fühlen könnte. Identität muss dann das andere, das ihr selbständig gegenübertreten will, entwerten bzw. sogar unterwerfen, die soziale Umwelt von allen kulturellen Unterschieden säubern, um sich ihrer selbst gewiss sein zu können. Eine grundlegende Basis von Identitätsbildung, die alle Kulturen betrifft und in jeder Epoche in unterschiedlicher Ausprägung auftaucht, ist das Verhältnis der Generationen, von Alter und Jugend. Auch wenn die meisten Kulturen die Weisheit des Alters zu schätzen wissen, überwiegt in fast allen Epochen die Bevorzugung der Jugend, die schließlich in Jugendwahn umschlagen kann. Dies gilt ebenso für die gegenwärtige Situation, selbst wenn das Feuilleton in jüngster Zeit das Ende des Jugendwahns geradezu heraufbeschwört. Die jeweilige Argumentation ist dabei mehr als fragwürdig, auch wenn Frank Schirrmacher in seinem *Methusalem-Komplott* (2004) glaubt, dass wir die Steinzeit erst hinter uns lassen, »wenn wir uns mit dem großen Feind, dem Alter, gegen unsere Selbstdiffamierung verbünden«. Obwohl Elisabeth Niejahr in der *Zeit*-Ausgabe vom 16.9.2004 eine große Trendwende sieht, die ein neues Selbstbewusstsein der Alten hervorhebt, muss auch sie feststellen, dass die derzeitigen jungen Alten, die Generation, die seit 1968 über Selbstverwirklichung spricht, sich erneut auf einem Selbstfindungstrip befindet. Sie zitiert die Psychologin Eva Jaeggi, die ihre These vom Ende des Jugendwahns sogar widerlegt: »Wir jungen Alten haben keine Identität, wir haben daher auch nur sehr vage Vorstellungen davon, welche Lebensform uns zusteht, wie wir uns selbst bezeichnen sollen.« Nicht weil eine größere Akzeptanz der jungen Generation gegenüber der alten auszumachen ist, nicht weil ein 60-Jähriger auf ein Rockkonzert geht, nicht weil grauhaarige Dynamiker als Werbeträger fungieren, ist der Jugendwahn vorbei. Im Gegenteil, die Alten versuchen, mit den Attributen und Ausdrucksmöglichkeiten der Jugendlichkeit Identifikationsdefizite auszugleichen – das Alter, das jugendliche Frische ausstrahlt.

Eindeutige Belege liefert die Werbung. Folgendes Beispiel: Ein amerikanischer Straßenkreuzer fährt mit rasanter Geschwindigkeit durch ein belebtes Stadtzentrum, vorbei an einzelnen, unterschiedlichen Gruppierungen von Jugendlichen, die erstaunt über so viel waghalsigen Mut dem imposanten Gefährt hinterherschauen. Am Ende steigen vier lebensfrohe Rentner aus dem Auto, die das Nachtleben genießen. Die Alten stehlen den Jungen die Schau, aber nicht aufgrund eines eigenen Selbstbewusstseins. Das neue Selbstwertgefühl basiert auf tradierten Verhaltensformen von Jugendlichen, die sich mit Begriffen wie ›halbstark‹ oder ›übermütig‹ beschreiben lassen. Dabei wird die gesamte Disposition des jugendlichen Körpers übernommen. Der Werbespot der Stadtsparkasse, im Sommer 2004 erstmals im Fernsehen ausgestrahlt, vermittelt zunächst den Eindruck, die Alten haben die Zeichen der Zeit nicht erkannt, obwohl paradoxerweise für eine rechtzeitige Altersvorsorge geworben wird. Frei nach dem Motto, wer rechtzeitig an das Alter denkt, verliert seine Jugendlichkeit nicht. Das heraufbeschworene Ende vom Jugendwahn ist hier nicht auszumachen.

Die konfliktreiche Wechselbeziehung zwischen Jungen und Alten hat bereits unzählige Generationen beschäftigt. In der Antike haben die sportlichen und körperbewussten Griechen Schönheit und Tatendrang zum Ideal erhoben. Star dieses Jugendkultes ist Alexander der Große gewesen. In geradezu juvenilem Überschwang hat der 22-jährige Mazedonier in nur elf Jahren sein Reich bis nach Indien ausgedehnt – wenn auch nicht ohne die Erfahrung betagter Feldherren. Nach seinem frühen Tod zerplatzt das Imperium allerdings wie ein Jugendtraum. Der Mythos vom vollkommenen Jüngling schlägt ein neues Leitmotiv in der europäischen Geistesgeschichte an, das in den Versen des jungen Friedrich Hölderlin einen fernen Nachhall gefunden hat: »In der Jugend Strahlen sonnen / Ewig alle Geister sich.« Der griechische Alexander und der germanische Siegfried sind Urahnen dieses Geistes. In den alterslosen Idolen, von James Dean bis Marilyn Monroe, von Brad Pitt bis Madonna, finden sie ihr zeitgenössisches Pendant.

Künstler malen und meißeln unsentimental und realistisch die Spuren des Alters und stellen betagte Frauen in aller Hässlichkeit dar, zahnlos, mit eingefallenen Wangen, Hakennase, schütterem Haar, spitzen Schultern und schlaffer Haut. Lucas Cranach d. Ä. unterzieht in seinem Gemälde *Der Jungbrunnen* (1546) vom Alter gezeichnete Frauen einer Verjüngungskur. In Kutschen angekarrt, müssen diese Frauen nackt den Gang durch ein Wasserbecken antreten. Am anderen Ende zu grazilen Schönheiten verwandelt, werden sie von einem Herrn der privilegierten Schicht in Empfang genommen und zur Garderobe in ein Zelt gebeten. Die malerische Dokumentation der Sehnsucht nach ewiger Jugend. Erbarmungslos treiben Dichter mit Altersschwächen und -schrecken ihren Spott und finden im lüsternen und vergesslichen Greis ein Opfer bitterer Pointen. Als Pantalone kehrt der lächerliche Alte in der Commedia dell'arte des 16. Jahrhunderts wieder und bleibt eine Standardfigur der Komödiendichter.

Sogar das Bild des Allmächtigen unterliegt den Vorstellungen der Zeit: Michelangelo und Tizian, beide auch aufgrund ihrer Langlebigkeit von nahezu 90 Jahren absolute Ausnahmeerscheinungen, stellen

Lucas Cranach d.Ä., Der Jungbrunnen (1546)

den Schöpfer grauhaarig und -bärtig dar, geben ihm aber gleichzeitig den straffen, durchtrainierten Körper eines Athleten in den besten Jahren – eine Hybridform von Alter und Jugend. Die Sterblichen können davon nur träumen. Wie in der Antike sinnen sie darauf, den Alterungsprozess hinauszuzögern, zu stoppen oder womöglich in reifen Jahren jugendliches Aussehen zurückzuerobern. Die antike Statue des Antinous aus Hadrian'scher Zeit gilt nach ihrer Entdeckung nicht nur für Künstler vom Quattrocento bis ins 19. Jahrhundert als Idealvorstellung jugendlicher Schönheit. Vielerlei Wundermittel, Tinkturen und Elixiere sollen das Alter, so der Humanist Erasmus von Rotterdam, »wie eine Schlangenhaut abstreifen«: Aderlässe, Schlangenfleisch, Ginseng-Wurzeln, glühende, mit spanischem Wein abgelöschte Goldplättchen und Geheimmischungen aus dem Labor des Alchimisten Paracelsus, und für Greise die gelegentliche Umarmung eines jungen Mädchens. Die jahrhundertelang schwelende Verachtung des Alters kulminiert am Anfang der Neuzeit in einer Epoche offenen Hasses und grenzenloser Menschenverachtung.

Erst nach dem Westfälischen Frieden (1648) schlägt die Stimmung um. Mit den Alltagsverhältnissen, der Ernährung und der Gesundheit verbessern sich die Lebensaussichten und -erwartung. Anstandsfibeln und Benimmbüchlein stehen für Wahrhaftigkeit und Bescheidenheit, Ordnung und Selbstzucht. Den Alten wird in diesem gesellschaftlichen Umformungsprozess die Rolle des Vorbilds und des weisen Ratgebers zugewiesen; Gotthold Ephraim Lessings *Nathan der Weise* (1779) ist ein später Vertreter dieser Spezies. Eine moralische Wochenzeitschrift jener Zeit nennt sich *Der Greis*. In der Ausgabe vom 25.4.1764 rät sie, »bey Geschäfften so wohl alte als junge Leute« zu beteiligen, beider Fehler hielten einander »zum Besten der Gesellschaft im Gleichgewicht«. Der Sturm und Drang liefert eine Neuauflage des Generationenkonflikts, die Jugend begehrt gegen Konvention und Patriarchat auf. »Weg mit den Vätern!«, fordert stellvertretend für seine Altersgenossen der unglückliche Liebhaber Robert Hot in Jakob Michael Reinhold Lenz' Drama *Der Engländer* (1777).

Einige Greise versuchen an der Wiederaufwertung der Jugend teilzuhaben, indem sie sich jünger geben, als sie sind. Eine selbst aus heutiger Sicht nicht neue Tatsache. Sie ernten dabei Spott und Missbilligung. Der 36-jährige Freiherr von Knigge meint 1788 darauf hinweisen zu müssen, dass es absolut lächerlich wirke, »wenn ein Greis so sehr Würde und Anstand verleugnet, daß er in Gesellschaft den Stutzer oder den lustigen Studenten spielt; wenn die Dame ihre vier Lustra vergißt, sich wie ein junges Mädchen kleidet, kokettiert [...] oder gar andern Generationen Eroberungen streitig machen will«. Alter schützt vor Torheit nicht. Medizinische Fortschritte und tief greifende soziale Umwälzungen bewirken im 19. Jahrhundert eine Anhebung der Altersgrenze. Im 20. Jahrhundert macht die Technisierung mit ihrem rasch sich erneuernden Wissen den Erfahrungsvorsprung der Alten nahezu bedeutungslos. Die Massenmedien verstärken die Bewunderung der Jugend und somit die Aussonderung des Alters. Die Kosmetikindustrie und ein ganzer Zweig der Medizin liefern die Mittelchen, um zumindest die äußeren Zeichen der Jugendlichkeit ein wenig zu konservieren. Die Gesellschaft steigert sich in einen juvenilen Rausch, von dem auch erfasst wird, wer weder Falten überschminkt und das Gesicht liften lässt, noch Vitamine, Geriatrika oder Hormonpräparate schluckt. »Fast ein halbes Jahrhundert hindurch bin ich unvergänglich ein 20jähriger geblieben. Jetzt ist die Zeit gekommen, dieser Anmaßung zu entsagen«, notiert mit 70 Jahren der französische Schriftsteller Marcel Jouhandeau. Das Alter kommt überfallartig.

Verdammung und Verehrung: Ein positives Bild vom Alter vermitteln v. a. die Lebensabende von Künstlern. Pablo Picasso und Vladimir Horowitz, Marc Chagall und George Bernard Shaw, Artur Rubinstein und Charlie Chaplin müssen immer wieder als Symbolfiguren für Leistungsfähigkeit, Schaffenskraft und Originalität in hohen Jahren herhalten. Von den öffentlichen Medien werden runde Geburtstage zum Anlass für Würdigungen genommen, und die Gesellschaft erweist ihren verdienten Alten mit vielen Auszeichnungen Reverenz. In der Nachkriegspolitik beherrscht die ältere Generation das Geschehen – kein Wunder, haben doch zahlreiche Jüngere ihr Leben im Krieg gelassen. Erst einmal an der Spitze angelangt, fällt der Abschied von der Macht schwer. Gerade konservative Gesellschaften wählen sich – von Winston Churchill über Konrad Adenauer bis Charles de Gaulle – alte, vertrauenerweckende Leitfiguren, die am Bewährten festhalten. Große politische Veränderungen gehen hingegen immer von Jungen aus: die russische Revolution wie der Nationalsozialismus, der italienische Faschismus wie der algerische Unabhängigkeitskrieg. Eine Überstilisierung der Jugendlichkeit ist dabei immer propagandistische Programmatik.

1968 ist ein Wendepunkt gewesen, ein Jahr, in dem die Kultur des Modernismus ihren Höhepunkt, aber auch ihren Zusammenbruch erlebt hat. Die sexuellen, ethnischen und politischen Befreiungsbewegungen, die man mit diesem Jahr verbindet, sind die logische Konsequenz aus dem modernen Traum von uneingeschränkter persönlicher Freiheit, machen zugleich aber die moderne utopische Suche nach absoluter Wahrheit zunichte. Die Ereignisse dieser Zeit, die Euphorie der Jugendkultur und ihre Auswirkungen dokumentieren ein neues Lebensgefühl, dem zufolge es zahlreiche Möglichkeiten von Realitätswahrnehmung und eine Vielzahl gleichwertiger Verhaltensstandards gibt. Die lange Zeit unbefragte, eurozentristische Weltanschauung der politischen, ökonomischen und intellektuellen Machtsysteme der westlichen Zivilisation gerät ins Wanken. V. a. der Feminismus hat große Veränderungen in der Struktur der Gesellschaft bewirkt und damit vielleicht die bedeutendste Umwälzung menschlichen Verhaltens seit der Renaissance herbeigeführt. Die Jahre nach 1968 sind eine Übergangszeit, in der einige radikale Impulse der Jugendkultur allmählich in die konservativeren Gesellschaftsschichten eindringen. Ein spezifisch neues Verhaltensmodell und eine neue Persönlichkeitsstruktur, die sich eindeutig von den Modellen der Moderne unterscheiden, sind seit dieser Zeit im Entstehen begriffen.

Der in den 1980er-Jahren etablierte Terminus ›postmodern‹ beschreibt am besten dieses Zwischenstadium des Bewusstseins. Das gesteigerte Ich-Bewusstsein und die Persönlichkeitsentfaltung, die die 1970er-Jahre, das ›Ich-Jahrzehnt‹, geprägt haben, und die leidenschaftliche Selbstdarstellung und Ich-Bezogenheit der 1980er-Jahre lassen auf ein überwältigendes Interesse daran schließen, Definitionen des Selbst ständig zu überdenken. Die Auffassung von der Vielzahl möglicher Realitäten hat bei vielen den Wunsch geweckt, mit früheren einschränkenden Identitätsmodellen zu brechen. Es ist zur Routine geworden, Aussehen, Verhalten und Bewusstsein weit über das hinaus zu verändern, was man früher je für möglich gehalten hätte. Lässt sich die Moderne als das Zeitalter der Entdeckung des Selbst bezeichnen, so muss die Gegenwart immer noch als eine Zeit des Übergangs zur Auflösung des Selbst gelten. Die neuen Konstruktionen des Selbst sind eher konzeptuell als natürlich. Ein Schlüsselelement des sich entwickelnden Persönlichkeitsbewusstseins ist, dass das Individuum nicht mehr an sein ›natürliches‹ Aussehen, seine ›natürlichen‹ Fähigkeiten oder an die Geister der Kindheit gebunden ist. Früher hat man sich nicht nur an das eigene Leben gehalten, sondern auch das seiner Eltern und Kinder gelebt. Das Selbstgefühl ist eng mit der Struktur der Familie verknüpft gewesen. Man hat sich nicht nur den Traditionen und Einstellungen der Eltern verpflichtet gefühlt, sondern auch geglaubt, diese Einstellungen an seine Kinder weitergeben zu müssen.

Die veränderten Sozialstrukturen unserer Gesellschaft führen zu dem Bewusstsein, dass es jedem Einzelnen obliegt, sein Leben zu entwerfen und zu führen – ein Sachverhalt, den Michel Foucault als eine individuelle »Ästhetik der Existenz« bezeichnet. Mit der großen Präsenz der elektronischen Medien bezieht man Modelle der Selbstkonstruktion in zunehmendem Maße mehr von Stars, Prominenten und anderen Leitbildern als von seinen Eltern bzw. Großeltern. Realität, Fantasie und Fiktion verschmelzen zu einer einzigen Inspirationsquelle für ein neues Persönlichkeitsmodell, das einem Jugendwahn zugrunde liegt. Das beliebig austauschbare Image einer Britney Spears oder einer Beyoncé sind Beispiele für diese Verquickung von Realität und Fiktion sowie deren Umschlag in eine neu zusammengesetzte, fiktive Persönlichkeit, die schnell zur Tatsache wird. Die Suche nach einem absoluten, ›wahren‹ Ich ist durch ein ständiges Tasten nach neuen Alternativen abgelöst worden. Die Konvergenz von sozialen und wissenschaftlichen Trends hat zu einem neuen Selbstkonzept geführt. Die unbefragte Akzeptanz des eigenen ›natürlichen‹ Aussehens und der ›natürlichen‹ Persönlichkeit wird durch das Bewusstsein verdrängt, dass es normal sei, sich selbst neu zu erfinden. Sigmund Freuds Modell des »psychologischen Subjekts« ist in ein neues Modell übergegangen, das das Individuum ermutigt, sich von der qualvollen Analyse zu lösen, wie unbewusste Kindheitserfahrungen sein Verhalten prägen.

Befreit von den Schranken der Vergangenheit und dem ererbten genetischen Code, hat man das Gefühl, sich sein Wunsch-Ich nach jugendlichen Normen einfach neu konstruieren zu können. Doch wird das Image des anderen oft mit der eigenen Identität verwechselt. Die menschliche Evolution ist, begleitet von einem ansteigenden Jugendwahn, in eine neue Phase eingetreten. Das Potential genetischer Neubildung treibt uns über die darwinistische ›natürliche‹ Evolution hinaus in die Sphäre künstlicher Evolution. Es ist in den letzten 20 Jahren ein neues Bewusstsein von Macht entstanden, den eigenen Leib kontrollieren und nach Belieben konstruieren zu können. Diese Tatsache hat zwar schnell eine breite Zustimmung gefunden, doch ein großer Teil der Gesellschaft ist noch immer über mögliche Folgen zutiefst beunruhigt. Die Frage nach dem Einsatz von Gentechnik erhitzt die Gemüter mehr als seinerzeit die Abtreibungskontroverse. Sie stellt das größte moralische und soziale Problem des beginnenden 21. Jahrhunderts dar. Ihre fortschreitende Entwicklung und Anwendung zwingt uns dazu, die Parameter des Lebens neu zu definieren. Unser Bewusstsein erfährt einen tief greifenden Wandel. Je mehr radikale plastische Chirurgie, Hirnimplantationen von Mikrochips und Gen-Spleißen zur Routine werden, desto weniger wird die frühere Struktur des Selbst der neuen Konstruktion des Körpers entsprechen. Es entwickelt sich eine Persönlichkeitsstruktur, die unsere Anpassung an diese Methoden und ihre sozioökonomischen Auswirkungen reflektiert.

Zahlreiche Ausprägungen des heutigen Körperkultes unterliegen in hohem Maße dem Jugendwahn. ›Frische‹, ›Feuer‹, ›Leidenschaft‹ sind häufig verwendete Schlüsselwörter der Werbung. Sollte der Körper altersbedingt den jugendlichen Standards nicht mehr entsprechen können, werden manipulative Eingriffe in die äußere Erscheinung vorgenommen. Auch wenn der Mensch den Prozessen des Alters unterliegt,

soll zumindest der Schein von Jugendlichkeit gewahrt werden. Die amerikanische Schlagersängerin Cher ist ein prominentes Beispiel. Nach zahlreichen chirurgischen Eingriffen und Schönheitskuren lässt sie über Nachrichtenagenturen ausrichten, sie werde sich im Mai 2005 anlässlich ihres 60. Geburtstages für ein Männermagazin nackt ablichten. Ihr Körper würde durchaus den ansonsten viel jüngeren Modellen standhalten können. Die mit dem Jugendwahn verbundenen Sehnsüchte, Attribute wie Unbekümmertheit, Tatendrang, grenzenlose Offenheit und ausdauernde sexuelle Potenz, die durch den Körperkult rein äußerlich ausgedrückt werden sollen, werden konterkariert. Es gilt, durch jugendliche Körperideale eine Identität zu finden. Der größte Wunsch ist, wahrgenommen zu werden, nicht überflüssig zu sein.

Voraussetzungen des Jugendwahns sind die ständigen Prozesse jugendlicher Selbsterfindung durch Stilisierungen eines öffentlichen Images. Der in London lebende Fotograf Wolfgang Tillmans nutzt diese Prozesse zu Beginn der 1990er-Jahre als Motiv für die Bestimmung seiner eigenen Position. Seine Fotografien veranschaulichen ihre Ritualisierung in subkulturellen Milieus, die theatralisch faszinieren und sich inmitten einer begierigen Konsumkultur vollziehen. Diese ist ständig auf der Suche nach neuen Trends und einem Schlagwort, das es erlaubt, den Trend zu labeln und auf dem lukrativen Massenmarkt der Jugend zu instrumentalisieren. Neville Wakefield bemerkt, dass es Tillmans um die Spannung geht »zwischen der Wunschvorstellung, so wie sie im Image kommerzialisiert wird, und der Unverletztheit des Ichs, das unabhängig von seinen unzähligen Repräsentationsformen existiert«. Die einzelnen Bilder sollen eine »Atmosphäre der Offenheit« erzeugen und sie verdeutlichen, dass die eigene Identität stets ein *work in progress* ist. Tillmans zeigt jugendliche Vorbilder seiner Zeit, die die Prozesse jugendlicher Selbstfindung mit steuern. Im Hinblick auf das Porträt des Models Kate Moss von 1996 äußert der Kunstsammler (und Unternehmer in der Werbebranche) Christian Boros: »Sie verkörpert heute alles, was Warhols Marilyn für die Sechziger war: eine Ikone ihrer Zeit. Ein Top-Model: radikal sexy, gnadenlos trivial, absolut modern. Das ist Ausdruck und Gefühl einer ganzen Generation.«

Die breit gefächerte Musikbranche bietet zahlreiche solcher Stereotypen, die unter dem Begriff Popkultur subsumiert sind. Dass dabei

Kate with broccoli, 1996
Foto: Wolfgang Tillmans / Courtesy Galerie Daniel Buchholz, Köln

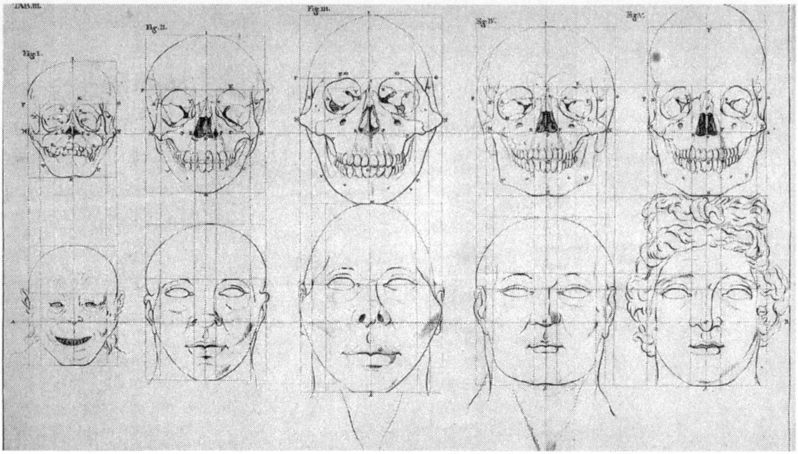

Petrus Camper, Über den natürlichen Unterschied der Gesichtszüge in Menschen verschiedener Gegenden und verschiedenen Alters, Berlin 1792

freiheitliche Ideale, die einst von Jugendbewegungen ideologisiert worden sind, im Hintergrund stehen, verdeutlicht u. a. die Rave-Kultur. Diese versucht seit Jahren, besonders auf ihrem größten Event, der Love-Parade, Offenheit zu demonstrieren und einen neuen Mainstream zu etablieren. Trotzdem beschreibt sie die Mitglieder ihrer Gemeinschaft mit abgrenzenden Begriffen wie *Nation*, *Tribe* und *Family*. Das scheinbar offene Spiel mit Geschlechterstereotypen wird durch eine totalitär anmutende Girlie-Ikonographie umgangen. Dabei wird eine körperliche Uniformität, fast faschistoide Idealvorstellung entwickelt. Ein Kameraschwenk aus einem Helikopter über der Love-Parade zum Beispiel erinnert an filmische Inszenierungen von Leni Riefenstahl in ihren Olympia-Filmen *Fest der Völker* und *Fest der Schönheit* (beide 1936). Es geht nicht um eine Befreiung bzw. Selbstverwirklichung des Körpers, sondern um die Etablierung einer Identität auf Grundlage eines Images, die innerhalb von festgesetzten Normen wenig Raum lässt. Was zunächst wie eine Jugendrevolte aussieht, entwickelt ähnliche Regeln wie bürgerliche Strukturen, von denen man sich eigentlich abgrenzen möchte. Man hat so zu sein, und nicht anders. Die Frage »Wer sind wir?« wird durch eine übergeordnete *corporate identity* beantwortet. Der Körper wird durch die Mode oder hohe Fitnessansprüche strengen Kontrollen unterworfen. Die seelische Befindlichkeit wird danach ausgerichtet.

»Die Love Parade«, so Annette Weber, »funktioniert als eine Bühne zur Schaffung des kollektiven Körpers. Aber an ihren verschiedenen Eingängen und Randzonen werden Zugangs- und Ausschlußkriterien der familiären Gemeinschaft ausgehandelt. Obwohl es sich um einen unhierarchischen, kollektiven Erlebnisraum handeln soll, treten Definitionsgeber hervor, die permanent damit beschäftigt sind, Schlußpunkte zu setzen, Bedeutung für den von Bedeutung noch unbesetzten kollektiven Körper zu produzieren. Und die grenzenlosen Familienmitglieder der Rave-Nation? Sind sie Opfer einer konservativen Repräsentationskampagne geworden? Oder sind sie nur deswegen so sprachlos, weil sie auch im Nicht-Raver-Leben eigentlich nichts sagen wollen, weil sie eh finden, daß alles ganz gut läuft?« Die Mitglieder der Rave-Kultur als Opfer zu bezeichnen wäre falsch. Sie sind in der Ausübung ihrer entwickelten Strategien Repräsentanten konservativer Kampagnen. Der Jugendwahn entpuppt sich dabei als Identitätswahn. Es wird nach einem Ideal gesucht, und um das zu erreichen, bedient man sich des gesellschaftlichen Elements, das mit den meisten positiven Eigenschaften konnotiert ist: der Jugendkultur. Hat der Physiognomiker Johann Caspar Lavater in seinen *Physiognomischen Fragmenten* (1775-78) noch versucht, wissenschaftlich zu begründen, dass man anhand einer äußeren Erscheinung auch auf den Charakter der jeweiligen Person schließen kann, hofft man heute anhand einer jugendlich orientierten Körperlichkeit zu vermitteln, dass man deswegen auch die positiv konnotierten charakterlichen Eigenschaften eines Jugendlichen habe. Dieser Versuch, sein selbst zurechtgelegtes Bild der eigenen Person anderen aufzudrängen, ist zum Scheitern verurteilt. Das Selbstverständnis wird gegen ein von außen projiziertes Image aufgegeben. Andersartiges, Fremdes, Uneindeutiges und Widerständiges in der sozialen Umwelt wird nicht mehr wahrgenommen. Dies gilt natürlich nicht nur für die Technoszene, sondern auch für die meisten anderen Subkulturen. Trotzdem reichen diese Gründe nicht aus, um sich vom Gesamtkomplex Techno zu distanzieren. Jungle, Drum 'n' Bass, House, elektronische Musik sind in vielen Fällen widerständig und kokettieren nicht mit dem Marktsegment Jugend. Aber letztlich steht vieles in der Rave-Kultur – und wie gesagt nicht nur hier – als Beispiel für geglückte Anpassung.

Wieso ist der Jugendwahn Bestandteil eines kollektiven Identitätswahns geworden? Jugendbewegungen zeigen zur Zeit kein Aufbegehren mehr. Jugendliche bestehen zu Beginn des 21. Jahrhunderts nicht mehr auf Differenz – zumindest nicht in der breiten Masse. Das heißt nicht, dass sie nicht irgendwann einmal wieder an Bedeutung gewinnen kann. Ab den 1950er-Jahren enthalten Jugendbewegungen Elemente, die Foucault in seinem späten Aufsatz »Das Subjekt und die Macht« (1982) hervorhebt, um das Gemeinsame der verschiedenen Formen des Widerstandes gegen die Disziplinargesellschaft zu charakterisieren. Die Auseinandersetzungen sind nicht auf ein bestimmtes Land beschränkt, sondern vielmehr »transversal« geprägt. Sie richten sich gegen unmittelbare Auswirkungen eines bestimmten Machttypus auf das konkrete Individuum. »Die Jugendlichen bestanden auf Differenz und stellten sich die Frage, wer sie denn eigentlich seien«, schreiben Tom Holert und Mark Terkessidis in der Einleitung zu ihrem Buch *Mainstream der Minderheiten. Pop in der Kontrollgesellschaft* (1996). »Und schließlich kämpften sie gegen Machtwirkungen an, die an ein elitistisches Wissen gekoppelt waren. Daß der kulturindustrielle Mainstream gerade durch seine Vereinheitlichung große Massen ansprach, öffnete der Körperpolitik der Jugendlichen dabei ungeahnte, ›basisdemokratische‹ Kanäle.«

Jugendbewegungen haben sich nach dem Zweiten Weltkrieg gegen eine Disziplinierung des Alltagslebens gewandt und sich verschiedenen Minderheiten angeschlossen, u. a. der schwarzen. Sie identifizieren ihr Körperideal mit der jeweiligen Körperlichkeit der Marginalisierung und begeben sich damit freiwillig an den Rand der Gesellschaft. Ästhetisch überquert der Rock 'n' Roll als weiße Interpretation schwarzer Musik die so genannte *Colour-Line*. Schwarze als Vorbilder eines weißen Körperideals. »Rock bedeutet nicht nur, daß weiße Jungs den Blues singen«, glaubt Lawrence Grossberg, »es ist auch der Sound derjenigen, die in ihrem Alltagsleben gefangen sind und sich seine Negation nicht vorstellen können (und sie eigentlich auch nur mit gemischten Gefühlen wünschen), wenn sie versuchen, die Sounds von denen zu produzieren, die kein Alltagsleben haben.« Eine Transzendenz ist dabei aber nicht zu erkennen. Die Suche nach der Selbstdefinition auf einer ›anderen‹ Seite führt selten dazu, das Wertesystem zu hinterfragen, das z. B. zwischen Schwarz und Weiß unterscheidet. Jugendbewegungen haben gegen totalitäre Normen sowie gesellschaftliche Einengungen protestiert und dazu beigetragen, das Leben flexibler, aber auch kontrollierbarer zu gestalten.

In Anlehnung an Theodor W. Adornos und Max Horkheimers Beschreibungen von »aussichtslosen Abhängigkeiten«, die bürgerliche Disziplinargesellschaften prägen, könnte man gegenwärtig von aussichtslosen Unabhängigkeiten sprechen. Die Werte von Produktions- und Konsumptionssphäre sind unwiederbringlich miteinander verquickt. Der Faktor Spaß ist eine endlose Ressource sowohl für Produktion als auch Konsumption geworden, also nicht mehr auf bestimmte Reservate beschränkt. Während in der westlichen Disziplinargesellschaft Arbeit und Erholung strikt getrennt gewesen sind, sieht Arbeit heute z. T. wie Freizeit und Freizeit wie Arbeit aus. In einem Unternehmen arbeiten die Beschäftigten, als ginge es um ihr persönliches Vergnügen, und in der Freizeit vergnügen sie sich, als ginge es um Arbeit. Die individuelle Seele ist in eine *corporate identity* gewandert und somit fremdbestimmt, der anfängliche revolutionäre Charakter von Jugendlichkeit ist verloren gegangen. Je mehr der mit ihr verkoppelte Konsumismus ins Zentrum der Gesellschaft rückt, desto mehr wird diese als ganze durch ihren Konsum jugendlich. Die Jugendlichen als Außenseiter haben in weniger als zwei Jahrzehnten den Weg gewiesen. Viele sehnen sich heute nach jugendlichem Lebensstil und Aussehen. Viele verlangen nach der ursprünglichen Flexibilität der Jugend, die sie selbst heute kaum noch offenbart. Jugend ist zu einem Instrument des Identitätswahns geworden. Sehe ich noch gut aus? Bin ich nicht zu alt für dies oder das? Bin ich noch flexibel genug? Der Jugendwahn wird nie ein Ende finden, frei nach dem Motto: Jung auszusehen ist ein schönes Gefühl. In jedem Alter.

VI.

XY versus XX

Cathrin Kahlweit

Dünn, schön und Sex mit 12

Teenager-Zeitschriften setzen vor allem junge Mädchen unter Druck

In Teenie-Zeitschriften heißen Jungen »Boys«, wahlweise »süße Boys« oder »Dreamboys«. Natürlich interessiert es die »Girls«, für die Blätter wie *Mädchen* (Auflage 210 000) oder *Bravo Girl* (307 000) gemacht werden, besonders, was Boys nicht mögen: etwa eifersüchtige Mädchen oder Zickenkriege. Es interessiert sie, wie man Haare im Sommer zum Glänzen bekommt, dass Rüschenblusen *in* sind oder wie man einen Boy zum *date* kriegt, wenn der nicht will: ihn aus Versehen mit dem Frisbee treffen oder eine Fahrradpanne vortäuschen.
Im Großen und Ganzen sind die Inhalte von Zeitschriften wie *Yam* (255 000) oder *Bravo* (605 000) eher harmlos und brav als revolutionär – Mode, Kosmetik, eine Foto-Lovestory um den Freund, der auf der Party mit einer anderen knutscht. Aber dann sind da noch Rubriken wie »Love and sex« oder »sexmail«; in der *Bravo* heißt der entsprechende Antwortonkel für die grundlegenden Dinge des Lebens noch immer »Dr. Sommer«. Das Alter der Zielgruppe liege bei »zehn bis 19 Jahren« für alle *Bravo*-Printtitel, sagt der Bauer-Verlag.
Für diese große Altersgruppe waren und sind Teenie-Zeitschriften ein Freund in den Zeiten der Pubertät. Lange galten sie als notwendiger Ratgeber für Kids, deren Eltern zu verklemmt für die Aufklärung waren – oder die manches gar nicht ansprachen, weil sie glaubten, ihre selbstsicheren, coolen Kinder wüssten eh Bescheid: Kann man beim Petting schwanger werden? Muss man schon beim ersten Mal verhüten? Weil viele Mädchen heutzutage immer früher in die Pubertät kommen, werden logischerweise auch jene jünger, die notgedrungen im Detail aufgeklärt werden: Früher lasen die Mädels mit 14, 15 gemeinsam mit ihren Freundinnen nach, welcher Star welche Hungerkur machte, heute sind sie elf oder zwölf, wenn sie eine Teenie-Zeitschrift vom Taschengeld an der Supermarktkasse bezahlen. Also setzen sich jetzt Elfjährige mit Christina Aguilera auseinander, die bekennt, sie stehe auf

»dirty sex talk«, und Lesbenpornos zu schauen sei ihre »heimliche Leidenschaft«. Eine Zwölfjährige fragt: »Bin ich sexsüchtig«? Ihre Freundin bezeichne sie immer als »notgeil«. Es wird diskutiert, ob bei Sex von hinten weniger Liebe im Spiel sei, ob man beim Sex mehr stöhnen sollte, damit der Partner erregt ist, und in welcher Stellung das erste Mal am schönsten ist.

Die Fragen sind, wenn man den Redaktionen glauben kann, nicht erfunden, die Antworten durchaus pädagogisch wertvoll. Dennoch befürchten Fachleute und Eltern, dass die sehr jungen Mädchen, deren seelischer Reifungsprozess weit weniger fortgeschritten ist als ihr körperlicher, mit dieser Lektüre unter enormen Druck gesetzt werden. Sie hätten allzu früh das Gefühl, mithalten zu müssen, wenn es um Sex geht, sagt etwa der Leiter der Kinder- und Jugendpsychiatrie der Universitätsklinik Tübingen, Gunther Klosinski: »Viele werden in etwas hineingeworfen, wofür sie nicht bereit sind«, sagt er, »und sie bekommen Angst, schotten sich ab.«

Die sexualisierte Sprache mancher Blätter gehe noch über das hinaus, was in den Mittagstalkshows zu hören sei – und das sei für Jugendliche oft schon zu drastisch, findet Klosinski: »Das kann Auswirkungen auf die Sexualität haben, aber auch Auswirkungen auf die seelische Entwicklung.« In der Zunahme von Essstörungen wie Bulimie und Anorexie bei immer jüngeren Mädchen, aber auch in der Zunahme des bei Teenagern immer populäreren Ritzens sehen Mediziner ein Indiz für das gestörte Verhältnis vieler Kinder zu ihrem Körper. Bilder von mageren Teenie-Stars, retuschierte Fotos von Mädchen mit prallen Brüsten und ohne Pickel erwecken in Teenagern ohnehin das Gefühl nicht attraktiv zu sein. Und als wäre das nicht genug an Frust, werden Elf- oder Zwölfjährige, die noch nie beim Frauenarzt waren und die Buben uninteressant finden, stark mit einer ihnen noch fremden Sexualität konfrontiert.

»Da wird ein Körperschema entworfen, da werden Rollenmodelle gezeichnet, die dazu beitragen, Störungen auszulösen«, sagt der Münchner Psychologe Christian Mühldorfer. Sehr junge Mädchen bekämen zunehmend das Gefühl, cool und in sei nur »wer schön, sexy und dünn ist – und mit zwölf Sex hat«.

Michael Wetzel
(unter Mitarbeit von Miriam-Maleika Höltgen)

American Beauty and The Beast

Der neue Infantilismus

Wollte man zynisch sein, so könnte man vermuten, dass das 20. Jahrhundert die Botschaft vom »Jahrhundert des Kindes« im Sinne eines universellen Infantilismus missverstanden hat. Insbesondere der amerikanische Sportkult hat mit seiner Fetischisierung des jugendlich frischen Körpers das ästhetische Empfinden verschoben. Beim Tennis blühen die Kind-Idole, die »Racket-Lolitas«, deren Erfolgsrezept wie bei anderen Sportarten einfach lautet: »Ein bisschen kindlich, ein bisschen lasziv.«

Vor diesem Hintergrund ist auch Neil Postmans Klage über das *Verschwinden der Kindheit* zu verstehen, die mit den Worten beginnt:

> »Während ich dies hier schreibe, gehören zwölf- und dreizehnjährige Mädchen zu den bestbezahlten Photomodellen Amerikas. Anzeigen in allen visuellen Medien präsentieren sie dem Publikum als erfahrene, sexuell aufreizende Erwachsene, die sich in ihrer erotisch geprägten Umgebung durchaus zu Hause fühlen.«

Postmans Diagnose einer zunehmenden Zerstörung der Kindheit bezieht sich v. a. auf die Distanzlosigkeit einer scheinbar orientierungslosen Erwachsenenwelt. Immer unvermittelter werden erotische Kategorien auf Kinder projiziert. Das Verschwinden der Kindheit zeigt sich als ein Zum-Verschwinden-Bringen der Differenz zwischen Kinder- und Erwachsenenwelt, für das Postman das Beispiel einer Seifenreklame anführt, in der Mutter und Tochter optisch ununterscheidbar werden.

Amerika ist Geburtsstätte vieler solcher Widersprüche. Und das gilt in besonderem Maße für das Verhältnis zur Kindheit. Dabei darf man nicht vergessen: Amerika begreift sich als die *Neue Welt*, in der eine kulturelle Wiedergeburt beim Naturzustand der Wilden und Wälder beginnen sollte – und nicht, wie bei der europäischen Renaissance, im Rückblick auf die *Alten* der Antike. Ikonographisch wurde Amerika als junges Mädchen dargestellt, dessen Unschuld noch durch die begleitende Figur eines dunkelhäutigen Indianermädchens gesteigert wurde. Amerika ist Natur pur, warum nicht auch Kindheit für immer?

> »Kinder sehen immer schön aus ... Sie haben immer eine perfekte Nase. Ich habe niemals ein unattraktives Baby gesehen. Bei ihnen ist alles so klein und sie haben eine angenehme Haut. Das gilt auch von Tieren. Ich habe niemals ein schlecht aussehendes Tier gesehen. ... Schönheit hat natürlich nichts mit Sex zu tun. Schönheit hat nur mit Schönheit zu tun und Sex nur mit Sex.«

So Andy Warhol in einem Statement, das selbst in seiner infantilen Naivität vor Zynismus strotzt. Gemeint ist mit diesem Schönheitsideal das *Niedliche* des *Kindchenschemas*, das mit seinen typischen Eigenschaften – hohe Stirn, Riesenaugen, Stupsnase, runde Kinnpartie – einen zärtlichen Pflegeimpuls auslöst. Aber ebenso wie es hässliche Kinder und nicht nur Bambi-äugige Tiere gibt, sind auch die Disproportionen des Begehrens nicht so weit entfernt, wie Warhol unterstellt. In der heiligen amerikanischen Familie setzt sich die Tendenz der bürgerlichen Familie fort, pädagogische und erotische Momente zu dem zu vermischen, was der amerikanische Soziologe Richard Sennett einmal so treffend als die *Tyrannei der Intimität* bezeichnet hat.

Auf der anderen Seite entwickelt sich ein Jugendlichkeitswahn, der den in Entwicklung begriffenen, makellosen, im Sinne Schillers noch zukunftsträchtigen Körper der Heranwachsenden im wahrsten Sinne des Wortes *fetischisiert*. Der Infantilismus der modernen Kultur ist jenseits des Atlantiks besonders stark ausgeprägt: als Traum vom Neuanfang, von Unberührtheit, vom neuen Menschheitsbild einer unvergänglichen kindlich-jugendlichen Idealität: quasi eine auf Dauer gestellte Pubertät. Der kulturelle Raum der Vereinigten Staaten von Amerika ist geschichtlich geprägt durch eine vorwiegend calvinistische Tradition, der, neben dem Einfluss der jüdischen Kultur, eine starke katholische Tradition mediterranen, aber auch lateinamerikanischen Ursprungs gegenübersteht. Die jüdische Kultur hat sich in ihren aufklärerischen Tendenzen v. a. durch die Psychoanalyse und ihre Hinterfragung der klassischen Vater- und Mutterbilder bei den Intellektuellen durchsetzen können. Der typische Stadtneurotiker der Filme Woody Allens hat eigentlich seine Kindheit nie hinter sich gelassen und infantile Schuldgefühle nie überwunden. In der katholisch dominierten Kultur begegnet dagegen ein lustvolles Moment moralischer Übertretung, das mit der puritanistischen Prüderie koexistiert.

Das Zusammenspiel all dieser kulturgeschichtlichen Einflüsse ergibt jedoch kein einheitliches synthetisches Bild, sondern ein Changieren zwischen »Heiler Welt« und »Haltlosem Laster«, eine ständig von katastrophischen Einbrüchen bedrohte Spannung, die auch das Bild von Jugend beherrscht. Erst vor wenigen Jahren erschütterte wieder einmal ein Sittenskandal die amerikanische Gesellschaft, der sich am neuralgischen Punkt des Missbrauchs von Kindern und Jugendlichen für aggressive Werbestrategien entzündet hatte. Die Firma Calvin Klein, Hersteller von Unterwäsche, Jugendmode und Parfüms, war durch ihre jugendlichen, ja kindlichen Modelle ins Gerede gekommen. Allen voran die hier ihre Karriere startende Kate Moss, die als Ganzakt ihren knabenhaft-kindlichen Körper zum Blickfang für ein Produkt mit dem sprechenden Namen *Obsession* machte, waren die Darstellungen von Knaben und Mädchen auf Jeans-Reklamen schon wegen »lasziver Posen« unter Pornographieverdacht gefallen. Calvin Klein reagierte prompt und drehte den Spieß um, indem er das Ganze für ein Missverständnis der eigentlichen, den Geist der Jugend förderlichen Botschaft erklärte:

> »Die Botschaft der gegenwärtigen Calvin-Klein-Jeans-Anzeigenkampagne lautet, daß die jungen Leute von heute, die medienerfahrenste Generation überhaupt, eine wirkliche Charakterstärke und Unabhängigkeit besitzen. Sie haben sehr stark ausgeprägte Vorstellungen von dem, was sie tun werden und was nicht – [...] Wir möchten auch die Vorstellung vermitteln, dass *Glamour* eine innere Qualität ist, die sich bei normalen Leuten [...] finden kann; es ist nichts, das exklusiv nur Models oder Filmstars zukommt. [...]
> Wegen der Rolle, die die Modeindustrie bei der Gestaltung der Kultur spielt, in der sie aufwachsen und ihre Eindrücke bilden, tragen wir eine besondere Verantwortung für die jungen Leute – in Wirklichkeit teilen wir die Besorgtheit, die einige angesichts der Herausforderungen geäußert haben, denen die heute aufwachsenden Kinder ausgeliefert sind.«

Die Ausbeutung der Ressource Kindheit stellt sich selbst in den Dienst ihres Schutzes bzw. ihrer Weiterentwicklung, und sei es – zynisch gesprochen – durch die Überschreitung geschlechtlicher Vorurteile. Denn die eigentliche Tabugrenze, die bei Calvin Klein verletzt wird, ist nicht die zwischen Kindheit und Erotik, sondern das Spiel mit der kulturellen Repräsentation der Geschlechterdifferenz. Seit Anfang der 1990er-

Calvin Klein
Nathan's
Coca-Cola
Nathan's
Nathan's
SCHOOL BUS
103
103
TRANS VANS COACH COMPANY

Jahre dominiert eine für die *Kids* und *Teens* gemachte Popkultur der *Tomboy*-Mädchen, die in eindeutig dominanten Posen eine phallische Potenz präsentieren, denen gegenüber der *Boy-Cult* der weich gezeichneten Knabenbilder sich von den Klischees der Homosexualität befreit hat und zu weiblichen Gesten bekennen kann. Und das wird vermarktet als Schönheitsideal, das dem amerikanischen Prozess der Zivilisation entspricht: dem Puritanismus, den schon Max Weber in den Anfängen des Protestantismus als Nähe von Askese und Kapitalismus definiert hatte.

Diese auch in Europa vermehrt sich durchsetzende Vorstellung vom Kind als Generationswert, als Produktionsressource, die es nicht nur zu schützen, sondern optimal zu fördern gilt, diese Idealbildung des Fetischs *Kind* hat noch nie einer Doppelmoral der Anlehnung von Sextrieben an das verhätschelte Objekt der Selbsterhaltungstriebe Abbruch getan. Aber noch ein ganz anderer Schauplatz der kindlichen Libido findet in Amerika ein dankbares Publikum. Es sind die aggressiven Impulse eines Kampfes zwischen Liebes- und Todestrieb im zarten Kindesalter, deren Erforschung sich Melanie Klein zur Lebensaufgabe machte. Die Psychoanalytikerin der ersten Generation nach Freud hatte sich mit ihrer Theorie der frühkindlichen Triebentwicklungen neben der selbst als Kinderanalytikerin arbeitenden Freud-Tochter Anna in Europa nicht durchsetzen können. Jenseits des Atlantiks fand sie jedoch Aufmerksamkeit für ihre Entdeckungen der schizoiden und depressiven Phantasien als frühe Äußerungen eines entkoppelten Todestriebes schon im Säuglingsalter. Dabei zählt das, was durch ihre Spieltheorie an Gefühlsleben reinszeniert wird, in der Tat zum starken Tobak. Melanie Klein erkennt bereits im idyllischen Bild des an der Mutterbrust nuckelnden Säuglings nur die trügerische Oberfläche von wildesten *thanatologischen* Triebregungen, von Phantasmen voller Einverleibungs-, Zerstörungs- und Spaltungsexzessen, die Freuds polymorph-perverse Triebszenarien harmlos erscheinen lassen, ja deren *erotische* Intention geradezu bedrohen.

Natürlich weiß die populäre Verarbeitung solcher Phantasien v. a. in den Horrorvisionen des amerikanischen Kinos diese Vorstellung vom *Monster-Baby* wieder entsprechend der calvinistischen Abspaltungen in einem surrealen Anderswo zu exilieren. Dennoch wird die

Calvin-Klein-Werbung am Times Square, New York, 1995
Foto: © dpa Fotoreport

Vorstellung von den süßen Kleinen doppeldeutig, vom *Thrill*-Effekt eines morbid Unheimlichen heimgesucht, das immer in Gestalt einer verborgenen bösen Macht des Grauens lauern kann. Das ganze Spektrum von Hollywoods Horror-Science-Fiction-Produktion (*Aliens*, *Body snatchers*, *ET*) lebt von diesen manichäischen Gestalten des Guten und Bösen, wie sie Melanie Klein in den Köpfen der Kleinkinder aufgescheucht hat. Aber es muss nicht immer Horror sein: Den Disney-Comics verdankt die Neue Welt auch die Möglichkeit, kindlich aggressive Impulse der Zerstückelung, Deformation, Vernichtung auf burleske Weise zu genießen, nämlich in Gestalt der amorphen, anorganischen Körper von Zeichentrickfiguren, die das ewige Lied der Natur von Fressen und Gefressenwerden als heitere *Pet-Shop-Comedy* vorführen.

Calvin Klein und *Melanie Klein*: Diese Namen markieren zwei Extreme, zwischen denen die amerikanische Moral das Spektrum ihres Infantilismus entfaltet. Einerseits werden die Kinder als reine, unschuldige Engel vergöttert, und es versucht, sich eine ganze Kultur diesem Traum anzupassen, während zugleich schamlos voyeuristische Gelüste durch diesen erotischen Exhibitionismus des Reinen befriedigt werden; andererseits bleckt die grausame und grauenhafte Fratze des Bösen seine Zähne gerade hinter der Fassade des allerunschuldigsten Babylächelns. Beide Seiten existieren völlig unvermittelt nebeneinander: wie der verdrängte Tod neben einer sublimierten Liebesgemeinschaft. Und gerade deshalb gehört das Einbrechen der einen Welt in die andere zu den typischen Phänomenen der amerikanischen Phantasmen, und zwar von den literarischen bis zu den audiovisuellen Medien. Gerade ein jüngstes populäres Medienbeispiel kann uns in diesem Sinne mitten ins Thema führen.

All diese Momente kommen nämlich in einer neueren Bearbeitung des amerikanischen Komplexes im Film *American Beauty* auf beeindruckende Weise zur Sprache. Das Grundproblem der Story fragt danach, warum ein Familienvater libidinös deliriert und seine berufliche, seine familiäre und auch seine männliche Position aufkündigt, nur weil er der verführerischen Freundin seiner pubertierenden Tochter begegnet ist. Lester Burham hat auf den ersten Blick alles, was man sich wünscht: eine attraktive Frau, eine Tochter, Haus, Job, Auto. Doch der Schein dieser Vorstadtidylle trügt. Mit seiner Frau läuft schon lange nichts mehr, Tochter Jane verachtet ihn, im Job wird er nicht anerkannt. All das ist Alltag, der Film erzählt die alte Geschichte von der *Midlifecrisis* und versammelt alle amerikanischen Klischees: die berufliche Emanzipation der Ehefrau um den Preis der Verachtung des impotenten Mannes, dessen Inzestwünsche gegenüber der eigenen Tochter, die sozial verträglich auf die Freundinnen verschoben werden, grundsätzlich die Geschlechtsidentitätsprobleme und v. a. die Angst vor Homosexualität, repräsentiert durch den selbst gegen seine Schwulheit ankämpfenden militärisch-militant auftretenden Nachbarn. Und am Ende steht zwangsläufig der Tod des Protagonisten, der darin quasi vom Schicksal der entfesselten erotischen Kräfte heimgesucht wird.

Es sind die typischen Gesetzmäßigkeiten des amerikanischen Familienlebens, die jedoch ins Wanken geraten, weil der biedere Vater die allgemein akzeptierte *Cheerleadergroup-Erotik* des jungen Mädchens aus der Klasse seiner Tochter mit sexuellen Ansprüchen verwechselt und aus der Ordnung des Begehrens ausbricht. Diese Form der Übertretung hat in Amerika seit Mitte des Jahrhunderts des Kindes einen Namen: *Lolita*, nach dem gleichnamigen Roman Vladimir Nabokovs, des 1940 in die Staaten übersiedelten Exilrussen, der seinen Roman von der verhängnisvollen Liebe eines Mitvierzigers zu einer Zwölfjährigen 1954 beendet hatte – ohne natürlich einen Verleger zu finden. Erst auf dem Umweg einer Erstveröffentlichung in Paris konnte dieser von alteuropäischen Phantasmen gesättigte Roman seinen Siegeszug in Amerika antreten, und dennoch beteuerte der Autor, dass er diese zwar lange zuvor konzipierte Geschichte nur in der Neuen Welt hatte schreiben können.

Nur in Amerika, genauer: nur in der einzigartigen Vermengung von alteuropäischer Tradition mit dem Protestantismus Neuenglands, den im Eigennamen Lolitas aufkeimenden Träumen von mexikanischer Heißblütigkeit und nicht zuletzt der Erfahrung einer ganz anderen Natur der amerikanischen Wildnis konnte das Phantasma ausreifen, das in der Liebe des alternden Mannes zum kindlichen Mädchen den Mythos von der erotischen Wiederbelebung der Kindheit reinszenierte. Nabokov hatte mit den Vorstudien zu seinem Roman schon in Russland begonnen. Aber erst nach der Übersiedelung in die USA und den dort gemachten Erfahrungen nahm das Werk seine eigenwillige Gestalt an. Denn es geht nicht nur um die Geschichte pädophiler Neigungen, sondern insgeheim auch um eine Abrechnung Nabokovs mit der amerikanischen Gesellschaft, die mit ihrer verlogenen moralischen

Liberalität für ihn auch solche Formen der lasterhaften *Libertinage* züchtet.

Lolita ist ein typischer amerikanischer Teenager, frech und frühreif, der sich für den fremden, ganz noch in der humanistischen Tradition Europas wurzelnden Protagonisten des Romans, Humbert Humbert, aber vom Hintergrund der calvinistischen Sexualverdrängung und der naturalistisch-nüchternen Betrachtung kindlicher Entwicklungsphasen abhebt: als mythologische Reinkarnation poetischer Träume vom ästhetischen und erotischen Ideal. In ihnen erfährt die Faszination pubertierender Mädchen eine epochale Verklärung in Gestalt der naturmythischen Wesen, die Nabokov als »Nymphchen« bezeichnet und folgendermaßen beschreibt:

> »Zwischen den Altersgrenzen von neun und vierzehn gibt es Mädchen, die gewissen behexten, doppelt oder vielmal so alten Wanderern ihre wahre Natur enthüllen; sie ist nicht menschlich, sondern nymphisch (das heißt dämonisch); und ich schlage vor, diese auserwählten Geschöpfe als ›Nymphchen‹ zu bezeichnen. [...]: die Koboldgrazie, den ungreifbaren, verschmitzten, seelenzerrüttenden, heimtückischen Zauber, die das Nymphchen von seinen Altersgenossinnen unterscheiden [...]. Man muß ein Künstler sein, und ein Wahnsinniger [...], um an unbeschreibbaren Anzeichen – die leichtgeschwungene Raubtierkontur eines Backenknochens, den Flaum an schlanken Gliedern und andere Merkmale [...] – sofort den tödlichen kleinen Dämon unter den normalen Kindern zu erkennen.«

Die Doppeldeutigkeit, mit der Nabokov hier spielt, verdankt sich der Unentscheidbarkeit der Erscheinung dieser Wesen zwischen *Kind* und *Frau*. Sie ist typisch für die Pubertät, ebenso wie die Verweigerung gegen die Reifungsprozesse, die gerade beim Mädchen neben der beschworenen »Koboldgrazie« auch Züge einer androgynen Knabenhaftigkeit und antiweiblichen Wildheit aufschießen lässt. Die heutigen amerikanischen *Tomboys* haben dabei ihre Vorfahren in den Kinderbüchern als *Wildfang* oder *kleines Biest* (von *Trotzkopf* bis *Pipi Langstrumpf*), in denen die monströsen Mädchenfiguren der Männerphantasien fortleben, die seit Rousseaus Entdeckung des dunklen Kontinents der Pubertät, aber auch als kindliche Todesgötter der Märchen ihr Unwesen treiben. In Nabokovs Roman verschmilzt diese Phänome-

Rineke Dijkstra, Kolobrzeg, Poland, July 26, 1992
Foto: © Courtesy Rineke Dijkstra

nologie einer erotischen Kindheit jedoch zusehends mit den destruktiven Impulsen der erwachsenen, männlichen Sexualität, die der Autor gewissermaßen in der unzivilisierten Natur des fremden, nicht mit der Lieblichkeit europäischer Landschaften lockenden Kontinents Amerika spiegelt.

In diesem globalen Kontext entfaltet sich die Dramatik der Missverständnisse, die den desillusionierenden zweiten Teil des Romans beherrschen. Natürlich ist Lolita kein Nymphchen, sondern eben nur ein gewöhnlicher amerikanischer Teenager, der allenfalls durch seine ordinäre Laszivität als Sexualobjekt in Frage kommt. Nach dem Tode der zum Schein geheirateten Mutter fällt der ganze Glamour des »verbotenen Früchtchens« von ihr ab, und an die Stelle der erotischen Spielereien treten Erpressungen, Überwachungen, kurz: Gewalt und Misstrauen. Nabokov inszeniert schonungslos das Auseinanderbrechen von Traum und Wirklichkeit, um seinen Helden am Ende zu der Einsicht zu führen, dass alles, was er begehrt hat, nur ein optisches Spektakel war: das Spiel mit einer *Nymphe*, als welche die Entomologen auch den verpuppten, noch nicht geschlüpften Schmetterling bezeichnen, das zugleich Symbol für seelenhafte Immaterialität der Phantasien ist, die man zerstört, wenn man sie mit groben Händen anfasst.

Hollywood hat diesen ambivalenten Infantilismus auf seine Weise inszeniert und dem Duo von *Mädchen* und *Monster* unzählige Vorgängerfilme zu *American Beauty* vorausgeschickt. Einerseits haben die Disney-Produktionen mit ihren Bambi-Welten oder Charlie Chaplins *The Kid* den christlichen Erlösungsmythos des Kindes fortgeschrieben. Auf der anderen Seite setzte eine massive Produktion von Zelluloid-Nymphen ein, wie Marianne Sinclair sie in ihrem Buch über die *Hollywood-Lolita* nannte. Und man konnte nicht früh genug anfangen, wie die sagenhafte Karriere der Shirley Temple zeigt, die schon mit vier ihre koketten und kokotten Spiele vor der Kamera trieb. Der große Star war aber das am Anfang der Pubertät stehende Mädchen, die perfekte Mischung zwischen kindlicher Unschuld und unreifer Sinnlichkeit, wie nicht nur die Verfilmungen von *Lolita*, sondern auch die anderen Klassiker wie *Baby Doll* (mit Caroll Baker) oder *Pretty Baby* (mit Brooke Shields) zeigten. Auch in ihnen träumt Amerika seinen Traum von der *perfekten Kindheit*, wie der Photograph und Filmemacher Larry Clark seine Bilder von drogenabhängigen und sexbesessenen Kids in New York City auch betitelte.

Aber auch im »deutschen New York«, der Hauptstadt Berlin, finden wir die Figurationen wieder, in Gestalt etwa von *Lolle*, die nach dem Abitur in der Provinz ihrem Freund Tom nach Berlin folgt. Dort muss sie dann mit ansehen, wie ›ihr‹ Tom auf einem Wochenmarkt leidenschaftlich eine andere küsst. Lolle ist fassungslos. »Ich werde nicht weinen«, beteuert sie, während ihr dicke Tränen die Wangen herunterrollen. So beginnt *Berlin, Berlin*, eine deutsche Vorabendserie, die seit dem Frühjahr 2002 beinahe drei Millionen Zuschauer(innen) vor den Fernseher gelockt hat und im November 2004 als erste deutsche Serie mit dem amerikanischen Fernsehpreis *Emmy* prämiert wurde. Und so setzt sich die Geschichte um die Gefühlswelt vom Landei Lolle aus dem Kaff Malente (Kreis Ostholstein) auch fort, die in Berlin zum Großstadt-Girlie mutiert. Serien, die das Abitur als kategorialen Einschnitt im Leben ihrer Protagonisten und Auftakt eines neuen, spannungsreichen Lebens wählen, gibt es viele im deutschen Vorabendprogramm. Auch die seit 1992 laufende Soap *Gute Zeiten, schlechte Zeiten* startete einst so. Immer geht es darum, den ›richtigen‹ Einstieg in das nun folgende Leben zu finden, denn die Jugendlichen müssen sich selbst entdecken und lernen, sich in der Welt der Erwachsenen zurechtzufinden.

Mit *Berlin, Berlin* aber tritt eine Jugendserie an, die archetypisch die verschiedensten Konzepte einzelner Serienformate in sich vereint. Es werden insbesondere für die Zielgruppe weibliche Teenager und junge Frauen alle konventionellen Formen möglicher Beziehungsmuster durchgespielt, auch mit dem Ziel, diesen weiblichen Zuschauern multiple Identifikationsangebote zu bieten. Im Kern geht es um alltägliche Beziehungsprobleme, ein Konzept, das wohl keine Serie umläuft und das man auch in der Namensgebung der Formate wie *Unter uns*, *Verbotene Liebe* oder *Gute Zeiten, schlechte Zeiten* wiederfindet.

Im Fokus von *Berlin, Berlin* steht Lolles noch unreifes Gefühlschaos, die sich zwischen zwei Männern, Sven und Alex, nicht entscheiden kann (und auch nicht recht entscheiden will). Sie durchlebt viele verwirrende Momente des Glücks und auch der Traurigkeit in ihrem neuen Großstadtalltag, während sie versucht, ihre Identität aufzubauen und ihre Persönlichkeit zu erfahren. Einerseits ist Lolle noch ganz Mädchen, sucht Schutz bei ihrem Cousin in Kreuzberg und überlegt bei Schwierigkeiten mit dem Erwachsenwerden häufig, in den schützenden Schoß der Familie auf dem Land zu regredieren. Doch mit ihrer Entscheidung, in Berlin zu bleiben, bietet sie ihren Problemen die Stirn, ihr jugendlicher Eigensinn und ihre Willensstärke siegen.

Das Bild, das *Berlin, Berlin* von seiner jugendlichen Protagonistin zeichnet, ist ein Spiegel realer gesellschaftlicher (Macht-)Verhältnisse beider Geschlechter. Und dabei gewährt uns die Figur Lolle auch einen Einblick in ihr »Innenleben«, dessen Tagträume mit ihren typischen Comicsequenzen von der »Micky-Mausifizierung« ihrer Generation zeugen. Lolle ist quasi noch Kind, als sie nach Berlin kommt: Äußerlich entspricht sie mit ihren großen grünen Augen und der Stupsnase sehr genau dem niedlichen Aspekt des Kindchenschemas. Und doch wirkt sie schon als verführerische (Kind-)Frau, wird aus der kindlichen *Beauty* ein vampartiges *Biest*: Etwas unsicher noch steht sie in erotischem Outfit in Berlin auf der Straße, spricht einen wildfremden Mann an, dem sie lasziv Sex anbietet. Lolle, übermütig und kokett, will wissen, wie sie auf die Männerwelt wirkt. Und ist sichtlich erleichtert, als der Angesprochene sie in ihrer Ausstrahlung bestätigt und dennoch Gentleman genug ist abzulehnen.

Lolles Berlinleben wird von Beziehungsproblemen und Problembeziehungen gleichermaßen bestimmt. Diese lassen sogar ihren beruflichen Traum, Comiczeichnerin zu werden, ins Hintertreffen geraten. So nimmt sie die einmalige Chance eines Jobs in Amerika bei einem berühmten Comiczeichner nicht an, weil sie sich zwischen Sven und Alex nicht entscheiden kann. Dass Sven ihr Cousin ist, erinnert dabei an eine andere Serie, deren Ausgangspunkt die inzestuöse Liebe eines Geschwisterpaars bildete und der Serie sogar ihren Namen gab (obgleich dieser Erzählstrang natürlich seit Jahren verlassen worden ist): *Verbotene Liebe*. Durch Lolles »Sich-nicht-festlegen-Wollen« weigert sie sich unbewusst, ihre Kindheit bzw. ihre Adoleszenzphase zu überwinden. Ihre neue Identität entsteht erst langsam, vermittelt aber über ihre Comicphantasien. Die darin zum Ausdruck kommenden infantil-verspielten Lösungen von Liebesentscheidungen sorgen nicht zuletzt – wenn auch in anderer Form einer Art heiteren Beruferatens – für die Popularität von Shows wie *Herzblatt*.

Lolle zeigt der Jungmädchen-Zielgruppe der Sitcom, wie schwierig es ist, den Traumprinzen fürs Leben zu finden, wenn man zur Sexualität ein Verhältnis wie zum Konsum von Eisbechern hat. Nach der Pleite mit Schulfreund Tom entpuppt sich das Traumbild von einem Mann, ihr Capoeira-Trainer Sebastian, als Alptraum, zu dem jeder

One-Night-Stand wird, der nach der einen Nacht nicht verschwinden will. Auch Lolles spätere Rolle als Geliebte des verheirateten Moshe, dem zufällig wiedergetroffenen Mann ihres frühen Prostitutionsversuches, endet im Unglück, denn Moshe entscheidet sich recht unoriginell für seine Frau und seinen kleinen kranken Sohn. Lolles nächstes Beziehungsabenteuer bestätigt diese Idealisierung klischeehafter Rollenmuster zuungunsten libertinen oder gar transgressiven Verhaltens. Ihrem überraschend in Berlin auftauchenden liebeswütigen spanischen Jugendfreund versichert sie, sie sei inzwischen lesbisch und mit ihrer WG-Partnerin Rosalie liiert. Aber Lolle ›entdeckt‹ nur, dass sie sich mit Frauen zwar besser versteht, in sexueller Hinsicht geht es über den klassischen, mittlerweile selbst in Hollywood akzeptierten ›Testkuss‹ nicht hinaus.

Mit diesem Aufgreifen der Thematik ›lesbische Liebesbeziehung‹, deren Präsentation in deutschen Wohnzimmern durch Familienserien wie *Lindenstraße* oder *Marienhof* bereits heimisch geworden ist, wird aber der Gestus einer sich modern gebenden Serie gestützt. Zusätzlich spielt bei *Berlin, Berlin* in Gestalt der Figur Sarah ein weiterer Topos eine Hauptrolle: die *Sexsucht*, das Leitmotiv der amerikanischen Kultserie *Sex and the City*, die sich ebenfalls vornehmlich an junge Frauen richtet.

Die Beziehungsvergangenheit holt Lolle in Form ihrer besten Freundin aus Malente ein, die nach Berlin kommt, um ihr zu gestehen, dass sie seit sechs Monaten mit Tom zusammen ist. Lolle ist sauer, auch wenn sie Tom nicht mehr will – anhand des Malente-Paars wird ihr das ihr ersparte Schicksal einer Kleinstadtexistenz lebhaft vor Augen geführt. Ihre Entscheidung für Berlin scheint aber auf eine Entscheidung für ihren Cousin Sven hinauszulaufen, der seinerseits noch zögert, da er nicht weiß, ob er seinem Sohn zuliebe doch zu seiner Exfrau Silvia zurückkehren sollte. Er entscheidet sich schließlich für das Ideal der eigenen Kleinfamilie – und Lolle entscheidet sich für Alex, den Kommilitonen. Damit scheint alles geklärt. Doch weit gefehlt. Sven möchte doch wieder lieber bei Lolle sein, weil er sie liebt und nicht Silvia – aber Alex will Lolle auch usw., usf.

Lolles infantile Gefühlsverwirrungen bieten jungen Zuschauerinnen jede Menge Raum für Identifikation und sind in ihrer Darbietung der Rollenklischees dabei recht konservativ. So wird (männliche) Homosexualität etwa als lächerlich und abstoßend dargestellt. Die Institution

Ehe wird zunächst als überkommenes Beziehungsmodell dargestellt: Die gescheiterte Ehe und v. a. die zickige, tendenziell asexuelle und humorlose Ex-Ehefrau (Silvia) von Sven dient Lolle als Abschreckung. Ihre eigenen Eltern sind auch nicht verheiratet, und zu dem Zeitpunkt, als sie doch noch heiraten wollen, hat ihre Mutter ein Verhältnis, und Lolles Vater ist sich seiner Gefühle auch gar nicht mehr sicher. Als Lolle selbst einen Anwalt kennen lernt, der eine feste Beziehung – und das heißt: sie sofort heiraten – möchte, läuft sie vor ihm davon. Lolle möchte sich einfach nicht festlegen: Sie orientiert sich gleichsam am Phantasma des *luftig-zarten Schmetterlings*, den man zerstört und der entflieht, sobald man nach ihm greift. Die Ehe erfährt dagegen als Beziehungsform innerhalb der Serie doch noch eine späte Rehabilitation. Denn Sven wird erneut heiraten, nicht Lolle, sondern Vera. Und Lolles Freundin, die Nymphomanin Sarah, bekommt ein Kind von Lolles Freund und Nachbarn, dem ewigen Junggesellen Hart; mit dem sie Lolle auf wiederum unreife Weise das gesellschaftliche Ideal der Kleinfamilie vorlebt.

Lolles äußerlicher Wandel zu Beginn der zweiten Staffel deutet eine Veränderung in ihrem Leben an, ihr Mädchenzopf ist ab, sie will Sven vergessen und ihre Gefühle in den Griff bekommen. Doch bald wird klar, dass der gute Vorsatz – zumindest noch – nicht Realität werden kann. Sie stürzt sich jetzt erst richtig ins Gefühlschaos, sie liebt nun beide Männer, eben noch immer Sven und nun auch Alex. Sven verkörpert ein gesellschaftliches Ideal, obwohl geschieden und älter als Lolle, ist er ein monogamer Mann, der Liebe ohne Sex nicht versteht, der seinen Sohn abgöttisch liebt und auch als Geschäftsführer eines Start-up-Unternehmens ein kleinbürgerliches Ideal spiegelt; insgesamt also jemand, der Lolle familiäre Geborgenheit verspricht. Alex dagegen ist Repräsentant eines tendenziell *metrosexuellen Männertypus*, sexuell sehr aktiv, körperbewusst, gleichaltrig; jemand, der erst durch Lolle sein Junggesellendasein, seine wechselnden Partnerinnen, zugunsten einer dauerhaften Bindung mit Lolle hinter sich lassen könnte. Lolle lässt sich erst auf beide nacheinander, dann gleichzeitig ein. Sie lebt das Leben einer Singlefrau, verkehrt mit beiden, ohne sich an nur einen binden zu wollen. Am Ende – wer hätte das gedacht? – verliert sie beide. Eine Warnung, die sich natürlich an die weiblichen Zuschauer richtet.

Berlin, Berlin nimmt hier im Kern ein anderes TV-Konzept vorweg, das derzeit im Doku-Soap-Format *Bachelorette – Die Traumfrau* durchdekliniert wird. Eine junge, gut aussehende Frau hat die Qual der Wahl – viele hübsche Kerle mit guten Jobs und muskulösen Körpern buhlen um ihre Gunst. Die Aufgabe des jungen Models besteht nun allein darin, sich für einen der Sunnyboys zu entscheiden. Hier spiegelt sich ein Traum vieler junger Mädchen wider, möchte man meinen. Doch die ›Realität‹ lässt selbst Lolle bald erkennen, dass eine Wahl zu treffen keine leichte Aufgabe ist, die sie auch nicht gerade bravourös meistert, und so verletzt und verliert sie ihre Freunde auch in Staffel drei.

Die *Initiation* des Mädchens Lolle, dessen Name nicht zufällig an Lolita erinnert, ist selbst gegen Ende der Staffel drei von *Berlin, Berlin* noch nicht abgeschlossen. Die Serie demonstriert so bis zu diesem Punkt eine *unendliche Verlängerbarkeit der Adoleszenzphase*, an deren Ende in der vierten und definitiv letzten Staffel das überwiegend weibliche Publikum bestimmt keine Überraschung erwarten wird. *Berlin, Berlin* transportiert so letztlich ein durch und durch *konservatives Frauenbild*: Lolle ist – typisch weiblich – Spielball ihrer Gefühle; sie ist nicht diejenige, die handelt; und die ganze Serie ist in ihrem Kern darauf angelegt, dass Lolle viele Frösche küssen muss, bis sie ihrem Traumprinzen begegnen wird.

Ganz anders, nämlich radikaler und über den burlesken Aspekt des Magischen, zeigt die amerikanische Serie *Charmed – Zauberhafte Hexen* die Turbulenzen und Verwirrungen dreier hübscher, moderner junger Singlefrauen. Die Zuschauer erfahren ihre Alltagsprobleme um verpatzte Dates in San Francisco. Doch dann entdecken die drei Schwestern Prue, Piper und Phoebe Halliwell, dass sie Zauberkräfte besitzen und beginnen, mit diesen herumzuexperimentieren. Die Serie stellt damit viel stärker den Aspekt der ›Unheimlichkeit‹ des Erwachsenwerdens bzw. der Erwachsenenwelt aus Sicht des Kindes und Jugendlichen in den Vordergrund; jener Phase junger Mädchen in der Zeit zwischen Kindheit und Frausein, der Zeit der körperlichen Veränderungen – Entdeckungen, die hier wie in Lewis Carrolls Wunderland-*Alice* eine physische Ausformulierung findet. Das Leben der jungen Frauen ist nun viel aufregender als zuvor, wie z. B. die Serie *Buffy – Im Bann der Dämonen* demonstriert, wo ein ganz normales 16-jähriges High-School-Girl zur Vampirjägerin auserkoren ist, oder *Sabrina – Total verhext*. Hier entdeckt ein gutherziges Mädchen an ihrem

16. Geburtstag, dass sie Hexenkräfte besitzt, die sie zu gern für Flirts, Schule und Alltagsprobleme eines Teenagers einsetzen möchte, diese jedoch vor ihrer Umwelt geheim halten muss. Leicht lässt sich die Entdeckung der magischen Kräfte als Fixierung der Adoleszenzphase mit all ihren Überraschungen und Verwirrungen lesen. Lolle fehlen solcherlei Problemlösungskompetenzen, doch in ihren Tagträumen kompensiert sie ihrerseits erfahrene Missgeschicke, widerfahrene Peinlichkeiten und Ähnliches mehr, indem sie in ihrer Phantasie über ihre Widersacher siegt.

Mit *Ally McBeal*, der vielleicht radikalsten Infantilisierung eines Frauenlebens, wurde in Fernsehserien eine neue Erzählform eingeführt, indem etwa Sequenzen aus den Träumen der Protagonistin oder Gedanken, die ihr gerade durch den Kopf gehen, teilweise in computeranimierter Manier für die Zuschauer sicht- oder mittels Voiceover hörbar werden. Dieses Erfolgskonzept hat *Berlin, Berlin* sich in Form der Comicbilder zu Eigen gemacht (als visueller innerer Monolog). So erfahren wir auch bei Lolle, was situationsspezifisch in ihrem Kopf so alles vor sich geht. Wäre aber Ally McBeal einzig die ehrgeizige, wenn auch unreife junge Anwältin, deren Berufsleben in der Serie transparent geschildert würde, wären nicht ihre Single-Eskapaden und ihre Suche nach dem ›Richtigen‹ – und damit die Erfüllung ihres betont emotionalen weiblichen Rollenklischees – zentraler Gedanke, wen würde die Serie dann noch interessieren? Auch Lolle lässt immer wieder ihre Gefühle über ihre beruflichen Aussichten siegen und kämpft im beruflichen Wettstreit mit weiblichen Reizen. Sie handelt aber in ihren Tagträumen dem Prinzip zuwider, das von Erwachsenen verlangt, nicht mehr zu spielen und nicht mehr zu phantasieren, sondern in der wirklichen Welt zu handeln. Freud stellte die These auf, dass nicht der Glückliche, sondern allein der Unzufriedene phantasiere, da unbefriedigte Wünsche die Triebkräfte der Phantasien seien. Lolle kompensiert so in ihrer Phantasie in der Tat mehrheitlich ihre unbefriedigende Wirklichkeit, der sie zugleich im Spiel auszuweichen versucht.

Der Schauplatz der Serie, Berlin, ist kein Zufall: Keine andere deutsche Stadt zieht junge Menschen so magisch an mit ihrer Kultur- und Clubszene, ihrem jugendlichen Lifestyle. Und dass aus einer Unbekannten, der Lolle-Darstellerin Felicitas Woll, ein Star in *Berlin, Berlin* geworden ist, ist auch so ein Traum, den die Zuschauerinnen träumen. Die kommerzielle Starschmiede macht's möglich, wie auch die Musikkarrieren von Oli P. und Yvonne Catterfeld, beide Serienstars aus *Gute Zeiten – Schlechte Zeiten*, zeigen. Und dass diese durch TV-Serien evozierten Träume der jungen Zuschauer(innen) auch gleich vermarktet werden können, suggerieren schließlich die zahlreichen Casting-Shows wie *Popstar*, *Starsearch* oder *Deutschland sucht den Superstar*, in denen sich eins in zunehmendem Maße etabliert: die Erhebung von Unreife zum Ideal medialen Erfolges.

Birgit Richard

Beckham's Style Kicks!

Die metrosexuellen Körperbilder der Jungenidole

Anfang 2004 erscheint ein neuer Männertypus auf allen Bildflächen, der ein alternatives Körperbild für die 20- bis 45-jährigen Männer darstellt: Von *Schreinemakers* bis zur *Bild*-Zeitung wird über den Typus des *Metrosexual* diskutiert. Es entsteht bisweilen der Verdacht, dass es sich um ein reines Medienkonstrukt handeln könnte. Deshalb soll der Frage nachgegangen werden, ob dieser Typus wirklich existiert und wie er ankommt. Taucht dieses Männerbild auch bei den männlichen Mainstream-Jugendlichen zwischen zehn und 18 Jahren auf, die sich keinem Stil zuordnen? Inwiefern dient es – vermittelt über Idole und Stars – der Orientierung für die Ausformulierung eines eigenen Körperbildes? Spielt es eher indirekt eine Rolle, weil bestimmte Stars und Sportler-Idole den Metrosexuals zugeordnet werden?

In der Werbung, insbesondere in Printkampagnen für Körperpflegeprodukte, die Kreutzer in seinem Buch über Männer in der Werbung (1998) zusammenstellt, sind die Vorläufer eines neuen Bildes von Männlichkeit zu entdecken: ein mode- und körperorientiertes Männermodell, das hetero- und homosexuelle Körperbilder kombiniert. Den gängigen Klischees folgend gelten als typische Elemente homosexuellen Stils ein hoch entwickeltes Körperbewusstsein und Freude am exzessiven Einkaufen von Kleidung und Körperpflegeprodukten sowie daran, den gut gepflegten und gestylten Körper vorzuzeigen, ihn zu bewegen, zu tanzen und viel Zeit in Aktivitäten zu investieren, die dem Körper zugute kommen. Zudem unterstellt man homosexuellen Männern Stilbewusstsein in Bekleidungsfragen, das den meisten ›normalen‹ Männern zu fehlen scheint.

Die ersten Printkampagnen für Rasierwasser und Unterwäsche, die mit attraktiven Männerkörpern werben, sind an die Ehefrauen des ›Durchschnittsmannes‹ gerichtet. Die Ästhetik spricht v. a. heterosexuelle Frauen an. Als Gegenbild zum Macho-Image der heterosexuellen Männer repräsentierten die schwulen Körperbilder den hoffnungsvollen Ausblick auf die Existenz eines alternativen Modells von Männlichkeit. Da die homosexuellen Männer nicht als potenzielle Partner infrage kommen, bleibt dieses Begehren uneinlösbares Versprechen, das sich nicht aus dem Reich der medialen Repräsentationen transferieren lässt.

Wenn sich männliche und weibliche Körperbilder mischen, werden die heterosexuellen Zuschreibungen umso deutlicher und Geschlecht tritt als soziales Konstrukt auf den Plan. Exemplarisch führen dies die Entwürfe des Popidols Madonna vor, die ihr Image mit geschlechtlichen Verwirrspielen und Aussagen, sie sei »a gay man trapped in a woman's body« fördert, aber auch dadurch, dass sie in den 1980er-Jahren schwule, lesbische und SM-Bilder sichtbar macht.

Neben den medial auffälligen Figuren des homosexuellen Lebensstils wie der *Drag Queen* (Beispiel Lilo Wanders) bildet sich in den 1990er-Jahren ein schwuler Mainstream heraus, der ähnlich angepasste Werte und die gleiche konservative Grundeinstellung vertritt wie der Hetero-Mainstream. Das ermöglicht, die Schwulen – wie andere visuell und habituell deviante Gruppen – in den Rahmen der hegemonialen Kultur zurückzustellen. Sie werden medial in die bürgerlichen Praktiken und in einen *Family Value*-Kontext, in der Darstellung ihrer Heirat, Familiengründung, ihrer Adoptionen und ihres Militärdienstes eingereiht. Damit sind hetero- und homosexuelle Männer auf dem Markt kompatibel – so können die gleichen Produkte platziert werden, z. B. zur Körperpflege für Männer.

Metrosexual: Gay und Straight in einem Image

Die Unzufriedenheit der Frauen mit heterosexuellen, männlichen Körperbildern bildet also das Einfallstor für schwule Körperbilder in der Werbung als erste Projektionsfläche, auf der sich homo- und heterosexuelle Selbstbilder überkreuzen. Nun wird den Männern ein neues Modell als Mischform präsentiert – quasi die Ur-Form des Metrosexual –, das der verpönten Männerliebe unverdächtig ist. Der Autor Mark Simpson kreierte Anfang der 1990er-Jahre den Begriff *metrosexuell*, der für ihn als Zeichen für den Verfall von Heterosexualität galt. Deren vorherrschendes Bild war bis zu den 1990er-Jahren niemals hinterfragt worden – alle homosexuellen Repräsentationen waren tabu. Der neue Typus des Metrosexual lebt in der Großstadt, ist eitel und gibt für sein gepflegtes Aussehen gerne Geld aus. Er erscheint in Magazinen wie *Men's Health*, *GQ*, *Arena* oder *Face*. Shopping war zuvor eine schwule Nische, die als unmännliche Beschäftigung galt. Gay Culture befand sich zwangsläufig von Anfang an im Herzen einer Konsumkultur, da zunächst nur die Gestaltung des privaten, abgeschlossenen Nahraumes möglich war. Der Shopping-Kontext gehörte also zum schwulen Selbstverständnis, lange bevor in der Mainstream-Kultur die stromlinienförmige Ausrichtung auf Konsum als Freizeitbeschäftigung und die Konzentration auf den Warenfetisch begann. Da sich die schwulen Formen von Subversion, von sexueller und ästhetischer Devianz ausdifferenzieren und dezidiert sichtbare, wie die Drag Queen (siehe *West*-Werbung) sofort vermarktet werden, stellt die mediale Figur des Metrosexual neue Oberflächen zur Verfügung, die besetzt werden können. Der Metrosexual ersetzt den heterosexuellen Mann, der in einer Konsum- und Freizeitwelt mit seiner Konsumverweigerung und Erwartungshaltung an das mütterliche Rundumsorglos-Paket obsolet ist. Der Begriff wird zur Marketingstrategie, die zum Sturm auf die schwer erreichbare Zielgruppe des heterosexuellen Mannes bläst, die immer noch weitgehend resistent gegen Körperpflege, Hair-Styling und Mode ist.

In der kommerziellen Welt der Werbebilder wird der Ursprung eines sich schleichend verändernden männlichen Körperbildes nicht direkt ausgesprochen. Viele Anzeigen in der Werbung der Gegenwart nennen ihre Zielgruppe nicht, damit über verschiedene Anzeigetypen eine doppelt codierte Lesart möglich ist und beide Märkte zu bedienen sind.

Auch im Bereich der Popkultur führt diese Praxis der unterschwelligen Doppelkodierung zu merkwürdigen ironischen Überkreuzungen, z. B. wenn HipHop-Protagonisten, wie der weiße Underdog Eminem, schwulenfeindliche Texte rappen, aber ihre Calvin-Klein-Unterhose und einen glatt rasierten Körper präsentieren. Seit den 1990er-Jahren definieren sich auch homophobe heterosexuelle Männer, ohne es zu wissen, über schwule Gestaltungskriterien und Körperbilder. Diese homophoben Männer, die Simpson *Retrosexualists* nennt, stellen mit Entsetzen fest, dass der homosexuelle Mann sichtbar, und dies nicht rückgängig zu machen ist. Je weniger sich die Existenz von schwulem Leben leugnen lässt, desto aggressiver ist die Reaktion. Analog dazu praktiziert er auch eine aggressive Verschärfung des Sexismus im Angesicht der voranschreitenden Emanzipationsprozesse der Frauen und ihrer größeren Beteiligung am gesellschaftlichen Leben.

Die Biotope des Metro

In jüngster Zeit kann der ›normale‹ Mann, der als konservativer Modeverächter gilt, mit dem Metrosexual dort abgeholt werden, wo man ihn am besten erreicht, beim Fußball. Hier kommt die schillernde Figur des David Beckham ins Spiel, der als Prototyp des Metrosexual schlechthin gilt. Ihn haben die bekannt gewordenen Affären nicht etwa vom ›Frauenversteher‹ zum üblen Macho gemacht; im Gegenteil: Er bestätigt seine heterosexuelle Virilität und schüttelt jeglichen Verdacht von Homosexualität, der dem metrosexuellen Stil anhaften könnte, ab. Dieser Fußballer proletarischer Herkunft gilt mit seinem familiären Umfeld als glaubwürdiges Vorbild und modischer Trendsetter. Das zeigt sich v. a. im permanenten Wechsel seiner Frisur: vom Zopf zur Glatze über den Pseudo-Irokesenschnitt bis hin zu zweifarbigen Haaren. Zudem trägt er Nagellack und Frauenkleidung bzw. -unterwäsche. Dies stellt keine Besonderheit dar, denn das hat u. a. schon Basketballer Dennis Rodman von den Chicago Bulls Mitte der 1990er-Jahre vorgemacht, allerdings mit einer deutlichen subkulturellen Orientierung, die schrille Transsexualität signalisierte. David Beckham präsentiert Röcke als weibliches Kleidungsstück nur in seiner Rolle als Model für teure Modemacher, nicht im Sinne einer Drag Queen. Er trägt zwei Brillanten-Ohrstecker, Zitate des Ohrschmucks der macho-orientierten HipHop-Szene, wo sie Bestandteil des Bling-Bling-Konzeptes sind (Akkumulation und Zurschaustellung von protzigem Schmuck).

Gepflegt sein und trotzdem nicht schwul, lautet also das Ziel. Gewisse Szenen, wie z. B. die Clubkultur, leben schon lange von der Übernahme schwulen Körperbewusstseins und schwuler Posen. Die Techno- und House-Szene hebt in ihrer Tanzbewegung das ungleichgewichtige Verhältnis der (meist männlichen) Betrachter zu den (meist weiblichen) Tanzenden auf. Die Änderungen im geschlechtsspezifischen Tanzverhalten wirken auch auf die männlichen Körperbilder, die zu einer visuellen Grenzüberschreitung zum anderen Geschlecht in Richtung des Androgynen tendieren. Die Mode weicht die verhärteten Strukturen der Geschlechterkonstruktion auf, auch wenn die androgynen Formen oft nur der ästhetischen Differenzierung dienen. Geschminkte Männer oder Männer in Röcken verharren in experimentellen Posen, sie sind selten echte Crossdresser. Entscheidend ist aber, dass

Gillette
The Best a Man Can Get™

im Laboratorium des Techno-Events oder des House-Clubs die visuellen Experimente zur Umdekorierung der Körper – die *Feminisation of Youth* – überhaupt möglich sind.

Eine weitere Überlagerungsfläche für homo- und heterosexuelle Körperbilder stellt die Popkultur dar, in der die sexuelle Präferenz der Idole offen gehalten wird. Bei den Boygroups, die ganz eindeutig auf ein weibliches heterosexuelles Publikum ausgerichtet zu sein scheinen, verwirrt auf den zweiten Blick, dass ihre Körper an den schwulen Körperbildern der 1980er-Jahre orientiert sind: glatt rasiert mit Brust-Piercings. Dies ist einmal ein Anzeichen für die Warenförmigkeit von schwulen Styles als Differenzmotor und gleichzeitig für eine Unterwanderung des Mainstreams: Eine Mädchengeneration verzehrt sich nach Jungen, die ein, wenn auch überholtes, schwules Körperbild transportieren.

Daher fragt sich, wie überhaupt die Erweiterung des heterosexuellen Bildes zu charakterisieren ist. Der Metrosexual tendiere zum Weiblichen und lebe feminine Seiten aus, so die Legende. Zu diskutieren ist, was hier als das Eindringen weiblicher Elemente verstanden wird und welche Funktion diese haben. Es gilt genau hinzuschauen, ob hier wirklich die Grenzen zwischen den Geschlechtern aufgehoben werden, oder ob im Gegenteil die Abweichung nur als Bestätigung der stereotypen männlichen und weiblichen Rollenmodelle genommen wird. Das Medienphänomen Metrosexual, wie von Beckham verkörpert, touchiert visuelle Geschlechtergrenzen, mehr nicht. Er unterstreicht die eigene Sexiness durch die große Bandbreite des präsentierten modischen Stils, der schwule Touch wird zum Plus an Erotik. Die demonstrative Weiblichkeit bleibt also in den engen Grenzen der Körperpflege und der Frisur (Haare färben und Strähnchen, Haargel), dem modischen Styling. Besondere Bedeutung hat hierbei auch der glatt rasierte Körper, der Beckham immer wieder zum Werbeträger für Nassrasierer werden lässt (zuletzt 2004 für den ›Mach 3‹ von Gillette). Der männlichen Körperbehaarung – wie auch schon lange der weiblichen – wird am Oberkörper und im Schambereich der Kampf angesagt: Die glatte Oberfläche gilt als positiv. Dabei bleibt es bei einer deutlichen Betonung eines als männlich angesehenen Körperbildes mit muskulösem Oberkörper, dem flachen, muskulösen Bauch (Sixpack) und mus-

Testimonial für einen Nassrasierer, New York, 2004
Foto: © ZB – Fotoreport

kulösen Armen. Eine eng anliegende, den Körper betonende Mode hebt dies hervor.

Warum taucht der Metrosexual augenscheinlich oft im Sport auf? Da die heterosexuell männliche Domäne des Sports durch die Warenförmigkeit auch des ›Spielermaterials‹ bestimmt wird, kann der individuelle Marktwert durch optische Auffälligkeiten erhöht werden. Man kann ferner feststellen, dass gesellschaftliche Individualisierungsschübe auch im Sport angekommen sind.

Schwule Stereotype durchdringen trotz Ablehnung die Machogesellschaft über die alltägliche Mode und werden dort zur unhinterfragten Selbstverständlichkeit. Dies ist auch in Bildern der Popkultur zu finden: Im Film *Shaft* (2000) verkörpert der Gegenspieler zum Protagonisten Shaft, der Latino-Drogendealer Peoples Hernandez (Jeffrey Wright) eine stilistisch smoothe, metrosexuelle Männlichkeit, vergleichbar mit R'n'B-Star Craig David in der Musikszene. Beide rekurrieren auf ein schwules Körperbild.

Die Idole aus der Popkultur bieten also bestimmte Körperbilder an, aus denen die männlichen Fans mehr oder weniger bewusst Fragmente schwulen Stils aufgreifen und mit anderen Körperpraktiken kombinieren. Nun soll der Transfer der metrosexuellen Bilder eines David Beckham von den jungen Männern zu den heranwachsenden Teenies nachvollzogen werden, um zu untersuchen, ob diese Körperbilder auch in dieser Altersstufe ankommen und dort Geltung erlangen.

Jungenidole?

Charakteristisch für die Jugendphase ist die Orientierung an Idolen bzw. Vorbildern. Jugendliche erleben den Abschied von ihrer Kindheit als einen Bruch mit dem Vertrauten. Die Endgültigkeit des Bruchs lässt auch die Hoffnung auf die Eröffnung neuer Horizonte entstehen. Kindliche Liebesobjekte werden abgelöst. An deren Stelle kann die Verehrung eines geliebten Idols treten. Auf der Suche nach einer eigenen Position in der Welt kann die Idolatrie, die Verehrung der Bilder eines Stars, den Prozess der Ablösung von der Familie unterstützen. Künstler, Schriftsteller oder Politiker haben bei Jugendlichen in der Regel keinen Kultstatus. Ihre Idole entstammen zumeist dem Bereich der Freizeitkultur. Traditionell liegt seit den 1950er-Jahren der Schwerpunkt bei Leinwandidolen und Popstars. Daneben hat sich die Palette der Idole seit dieser Zeit stetig erweitert: Neben jugendlichen Leinwandidolen (Johnny Depp, Brad Pitt, Leonardo di Caprio) existieren Sportidole, z. B. Basketball (früher Dennis Rodman, Charles Barkley, heute Christina Aguileras neuer Lover Anthony Carmelo), Fußball (Kevin Kuranyi, David Beckham, der frühere Jungstar Lars Ricken), Comic-Helden und Helden aus Videospielen (*Super Mario*), Serienhelden oder TV-Stars aus *GZSZ* oder *Marienhof*, Viva-Moderatoren wie z.B. Oliver Pocher.

Die Idolverehrung lässt einen selbst bestimmten Freiraum entstehen. Die Entwicklung von phantasievollen Formen des Sammelns und der Wissensaneignung über alles, was mit dem Star zusammenhängt, wird zum Basteln an einem eigenen Kosmos. Daher ist die Konstruktion des Idols eine gute Möglichkeit der klaren Grenzziehung zur Erwachsenenwelt.

Generell dienen die Idole auch dazu, ein neues Verhältnis zum eigenen Körper zu definieren. Die Verehrung einer Person und der Aufbau von Phantasiebeziehungen sind Ausdruck von erotischen Bedürfnissen und eine Form von sublimierter Sexualität. Über die Verehrung eines Traumjungen (wie z. B. ein Mitglied einer Boygroup der 1990er-Jahre, etwa Take That, aktuell die gecasteten Popstars wie O-Zone, Overground) oder einer Traumfrau (z. B. Paris Hilton, Christina Aguilera (X-tina) oder Britney Spears) entstehen erotische Phantasiewelten. Bei den weiblichen Fans sind sie weniger auf direkten Sex mit ihrem Idol ausgerichtet als bei den männlichen Fans.

Ein Blick auf Jugendzeitschriften, die einen hohen Anteil männlicher Leser haben, zeigt, dass hier v. a. das konservative Idol – nach der von Richard/Krüger entwickelten Typologie – vorzufinden ist. Zu den wichtigsten Jugendzeitschriften zählen *Computer-Bild Spiele* (21,6 % männliche Leser), *Bravo* (19,2 %), *Bravo Sport* (11,2 %), *Bravo Screenfun* (10,3 %) (nach: Bauer Verlag 2003, Studie »Bravo Faktor«, 712 Jungen zwischen 13 und 19 Jahren wurden befragt), außerdem *Yam*, die vom Aufbau der *Bravo* sehr ähnlich ist, und *Popcorn*.

Das Magazin *Bravo Screenfun*, eine Zeitschrift für Nerds und Gamer, beschäftigt sich mit Computerspielen. Das Bildmaterial besteht in der Hauptsache aus Screenshots, also aus Computergrafiken von den besprochenen Spielen. Nur im Ausnahmefall kann man Abbildungen eines Spieleentwicklers sehen. Der Körper des Spielers ist sekundär und unsichtbar, er spielt in der virtuellen Gamewelt keine Rolle. Seine Darstellung beschränkt sich auf die Hände, welche Gadgets und Devices wie den Joystick festhalten. Das Cover der Ausgabe vom Juni 2004 ziert David Beckham als Werbefigur für das Spiel zur EM 2004 in Portugal. Die Computergrafik legt größten Wert auf naturalistische Abbildung und bemüht sich, von allen modischen Merkmalen Beckhams zu abstrahieren. Der Kommentar bedauert jedoch, dass die Frisuränderung nicht berücksichtigt wurde. Auch für *Computer-Bild Spiele* (Juni 2004) gilt die totale Absenz des männlichen Körpers. Daneben sind drei Anzeigen interessant, die einen Bezug zum Leserkörper herstellen: Neben der ›Axe Body-Spray‹ und der Haargel-›Studio-FX‹-Werbung gibt es eine Anzeige von Levis: Die ›Levis 501 Antiform‹, präsentiert von Maurice, der mit lockigem Haar und ärmellosem T-Shirt seine Muskeln darbietet und dabei lässig die Hände in der Hosentasche hat. T-Online-Vision schaltet eine Anzeige, die den Lebensraum des Gamer-Körpers verdeutlicht: Mit dem Slogan »Videos ausleihen, ohne vor die Tür gehen zu müssen« wird der Typ Spieler adressiert, der seine Zeit ausschließlich mit audiovisuellen Medien verbringt, den Gang nach draußen und die Bewegung des Körpers scheut.

Bei dem Klassiker aller Jugendzeitschriften, der *Bravo*, ist besonders das Jungenbild im Ratgeberteil des Dr. Sommer unter der Rubrik »That's me 2004« hervorzuheben: Bei den Nacktfotos zeigen sich viele der Jungen mit rasiertem Schambereich: ein Beweis dafür, dass das Vorbild der glatten Oberfläche hier propagiert wird. Auch auf Alltags- und Medientrends wird in der *Bravo* reagiert: So zeigt eine der Filmbesprechungen (August 2004) *TRaumschiff Surprise Periode 1* die schwule Welt als überkandidelte Ästhetik. Bei den Berichten über Filmschauspieler wird auf die Abbildung des Körpers meistens verzichtet; eine Ausnahme stellt der Artikel über Brad Pitt dar. Auf den Ganzkörperfotos und Porträts zeigt er sich in engem, bauchfreiem T-Shirt (Mai 2004). Auch die US-amerikanische MTV-Serie *I want a famous face* wird von *Bravo* aufgegriffen: Eingebettet in einen großen Artikel über ein Mädchen, das sich einer Nasenkorrektur unterzieht, zeigt das Magazin zwei junge Männer, die sich zu Brad Pitt umoperieren lassen wollen. Bei den Männern wird hier ein anderer Schönheitsschwerpunkt gesetzt (das Aufgehen im Bild des Stars und eine Verbesserung des männlichen Looks im Bereich des Gesichts), während es beim Mädchen um die Beseitigung körperlicher Unzulänglichkeiten geht.

Welche Typen von jungen Männern werden in Magazinen wie *Bravo* mit welchen Körperbildern präsentiert? Die Auswertung der Zeitschriftenbilder führt zu folgender Typologie: In die Gruppe A wären Gangsta-Rapper/R'n'B-Smoothy/HipHop-Asi und Pseudo-Disser einzustufen, exemplarisch verkörpert durch Eminem D12, Usher, Sido und Eamon. Die Bilder der Gangsta-Rapper treten in vielen Varianten auf: Es gilt US- und deutsche Posen zu unterscheiden. Als unfreiwilliger, metrosexueller Gangsta-Rapper darf wohl Eminem bezeichnet werden, der in fast allen betrachteten Zeitschriften erwähnt und abgebildet wird. Seine Pose D12 (Dirty Dozen) steht für alle Klischees im Rap: Sie prahlen mit Gefängnisstrafen, Drogen und ihren vielen Girls (das Prinzip »Tits and Asses«, z. B. zeigen Stripperinnen im Video nackte Brüste), ihren Verbindungen zum Zuhältermilieu (eine Referenz zur Kultfigur des Pimp ist das Foto von Eminem, das ihn in einer Felljacke zeigt). Die Eminem-Story (*Popcorn*, April 2003) präsentiert die Dr. Jekyll-und-Mr.-Hyde-Figur zwischen Gentleman (Fotos im Anzug und die Entschuldigung bei Elton John) und Rüpel. Ein scheinbar geläuterter Star bereut seine Schwulenbeschimpfungen und seine Rockstarallüren (Hose runterlassen, Zunge rausstrecken, als nicht rap-spezifische Gesten) und Rap-Posen (die Hand unter den Hosenbund oder von außen ans Geschlechtsteil packen). Der HipHop-Paulus schwört auf gesunde Ernährung, lebt monogam und präsentiert sich als Good Guy (das Foto hierzu zeigt seinen Waschbrettbauch, die Tattoos, die kurzen, gefärbten Haare mit kurzem Pony und den glatten Oberkörper).

Ein anderer Rapper, JaRule, zeigt sich mit Baggy-Pants, unter der die Boxershorts hervorlugt, trägt Tattoos, hat einen haarlosen Oberkörper und präsentiert seinen Waschbrettbauch. Als Schmuck trägt er einen Bling-Bling-Kreuzanhänger. Nelly (*Bravo*, Juli 2003) gibt sich auf einem Poster als proletarischer Rapper mit Schnauzer. Die Montage zeigt ihn halb im Wasser, die Haut benetzt und reflektierend, er trägt Doo-Rag und einen finsteren Blick zur Schau – seine brillantenbesetzte Uhr, Ketten und Ringe blinken. Usher (*Bravo*-Poster, August 2004) nimmt eine ähnliche Pose ein: Über seinen glatten, nackten Oberkörper perlt Wasser. Usher hat glatt angelegte Haare und einen geraden abgeschnittenen, kurzen Pony. Er trägt Schmuck: einen Brillantenanhänger in U-Form sowie Brillantenohrstecker (*Yam*, Juli 2004) und zeigt Ansätze von Bartstoppeln. Er verkörpert den smoothen, aalglatten Herzensbrecher in einem schlichten, sportiven Kleidungsstil, kombiniert reines Weiß der Oberbekleidung mit Jeans. Beide bieten sich in der Präsentation ihres Körpers als Objekt der Begierde an und relativieren dies zugleich durch ihren offensiven Blick. Hinzu tritt bei vielen Rappern die »Fuck off«-Geste mit dem erhobenen Mittelfinger.

Dagegen mimt Sido den deutschen, asozialen Rapper, der im Berliner Ghetto ›Märkisches Viertel‹ aufgewachsen ist. Er ist unrasiert, hat lange Fingernägel und versteckt sein Gesicht hinter seinem Markenzeichen, der silbernen Totenkopfmaske. Mit der Totenkopf-Symbolik, die auch auf dem T-Shirt wieder zu finden ist, adaptiert er Metalsymbole und zeigt eher die Attitüde des ›asozialen‹ Rockers. Er tritt in den Contest mit dem US-Rapper Xzibit, der das ganze Programm des schweren Bling-Bling-Schmucks auffährt, bei Sido beschränkt auf Platinschmuck mit Initialen und Tätowierung. Die Überbietungsstrategien des Battle – mein Schmuck, mein Haus, mein Auto – sind hier ausgesetzt. Der Rapper schert aus dem Überbietungskampf durch demonstrative Bescheidenheit und Einordnung in das *Lower-Class-Ghetto*-Motiv aus. Er will ›real bleiben‹, sein Körperbild tritt zurück und zeigt dagegen den Besitz anderer Körper, der dekorierenden Frauenkörper.

Gruppe B repräsentieren Boygroups wie O-Zone, Blue, Overground (öffentlich gecastet) und die Solo-Stars, die sich aus Boybands entwickelten

Eminem als Dr. Jekyll ...
Foto: © APRF-DALLE / WILE E

... und Mr. Hyde
Foto: © Karin Catt / Idols

wie Justin Timberlake und Robbie Williams. Blue zeigen auf einem Poster (*Bravo*, Juli 2004) in Unterwäsche ihre glatten Körper vor. Ein aufgerissenes Hemd macht den Blick auf den Oberkörper frei: Sie tragen als Schmuck Kreuze. Justin Timberlake räkelt sich auf einem Schwarz-Weiß-Poster auf einer Liege. Er bietet sich bauchfrei dar, das T-Shirt ist hochgerutscht (*Bravo*, August 2004).

Diese Stars präsentieren sich als Blickobjekte ohne offensiven Blick – sie vermarkten sich selbst als männliche Sexsymbole.

Gruppe C repräsentiert das Bild des harten Rockers und Skaters mit Bands wie Limpbizkit, Linkinpark oder *Outlaws* wie die umstrittenen Slipknot. Die Protagonisten tragen Bärte, Caps und haben zahlreiche Tattoos wie Fred Durst von Limpbizkit. Sie haben kurze Bermudas an, ihre Körper kommen nur in dieser Form zum Vorschein und dienen nicht der Animation der Betrachter.

Die Gruppe D der stylishen Fußballer ist schlecht bestückt. Den Jungen werden hier wenige hippe Orientierungen angeboten (*Bravo Sport Spezial*, Bundesliga 2004). Kevin Kuranyi ist die eindeutige Ausnahme im deutschen Fußballgeschäft. Er ragt aus einem Heft, das die Mannschaften in den Vordergrund stellt, schon allein quantitativ her-

Leitmotiv Nassrasierer:
Kevins »Pumas«
Foto: © PUMA

aus: Es gibt von ihm neun Abbildungen. Sein Aussehen ist als metrosexuell zu charakterisieren: Er hat sehr glatt anliegende Haare mit kurzem, gerade abgeschnittenem Pony, zu Strichen rasierte Koteletten und einen dünn rasierten Bart. Erwähnenswert ist in der Zeitschrift v. a. die Anzeige von Puma: Sie zeigt einen Schuhkarton, der auf einer Lederpolsterrückbank eines Autos steht. Im Karton befinden sich goldene Puma-Fußballschuhe und drei Fotos mit den Titeln: »Ich«, »Meine Ex« und »Mein Warm-Up« (ein Rasierset mit Nassrasierer und Schaum). Hier wird auf Kuranyis Stil angespielt. Ein anderes Foto stellt ihn in Aktion dar, hier fällt neben der Frisur das Schweißband am Arm auf – auch eine Rückbindung an zeitgenössische Jugendmode.

YUMs: Young Urban Metrosexuals

Es kann also Folgendes zusammenfassend festgestellt werden: Das metrosexuelle Postulat »man kann chic sein, auf die Klamotten und den Körper achten, ein cooles Outfit und Hairstyling haben, ohne als schwul zu gelten oder mit ›Schwuchtel‹ beschimpft zu werden«, kommt offensichtlich auch bei den Jungen an. Sie übernehmen Körperpraktiken ihrer Idole wie den haarlosen Körper, Waschbrettbauch und den muskulösen Oberkörper, der durch enge T-Shirts akzentuiert wird. Auch Ohrringe und protziger Schmuck sind akzeptiert (Vorbild Hip-Hop). Als Hairstyle hält sich v. a. seit einem Jahr der Pseudo-Irokesenschnitt, den David Beckham so bekannt gemacht hat. Gel im Haar – heute schon bei Achtjährigen – ist ein männliches Muss. Vorbildhaft sind auch bestimmte Posen, z. B. die von Ronaldo bei der EM 2004, der sich trotz Verbots während des Spiels in Portugal das Trikot nach erfolgreichem Torschuss über den Kopf zog, um seinen makellosen, glatt rasierten Körper mit Stolz zu präsentieren – auch er hat die Hip-Hop-Brillanten im Ohr. Die stilistischen Attitüden des HipHop lassen sich also als Varianten des Mythos vom Proletarischen gut auf den Sport übertragen.

Neben diesen Indikatoren für die Übernahme des Metrosexuals ist eines auffällig: Das Körperbild, das in den Magazinen gezeigt wird, geht von einem sichtbaren Oberkörper und einem unsichtbaren Unterkörper aus. Diese Unsichtbarkeit führt dazu, dass der männliche Unterkörper mit seinem Geschlechtsteil immer im Mittelpunkt der männlichen Kommunikation steht. Lediglich die Gesten der Rapper, die danach greifen und unfassbare Potenz suggerieren, versichern sich immer wieder der Existenz ihrer Männlichkeit. Das männliche Geschlecht ist ständig imaginär präsent, aber im Gegensatz zu den weiblichen Geschlechtsteilen in den Magazinen nicht sichtbar (Ausnahme: Dr. Sommer in der *Bravo*); ein verwirrendes Körpererlebnis für die Jungen.

Es gibt also eine Art von Körperbewusstsein, die als männlich gilt und nicht generell gleichgesetzt ist mit Schwulsein. Der Markt der Körperpflege ist bei der Altersgruppe weitgehend auf ›Clearasil‹ und Haargel beschränkt; Rasierwasser und Lotions sind hier noch nicht so verbreitet. Dagegen ist der Bereich der Unterwäsche sicher auch wichtig bei den Jungen, denn man achtet darauf, was aus den Baggy-Pants oder den Hüfthosen rausschaut. Auch Jungen sind sehr markenaffin und produktbewusst in der Auswahl ihrer Kleidung.

Deshalb bevölkern shoppende junge Männer schon länger die Innenstädte auf der Suche nach coolen neuen Sneakers und Outfits.

Der Metrosexual ist die Antwort auf geschlechtliche Orientierungsprobleme. Er stellt Formen von Männlichkeit zur Verfügung, die dem innovativen Männerbild entsprechen, das von der Gesellschaft gefordert wird: Er soll Einfühlungsvermögen, Kommunikationsfähigkeit und Flexibilität auf dem Markt zeigen, kann aber trotzdem den männlichen Körper und Muskeln als Symbol männlicher Körperkraft beibehalten. Der Metrosexual ist die Kompensation, er bietet den Mittelweg an: Der Körper ist trainiert und gestählt, aber erscheint glatt und *stylish*. Die Ausläufer des metrosexuellen Männerbildes sind also auch bei den Jungen zu finden. Es scheint, dass – genau wie bei den 20- bis

40-jährigen Männern – das veränderte Körperbewusstsein, das unbewusst auf schwule Bilder rekurriert, nicht die Ablehnung des Schwulseins relativiert. Unter Jungen und jungen Männern ist ›schwul‹ eines der abwertendsten Schimpfwörter für einen schlechten Stil.

Popstars wie Eminem und Justin Timberlake werden trotz ähnlicher stilistischer Körperbilder verschieden eingeschätzt: Während Letzterer gerne als schwul gedisst wird, ist Eminem in seinem Rapkontext vor solchen Anfeindungen sicher, da er auf der Textebene immer wieder über Schwule und Transsexuelle herzieht, trotzdem er sich selber auch in Frauenkostümierungen zeigt, die aber die Bedeutung eines karnevalistischen Verkleidungsspaßes und deshalb nichts anrüchig Unmännliches haben.

Metrosexuelle Erscheinungen liegen quer zu jugendkulturellen Stilen und bedeuten hier auch jeweils etwas anderes: Bei Szenen wie den Skatern oder den Metallern gibt es keine Metrosexuals. Hier bestimmen ganz eindeutig die männlichen Parameter des Rauen, Unzivilisierten und Ungepflegten den Kontext. Im HipHop kommt es dagegen sehr auf Styling, Marken und gepflegte Haare an. Rapstars sind auch sehr körperbewusst. Ihr Körperbewusstsein liegt jedoch auf einer anderen Ebene als der der Metrosexualität, mit Ausnahme von Eminem. Das HipHop-Körperbild betont eher das Moment des Klassenkampfs, von dem ein Teil der Geschlechterkampf ist. Der männliche HipHop-Körper ist das Kapital.

Der Metrosexual ist zudem schicht- und klassenunabhängig und zieht sich über mehrere Altersstufen. Damit unterscheidet er sich deutlich von den Yuppies der 1980er-Jahre mit ihrem Mode- und Pflegebedürfnis, wie es in Literatur und Film prägnant in *American Psycho* (von Bret Easton Ellis, 1991) vorgeführt wird.

Man kann also festhalten, dass die männlichen Jugendlichen, die sich einer klassischen subkulturellen Szene (z. B. Metal, Gothic, Punk, Skater) zuordnen, nicht am Bild des Metrosexual partizipieren. Dieses Körperbild spricht in seiner gemäßigten Form eher den männlichen ›Durchschnittsjugendlichen‹ an, der sportlich aktiv ist und einen gepflegten, modischen Eindruck machen will. Damit ist die Hoffnung verbunden, mit dieser Körperpolitik eine andere Einstellung als die des Macho zu transportieren, um damit das weibliche Geschlecht von sich zu überzeugen: Der *Young Urban Metrosexual* ist also sozusagen ein »Macho im Metro-Pelz«, der sein klassisches Rollenverständnis unter einer modisch-aktuellen Hülle versteckt. Er sucht sich aus dem Set der metrosexuellen Ästhetik unverdächtige Formen der Körperpflege aus, die den Bereich des Männlichen nicht verlassen. Die *Bricolage* aus homo- und heterosexuellen Formen – auf der Ebene des Körpers ein Bodysampling – bedeutet, dass dem Macho-Bild »schwule Formen« hinzugefügt werden. Der Metrosexual und seine Adaption schwuler Ästhetik und Posen bewegt sich also innerhalb klar gesteckter Grenzen. Schwul sein als Form wird unbewusst akzeptiert, aber nicht als Lebensweg angesehen. So wenig wie Metrosexual bedeutet schwul zu sein, so wenig wird Androgynität transportiert, da keine Elemente eines weiblichen Körperbildes hinzugefügt werden. Ästhetische Anleihen an weibliche Körperformen sind hier nicht gefragt, sondern wie beim Auto-Tuning zählt die aufgemotzte, glatte Oberfläche, die Kraft suggeriert, nicht Weichheit.

Literaturempfehlungen

Agentur für soziale Perspektiven e.V. (Hg.) (2002): Versteckspiel. Lifestyle, Symbole und Codes von neonazistischen und extrem rechten Gruppen. Hamburg: Selbstverlag (Broschüre, zu beziehen über: Buchladen Schwarzmarkt, Kleiner Schäferkamp 46, 20357 Hamburg (€ 3,–)).

Androutsopoulos, J. (1998): »Forschungsperspektiven auf Jugendsprache«. In: Ders./Scholz, A. (Hg.): Jugendsprache. Frankfurt/M., S. 1-34.

Androutsopoulos, J. (2003a). »Musikszenen im Netz: Felder, Nutzer, Codes«. In Merkens, H./Zinnecker, J. (Hg.) Jahrbuch Jugendforschung 3. Opladen, S. 57-82.

Androutsopoulos, J. (Hg.) (2003b): HipHop: Globale Kultur – lokale Praktiken. Bielefeld.

Archiv der Jugendkulturen (Hg.) (2001): Reaktionäre Rebellen. Rechtsextreme Musik in Deutschland. Berlin.

Barnard, M. (2002): Fashion as Communication. London.

Baudrillard, J. (1982): Der symbolische Tausch und der Tod (Orig. 1976). Berlin.

Becker, S./Schütte, S. (1999): Magisch Angezogen. Mode, Medien, Markenwelten. München.

Bongard, W. (1964): Fetische des Konsums. Hamburg.

Charters, A. (1992): The Portable Beat Reader. New York.

Chi, I. (1998): »Eingetragen – Abgetragen. Zur Phänomenologie der Gebrauchsspur in der Mode«. In: Kunstforum International, Band 141, Juli-September, S. 154-161.

Dartmann, L./Hartung, S./Krah, E.-S. (1993): Jeans – Forever Young. Frankfurt/M.

Deppermann, A./Schmidt, A. (2001): »›Hauptsache Spaß‹. Zur Eigenart der Unterhaltungskultur Jugendlicher«. In: Der Deutschunterricht 6, S. 27-37.

Deutsche Shell Stiftung (Hg.) (2002): Jugend 2002. Frankfurt/M.

Dirim, I./Auer, P. (2004): Türkisch sprechen nicht nur die Türken. Berlin.

Döring, N. (²2003): Sozialpsychologie des Internet. Göttingen.

Düllo, T./Liebl, F. (Hg.): Cultural Hacking. Kunst des strategischen Handelns. Wien.

Eco, U. (Hg.) (2004): Die Geschichte der Schönheit. München.

Ehmann, H. (2001): Voll konkret. Das neueste Lexikon der Jugendsprache. München.

Evans, C. (1997): »Dreams That Only Money Can Buy«. In: Fashion Theory, Vol. 1, Issue 2, June, S. 169-188.

Gaugele, E./Reiss, K. (Hg.) (2003): Jugend, Mode, Geschlecht. Frankfurt/M.

Gendolla, P. et al. (Hg.) (2001): Formen interaktiver Medienkunst. Frankfurt/M.

Goffman, E. (1969): Wir alle spielen Theater. München.
Greenfield, K.T. (1994): Speed Tribes. New York 1994.
Greil, M. (1997): Invisible Republic: Bob Dylan's Basement Tapes. New York.
Herrenknecht, A. (2000): »Jugend im regionalen Dorf«. In: Deinet, U./Sturzenhecker, B. (Hg.): Jugendarbeit auf dem Land. Opladen, S. 47-64.
Holert, T./Terkessidis, M. (Hg.) (1996): Mainstream der Minderheiten. Berlin.
Horak, R. (2002): Die Praxis der Cultural Studies. Wien.
Jacob, G. (1993): Agit-Pop. Schwarze Musik und weiße Hörer. Berlin.
Kemper, P./Langhoff, Th./Sonnenschein, U. (Hg.) (1999): »alles so schön bunt hier«. Die Geschichte der Popkultur von den Fünfzigern bis heute. Stuttgart.
King, L. (2002): Game on. The History and Culture of Videogames. London.
Klein, G. (2004): Electronic Vibration. Pop Kultur Theorie. Wiesbaden.
Klein, G./Friedrich, M. (2003): Is this real? Die Kultur des HipHop. Frankfurt/M.
Korff, G. (1984): »›Heraus zum 1. Mai‹ – Maibrauch zwischen Volkskultur, bürgerlicher Folklore und Arbeiterbewegung«. In: Dülmen, R. van/Schindler, N. (Hg.): Volkskultur. Zur Wiederentdeckung des vergessenen Alltags (16.-20. Jahrhundert). Frankfurt/M, S. 246-281.
Kreutzer, D. (1998): Kauf mich. Männer in der Werbung. Berlin.
Krüger, H.-H./Grunert, C. (Hg.) (2002): Handbuch der Kindheits- und Jugendforschung. Opladen.
Loh, H./Güngör, M. (2002): Fear of a Kanakplanet – HipHop zwischen Weltkultur und Nazirap. Höfen.
Loh, H./Verlan, S. (2000): 20 Jahre HipHop in Deutschland. Höfen.
Massey, D. (1998): »The Spatial Construction of Youth Culture«. In: Skelton, T./Valentine, G. (Hg.): Cool Places. Geographies of Youth Cultures. London/New York.
Mentges, G. (1993): »Der vermessene Körper«. In: Köhle-Hezinger, C./Mentges, G. (Hg.). Der neuen Welt ein neuer Rock. Stuttgart.
Menzel, R. (2004): Jeans in der DDR. Vom tieferen Sinn einer Freizeithose. Berlin.
Monroe, A. (1999): »Thinking About Mutation: Genres in 1990s Electronica«. In: Blake, A. (Hg.): Living Through Pop. London, S. 146-158.
»›Multisprech‹: Hybridität, Variation, Identität«. Themenheft. Osnabrücker Beiträge zur Sprachtheorie 2003, Heft 65.
Neumann-Braun, K. ([3]2004): VIVA MTV! Frankfurt/M.
Neumann-Braun, K./Deppermann, A. (1998): »Ethnographie der Kommunikationskulturen Jugendlicher«. In: Zeitschrift für Soziologie 27, 4, S. 239-255.

Neumann-Braun, K./Deppermann, A./Schmidt, A. (2002): »Identitätswettbewerbe und unernste Konflikte«. In: Zinnecker, J./Merkens, H. (Hg.): Jahrbuch Jugendforschung, Bd. 2. Opladen, S. 241-264.

Neumann-Braun, K./Schmidt, A./Mai, M. (Hg.) (2002): Popvisionen. Frankfurt/M.

Rampton, B. (1995): Crossing. Language and Ethnicity among Adolescents. London.

Richard, B. (Hg.) (1998): Die Hüllen des Selbst. Mode als ästhetisch-medialer Komplex. Kunstforum International, Bd. 141, Juli-September.

Richard, B. (2004a): CD Jugend Kultur Archiv. Frankfurt/M. (link: www.birgitrichard.de)

Richard, B. (2004b): Sheroes. Genderspiele im virtuellen Raum. Bielefeld.

Richard, B./Steinberg, S. R. (Hg.) (2005): Encyclopedia of Youth Cultures. New York.

Salen, K: »The Art of Machinima«. In: Shaw, J./Weibel, P. (Hg.): Future Cinema. Cambridge, S. 540.

Schlobinski, P./Kohl, G./Ludewigt, I. (1993): Jugendsprache. Fiktion und Wirklichkeit. Opladen.

Schmidt, A. (2004): Doing Peer-Group. Frankfurt/M.

Schmidt, A./Neumann-Braun, K. (2005): Die Welt der Gothics. Wiesbaden.

Schmidt, A./Neumann-Braun, K. (2003): »Ethnografie der Musikrezeption Jugendlicher«. In: Dies./Mai, M. (Hg.): Popvisionen. Frankfurt/M., S. 246-272.

Schmidt, R. (2002): Pop – Sport – Kultur. Konstanz.

Schober, A. (2001): Blue Jeans. Vom Leben in Stoffen und Bildern. Frankfurt/M.

Schröder, B. (2000): Nazis sind Pop. Berlin.

Schwarz, H.-P. (1997): Medien-Kunst-Geschichte. München.

Schwitalla, J./Streeck, J. (1989): »Subversive Interaktionen«. In: Hinnenkamp, V./Selting, M. (Hg.): Stil und Stilisierung. Tübingen, S. 229-251.

Selting, M. et al. (1998): »Gesprächsanalytisches Transkriptionssystem GAT«. In: Linguistische Berichte 173, S. 91-122.

Simpson, M. (1999): It's a Queer World. Deviant Adventures in Pop Culture. New York/London.

Skelton, T./Valentine, G. (Hg.) (1998): Cool Places. Geographies of Youth Cultures. London/New York.

Tertilt, H. (1996): Turkish Power Boys. Frankfurt/M.

Thornton, S. (1995): Club Cultures. Cambridge.

van Eimeren, B./Gerhard, H./Frees, B. (2004): »ARD/ZDF-Online-Studie 2004«. In: Media Perspektiven 8, S. 350-370.

Vogelgesang, W. (2001): »Meine Zukunft bin ich!« Alltag und Lebensplanung Jugendlicher. Frankfurt/M./New York.

Vogelgesang, W. (2005): Jugend, Alltag und Kultur. Wiesbaden.
Zinnecker, J./Behnken, I./Maschke, S./Stecher, L. (2002): null zoff & voll busy. Die erste Jugendgeneration des neuen Jahrhunderts. Opladen.
Zott, L. (Hg.) (2003): The Beat Generation. Detroit.
Zybok, O. (Hg.) (2000): Von Angesicht zu Angesicht. Ausst.-Kat. Städtisches Museum Morsbroich. Leverkusen/Leipzig.

Drucknachweise

Julia Decker, »Landjugend«: Erstveröffentlichung in: *SZ-Magazin*, 13.8.2004
Kerstin Greiner, »Ein Kinderspiel«: Erstveröffentlichung in: *SZ-Magazin*, 13.8.2004
Cathrin Kahlweit, »Dünn, schön und Sex mit 12«: Erstveröffentlichung in: *Süddeutsche Zeitung*, 21./22.8.2004
Gabriele Klein, »Pop leben. Pop inszenieren«: Eine stark erweiterte Version erschien in: J.G. Pankau (Hg.): *Pop pop populär. Popliteratur und Jugendkultur*. Bremen 2004, S. 17-26
Dirk Peitz: »H&M. Da sind all die Mädchen hin«: Erstveröffentlichung in: *Süddeutsche Zeitung*, 27./28.11.2004
Axel Schmidt: »Oberaffengeil ist peinlich! Von der Jugendsprache zur *Peer-Group*-Kommunikation«: Erstveröffentlichung in leicht veränderter Version in: *Der Deutschunterricht* (Deppermann/Schmidt 2001).
Toralf Staud: »Runen, Bratwurst, Rüssel-Skins. Wenn Rechtssein Spaß macht«: Der Beitrag basiert auf einem Artikel, der in der Ausgabe 6/2002 der *Zeit* erschien.

Alle anderen Beiträge sind Erstveröffentlichungen.

Die Autorinnen und Autoren

Jannis Androutsopoulos ist Sprachwissenschaftler und arbeitet als Juniorprofessor an der Universität Hannover.

Immanuel Chi ist Designer und lebt in Wuppertal.

Julia Decker ist Autorin des *SZ-Magazins*.

Arnulf Deppermann ist Sprachwissenschaftler und arbeitet als Hochschulassistent an der Universität Frankfurt/M.

Kerstin Greiner ist Autorin des *SZ-Magazins*.

Sabine Himmelsbach ist Leiterin der Abteilung »Ausstellungen« im ZKM | Zentrum für Kunst und Medientechnologie Karlsruhe.

Gerd Hurm ist Amerikanist und Hochschullehrer an der Universität Trier.

Heike Jenß ist Textilwissenschaftlerin und Forschungsmitarbeiterin an der Universität Dortmund.

Cathrin Kahlweit ist Redaktionsmitglied der *Süddeutschen Zeitung*.

Gabriele Klein ist Soziologin und Professorin an der Universität Hamburg.

Franz Liebl ist Betriebswirt und Marketingexperte und lehrt als Professor an der Universität Witten-Herdecke.

Hannes Loh ist Autor, Musikjournalist und Lehrer und lebt in Köln.

Klaus Neumann-Braun ist Mediensoziologe und Hochschullehrer an der Universität Basel (Schweiz).

Dirk Peitz ist Journalist der *Süddeutschen Zeitung*.

Birgit Richard ist Kunst- und Medienwissenschaftlerin und Hochschullehrerin an der Universität Frankfurt/M.

Axel Schmidt ist Soziologe und Forschungsmitarbeiter an der Universität Koblenz-Landau/Campus Landau.

Toralf Staud ist Publizist (u. a. für die *Zeit*) und lebt in Berlin.

Waldemar Vogelgesang ist Soziologe und Hochschullehrer an der Universität Trier.

Michael Wetzel ist Sprach- und Medienwissenschaftler und Hochschullehrer an der Universität Bonn.

Peter Weibel ist Künstler und Leiter des ZKM | Zentrum für Kunst und Medientechnologie Karlsruhe.

Jürgen Zinnecker ist Erziehungswissenschaftler und Hochschullehrer an der Universität Siegen.

Oliver Zybok ist Ausstellungskurator und lebt in Wuppertal.

Coolhunters von innen

Coolhunters von innen

Einblicke in Konzeption und Werkverzeichnis der Ausstellung »Coolhunters – Jugendkulturen zwischen Medien und Markt«, das ZKM | Zentrum für Kunst und Medientechnologie zu Gast in der Städtischen Galerie Karlsruhe, April bis Juli 2005

Heutige Jugendliche leben – wie keine Generation vor ihr – in einer durch und durch kommerzialisierten und mediatisierten Welt. Kein Bedürfnis, kein Interesse, für das Markt und Medien nicht ein überwältigendes Angebot an materiellen und symbolischen Befriedigungen bereitstellen würden. Entsprechend bunt und facettenreich, gleichermaßen aber auch unübersichtlich ist das Bild, das Jugendliche von sich und ihren kulturellen Praxen der Öffentlichkeit vermitteln. Wie lässt sich von ihnen angesichts dieser Situation überhaupt ein Porträt zeichnen? Und wie finden Jugendliche in unübersichtlichen Zeiten und Räumen ihren selbst bestimmten Weg, ihre Identität und *Coolness*?

Die Ausstellung *Coolhunters* gibt eigene Antworten auf diese Fragen: Sie sucht die Jugendlichen im Spiegel ihrer Gegenstände und Praktiken zu erkennen, und in den Arbeiten zahlreicher Künstlerinnen und Künstler, die im Horizont von Alltagsdokumentation und künstlerischer Entgrenzung wirken, werden variierende Lesarten der Realität entwickelt und strukturale Phantasien einer alternativen Lebensgestaltung entworfen.

In einer besonderen architektonischen Einbettung – einer von der Idee einer riesigen Halfpipe inspirierten Konstruktion – werden zentrale Aspekte (»Module«) der Erfahrungswelt heutiger Jugendlicher aufgegriffen. In sechs Modulen Körper/Objekte/Mode, Sprache, Gewalt, Raum, Zeit und Gender/xy versus xx werden Alltagsgegenstände und Objekte, Design- und Kultwaren, Video- und Medienarbeiten aus Kino, Werbung und Kunst sowie interaktive Installationen präsentiert. Diese Materialien und Arbeiten geraten in ein dynamisches Spannungsverhältnis einer sich wechselseitig ergänzenden Kommentierung und Relativierung, das eine eigenständige Reflexion auf Selbst und Welt ohne Belehrung ermöglicht. Die Werke fokussieren im Besonderen darauf, wie Jugendliche *aktiv* mit den Angeboten von Markt und Medien z. B. im Sinne einer selbst gesteuerten Produktmodifikation umgehen, um aber gleichermaßen auch zu zeigen, wie der Markt diese eigensinnigen Praktiken konterkariert.

Kuratoren
Birgit Richard, Klaus Neumann-Braun, Sabine Himmelsbach und Peter Weibel
Ausstellungsarchitektur
Nikolaus Hirsch und Michael Müller
Grafik
Markus Weisbeck
Organisation
Anne Däuper und Katrin Werner

Die Ausstellungsmodule im Überblick

In modernen Gesellschaften entgrenzen sich die Altersgruppen. Die Kindheit endet früher, die Kids werden schneller Teens. Die Jugendlichen werden in kürzerer Zeit junge Erwachsene, die ihrerseits länger jugendlich bleiben möchten. Das Leitbild Jugendlichkeit gewinnt größeren Einfluss auf die ästhetische Produktion der Gesellschaft.

Im Mittelpunkt dieser Entwicklung stehen die Jugendlichen selbst. Sie sind heute wichtige Seismographen und Trendsetter der Gesellschaft. Ihre kreativen Praxen und ihre spielerischen Transformationen von Oberflächen fließen oft unbemerkt in die gesellschaftlichen Ästhetiken ein. Ihre Schnittstellen zu Kunst und Design führen zu einer nachhaltigen Beeinflussung und Veränderung der visuellen Umwelt. Im Handeln der Jugendlichen und in ihrem Umgang mit Gegenständen, z. B. in ihrer speziellen Art des Erschließens von neuen medialen *Gadgets* wie z. B. Mobiltelefonen zeigt sich der gesellschaftliche Wandel in besonderer Deutlichkeit.

Jugendliche gewinnen neue Freiheiten und schaffen sich neue Handlungsoptionen. Zugleich sind Jugendliche aber auch »Opfer« gesellschaftlicher Transformationsdynamiken. Unter dem Druck von Kommerz und Konsum entstehen schwierige Lebensverhältnisse: Wie eine Identität aufbauen, wie die eigene Subjektivität erfahren in einer Gesellschaft, die für (fast) alles etwas in petto hat?

Pia Lanzinger, Mädchensache, 2003.
Video, Farbe, Ton, 18:17 Minuten; Videostill

Jugendliche wissen sich zu wehren: Eigensinn und Widerstand sind ihre Schlüsselbegriffe. Junge Menschen offenbaren in ihrem Handeln eine ästhetische Suche, in deren Folge sie neue Spuren und Symbole erzeugen. Mit oder gegen Markt und Medien werden Elemente, Objekte und Symboliken aus dem Alltäglichen herausgesucht und dekonstruiert. Eine »Identität-in-Kommunikation« entsteht – vermittelt über mediale Symbolspuren.

Die Ausstellung bietet einen Einblick in die ästhetischen Transformationen von gesellschaftlichen Rahmenbedingungen, innerhalb derer Jugendliche sich behaupten müssen. Sie thematisiert den Kontext der Radikalisierung von Mediatisierungsprozessen, die eng verschränkt sind mit einer durchgreifenden Kommerzialisierung von Alltag, Körper und Identität.

Der besondere Umgang von Jugendlichen mit ihrem Körper, ihrem Geschlecht, der Warenwelt, mit Raum und Zeit, Sprache, Gewalt und Action wird in der Ausstellung exemplarisch in ihrem Verschränkungs- und Spannungsverhältnis von Medien, Alltag und Kunst ergründet. Die Entgrenzung und Demontage von tradierten Gesellschaftsordnungen durch Jugendkulturen und die Herstellung einer neuen eigenen Ordnung, die die bestehende transformiert, wird im Rahmen einer exemplarisch-szenischen Präsentation dargestellt. Jugendliche im Spiegel ihrer Symbole zu zeigen, heißt Aneignungsprozesse anschaulich zu machen, z. B. Zweckentfremdungen, die die symbolische Ordnung des Alltags durcheinander wirbeln und die Hauptzeichen der Gesellschaft aus dem Takt bringen. Jugendliche werden und sind mediale User-Avantgardisten.

Die leitenden Handlungsprinzipien im Umgang mit Objekt, Körper, Raum und Zeit sind: Geschwindigkeit, Ekstase, Rausch und Sinnlosigkeit, die gegen Verständlichkeit, Funktionalität und Lesbarkeit gerich-

tet sind. Entgrenzung und punktueller Kontrollverlust stehen im Mittelpunkt und führen zu immer neuen Modi der Selbsterprobung und Selbstbeherrschung.

Die Ausstellung präsentiert jugendkulturelle Szenen der Gegenwart, ihre Objekte, ihre Medien und ihren speziellen Umgang mit der Warenwelt. Sie ist weder eine Zurschaustellung exotischer Subkulturen, noch zeigt sie eine chronologische Abfolge historischer jugendkulturel-

Benny Nemerofsky Ramsay, »I am a Boyband«, 2002.
Video 5 min, BetaSP/DVD, Farbe, Ton; Videostills

ler Stile. Die Repräsentation von Jugendlichen in der Gegenwart spiegelt vielmehr die gesellschaftliche Konstellation, nach der sich nur ein vergleichsweise kleiner Teil der Jugendlichen bestimmten stilistischen Subkulturen, die eine so genannte »Hardcore-Stil-Bricolage« betreiben, zuordnen; die überwältigende Mehrheit der jungen Leute rechnet sich als so genannte »allgemein jugendkulturell Orientierte« dem Mainstream zu, und sie alle sind auf diese Weise auch eng mit dem Markt und den Medien verwoben. Ihnen soll besondere Aufmerksamkeit gewidmet werden.

Die Ausstellung verabschiedet sich von der Vorstellung der Existenz autonomer authentischer Undergroundkulturen, die völlig unabhängig von Waren-, Konsumkreislauf und Markt existieren. Jugendszenen sind unmittelbar mit anderen gesellschaftlichen Systemen verknüpft und zudem anschlussfähig an Kunst und Design. Diese Schnittstellen sollen über die Präsentation der Gegenstände in Handlungszusammen-

Objekt Tasche, Thematik Reisen; Mägde und Knechte, Hamburg (Kollektion »Jung und deutsch« 2004): Tasche mit Gurt, bordeauxrot, Leinen, 34 cm breit, 35 cm hoch, 12 cm tief. Bagdad Belgrad Berlin, Druck pink, Thematik Reisen, Druck weiß. Unverkäufliches Einzelstück 2004

hängen sichtbar gemacht werden. Berücksichtigt werden auch die Übergänge von Kinder- zu Erwachsenenkulturen.

Modul **Body Rock**

Körper/Objekte/Mode: Wie gehen Jugendliche mit ihrem Körper und mit ihrer Objekt- und Warenwelt um? Bekleidung oder technische Geräte werden von den Jugendlichen auf spezifische Weise benutzt und auch provokativ missbraucht (XXL Baggy Trousers »an den Knien«, eingerissene Jeans). Aber auch: Wie verändern die Objekte den Körper (der »komische Gang« von Baggy-Trägern)?

Modul **Full Action**

Gewalt – medial und real: Wie entsteht der Thrill bei Action und Gewalt (Actionbilder, Videogames), und wann wird aus Action Gewalt? Wie unterschiedlich sind die Perspektiven – was verstehen Jugendliche unter Gewalt, was Erwachsene? Welche Wirkungsdynamiken gehen bei der Gewaltgenese von Medien aus (Musik als tragendes Vergemeinschaftungsmedium der neuen rechten Szene)?

Anny & Sibel Öztürk, »References«, 2003.
Sprühfarbe, Neonleuchtschrift, Poster, Dosen

Modul **Codes**

Sprache: Wie verständigen sich Jugendliche, und warum erzeugt deren Slang bei den Erwachsenen häufig Unverständnis? Aktuelle Kommunikationspraktiken der Jugendlichen verändern unsere Muttersprache (Synthesen: deutsch-türkisch/Kanaksprak, deutsch-englisch/Denglisch; Verkürzungen: f2f, Chatslang, Netzsprache) und lassen neue Fachsprachen (Rap-Lyrics) – mithin neue Umgangsformen miteinander – entstehen.

Modul **Real Time**

Das Zeitempfinden von Jugendlichen schwankt zwischen den Gefühlen von Stillstand und rasender Veränderung, von totalem Abhängen und Chillen bis hin zum Geschwindigkeitsrausch. Und vermittelt zwischen Echtzeit des Alltags und Zeitsimulationen des Cyberspace. Aber der Blick geht auch nach vorne, in Richtung Zukunft: Wohin entwickelt sich das eigene Leben, welche Zukunftsoptionen sind erkennbar?

PUT ON THE

Modul **Global/Local Spaces**

Individuelle und kollektive Raumszenarien: Wie erobern, gestalten und benutzen Jugendliche öffentliche und private Räume (Straße, Clubs)? Wie findet und besetzt man Nischen (Streetgangs)? Wie verschränken sich reale mit virtuellen Räumen (Multiplayer LAN, TV, Internet, Games, Drogen)?

Modul **XY versus XX**

Die Unterschiede zwischen Jungen und Mädchen und ihr Verhältnis zueinander: Mädchen und Jungen sind verschieden! Aber auf welche Weise? Wie spiegeln sich jugendliche Liebe und Sexualität in Medien, Musik und Kunst (Film- und Game-Heroes und -Heldinnen; *Sheroes*)? Und wie erleben sie die Jugendlichen selbst real (Konstruktion von Autonomie und Selbstbehauptung über Gegenstände und Praktiken; z. B. Saufrituale)?

Confrontation Dress and Streetwear.
Kleidung aus dem Jugendkulturarchiv Frankfurt (www.birgitrichard.de).
Foto: Marcus Recht

Die Ausstellung richtet sich in erster Linie an Jugendliche und junge Erwachsene, in zweiter Linie an Eltern, Erzieher, Bildungsexperten und Wissenschaftler und sicherlich auch an Medien und Markt.

Die angesprochenen Transformationsprozesse sollen nicht passiv rezipiert werden, sondern in *partizipativer Interaktion* des Betrachters mit den Gegenständen und Kulturtechniken erlebt werden (interaktive Terminals, Homepage, begleitende Events usf.).

Sponsoren Projekt P (Bundeszentrale für politische Bildung, Bundesministerium für Familie, Senioren, Frauen und Jugend); LBBW; Hans Böckler Stiftung; Volkswagen-Stiftung; Landesanstalt für Kommunikation Baden-Württemberg; mfg – Filmförderung Stuttgart; die Universitäten Koblenz-Landau, Frankfurt/M. und Basel, die Fachhochschule Offenburg – u.a.

Website www.coolhunters.net